エリア・スタディーズ 196

華僑・華人を知るための52章

山下清海〔著〕

明石書店

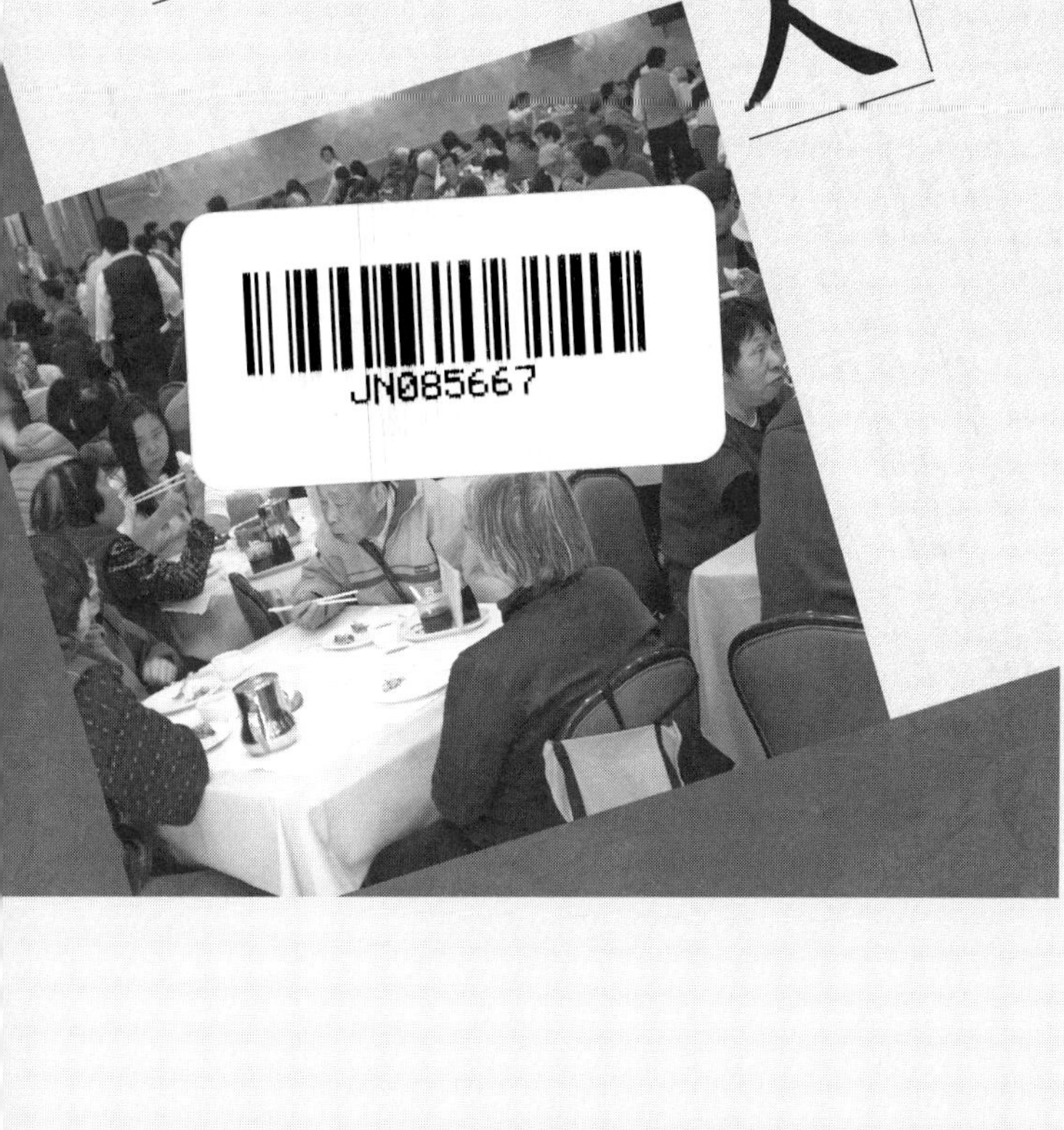

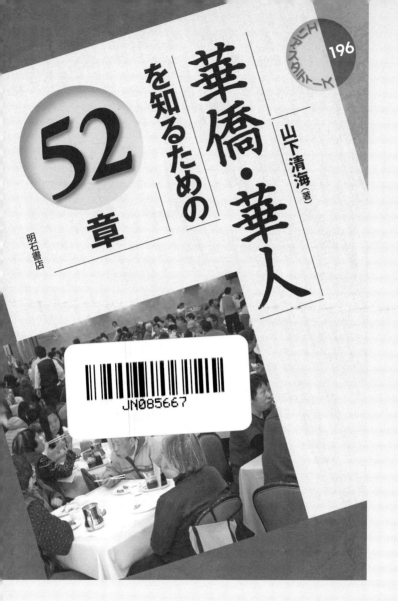

はじめに

華僑《かきょう》・華人《かじん》に対する偏見を少しでも減らしたい――これが、私の本書執筆の動機である。

「華僑は金儲けのことばかり考えている」「華僑には日本人嫌いが多い」「華僑は中国の手先だ」。大学に入るまで、私は華僑・華人に対して、何となくこうしたマイナス・イメージを抱いていた。当時の映画やテレビ・ドラマに出てくる華僑は、そのようなイメージで描かれていたように記憶している。「華人」という用語も全く知らなかった（華僑・華人に関する用語については第1、2章で説明する）。

私の生まれて初めての海外経験は、一人旅であった。大学2年生終わりの1973年2月の春休み、不安だらけで前日から一睡もできないまま、飛行機はシンガポールに到着した。まだ『地球の歩き方』（1979年創刊）も刊行されていない時代、空港の案内所で安いホテルを探そうと考えていたが、搭乗していた飛行機が遅れたため、案内所はすでに閉まっていた。たまたま同じ飛行機に乗っていた日本人大学生2人が宿泊予定というホテルにいっしょに行き、そこに泊まった。

睡眠不足と長旅で、翌朝はかなり遅く起きてチェックアウトした。外に出ると、何かの香料なのか少し変なにおいがした。車のクラクションやエンジン音も騒がしかった。見かける人はほとんどが「華僑」で、無知な私は先入観から、彼らはきっと日本人嫌いなんだろうと思い、早くここから脱出したいと思った。

シンガポールの私の第一印象は、このように明るいものではなかった。まさかその5年後、シンガポールに留学し、しかもチャイナタウンの研究をするとは、人生、全く先が読めないものである。

食欲もないまま、ただ暑くてのどが渇く中で安宿を探していると、偶然、日本語を勉強している現地の大学生に出会った。私を見て日本人だと思って声をかけてくれたのだ。話しているうちに、「私たちの大学を案内しましょうか」ということになり、「ナンヤン・ユニバーシティ」という郊外にある大学に行った。ナンヤンが漢字表記で「南洋」だとは、その時全く知らなかった。私が日本の大学で地理学を専攻していると言うと、「確か陳《ちん》先生は、日本の大学に留学されていたはずです。家に行ってみましょうか」。広いキャンパス内には教員宿舎もあった。突然尋ねた陳先生はご在宅だった。シンガポールにいるのに、陳先生と急に日本語で会話することになり、非常に不思議な気分になった。お話ししていると、気候学を研究している台湾人の陳国彦《こくげん》先生は、台湾師範大学を卒業後に東京教育大学（現・筑波大学）大学院の地理学教室に留学され、理学博士号を取得した後、中国語で講義を行う南洋大学の地理系の教員になられたという。「えっ、私も東京教育大学の学生ですよ。地理学専攻の」。まさか、私の大学・学科の先輩と、全く予期せぬところで出会うなんて夢でも見ているような気がした。こうしている間に、シンガポールに対する私の暗いイメージは急転回し、親しみを感じるようになった。それから、周りの景色も人びとの様子も、明るく見えるようになった。

その後、リュックを背負ってマレーシア、タイと貧乏旅行（当時、バックパッカーという呼び方はなかった）を続ける中で、多くの華人と出会った。各地のチャイナタウンに行けば安宿があり、うまくて安い大衆食堂もあることを現地で学んだ。一人旅の私に興味をもってくれた食堂の華人のおじさんや客たちが声をかけてくれた。しかし、私は中国語が全くできなかった。地理学専攻は理学部に属していたため、第二外国語はドイツ語、フランス語、ロシア語の中からしか選択できず、私はドイツ語を選んでいた。そうだ、とノートを取り出し、「私　日本人」と書いて彼らに見せた（ほんとうは「我　日本人」と書くのが正しい）。すると、今度は彼らが漢字を書き出した。生まれて初めての筆談だったが、予想以上にコミュニケーションできることに驚いた。

　このような華人との出会いが、その後、私の華人研究、東南アジア研究、中国研究、世界の華人社会・チャイナタウンの比較研究に広がっていったのである。中国語は、大学院に進学してから、東京の古書店街・神田神保町の内山書店の上階にあった日中学院に週3回通って学んだ。

　一人旅で偶然、南洋大学の地理系を訪れたのは１９７３年であったが、１９７８年から2年間、文部省アジア諸国等派遣留学生として南洋大学地理系で研究できることになった（南洋大学については第43章参照）。留学中は、フィールドワークを行っているような毎日であった。陳国彦先生は客家《ハッカ》（第23章参照）であったので、客家についていろいろ教えていただいた。

　前述したように、東南アジア一人旅をする前、私の華人に関する知識は全く乏しく、偏見に満ちていた。その後、文献研究はもとより、世界各地でフィールドワークを重視した調査・研究を行い、華人の生の声を聞くことに努めてきた。

　本書は、華僑・華人に対して少しでも関心がある方、あるいはこれまではほとんど関心がなかった人たちにも、華僑・華人についてもっと知っておいてほしい、理解してほしいことを1冊にまとめ上げたものである。明石書店の「エリア・スタディーズ」は、各分野の複数の専門家による共著形式が多い。私自身も、多数の華人研究者、メディア関係者、一般の華人の協力を得て、山下清海編『華人社会がわかる本——中国から世界へ広がるネットワークの歴史、社会、文化』（明石書店、２００５年）

を出版したことがある。

しかし今回、本書は私の単著となった。これは、世界各地で華人研究のフィールドワークに40年以上取り組んできた、私の華人に対する強い思いがこもっていると解釈していただけたら幸いである。

本書の全体構成について若干説明しておこう。全52章は、「華僑・華人とチャイナタウン」「歴史」「出身地と方言集団」「経済」「政治」「社会・教育」「食文化と生活」の7つのセクションからなる。読者は目次をご覧になり、興味関心のある章から先にお読みいただいて結構である。ただ、「華僑」「華人」という用語の使い方についてはやや説明が必要であるため、まず第1章さらには第2章をお読みになる方がよいだろう。

本書では、多くのコラムも加えた。華人社会の臨場感のようなものが少しでも伝わってほしいとの私の願いからである。少々無理を言って、多くの写真も掲載してもらった。本書に掲載したすべての写真は、私のカメラで撮影したものである。厳密に言えば、第42章の写真1だけは、近くにいた人にシャッターを押してもらったもので、それ以外は私自身が撮影した写真である。

本書執筆に際しては、多数の著書、論文等を参考にさせてもらった。本書は学術専門書ではなく広く多くの読者を想定したものであるため、各所において文献の引用の明示は控えた。本書をお読みいただいて、華僑・華人についてさらに知りたい、情報がほしい方は、巻末に掲載した「華僑・華人をもっと知るための参考文献・資料」をご覧いただきたい。

2023年2月

山下清海

華僑・華人を知るための52章

目次

I　華僑・華人とチャイナタウン

CONTENTS

Ⅱ 歴史

Ⅲ 出身地と方言集団

Ⅳ 経　済

V　政治

Ⅵ 社会・教育

Ⅶ 食文化と生活

CONTENTS

注 本文中、特記なき図表、写真は著者が作成または撮影したものである。

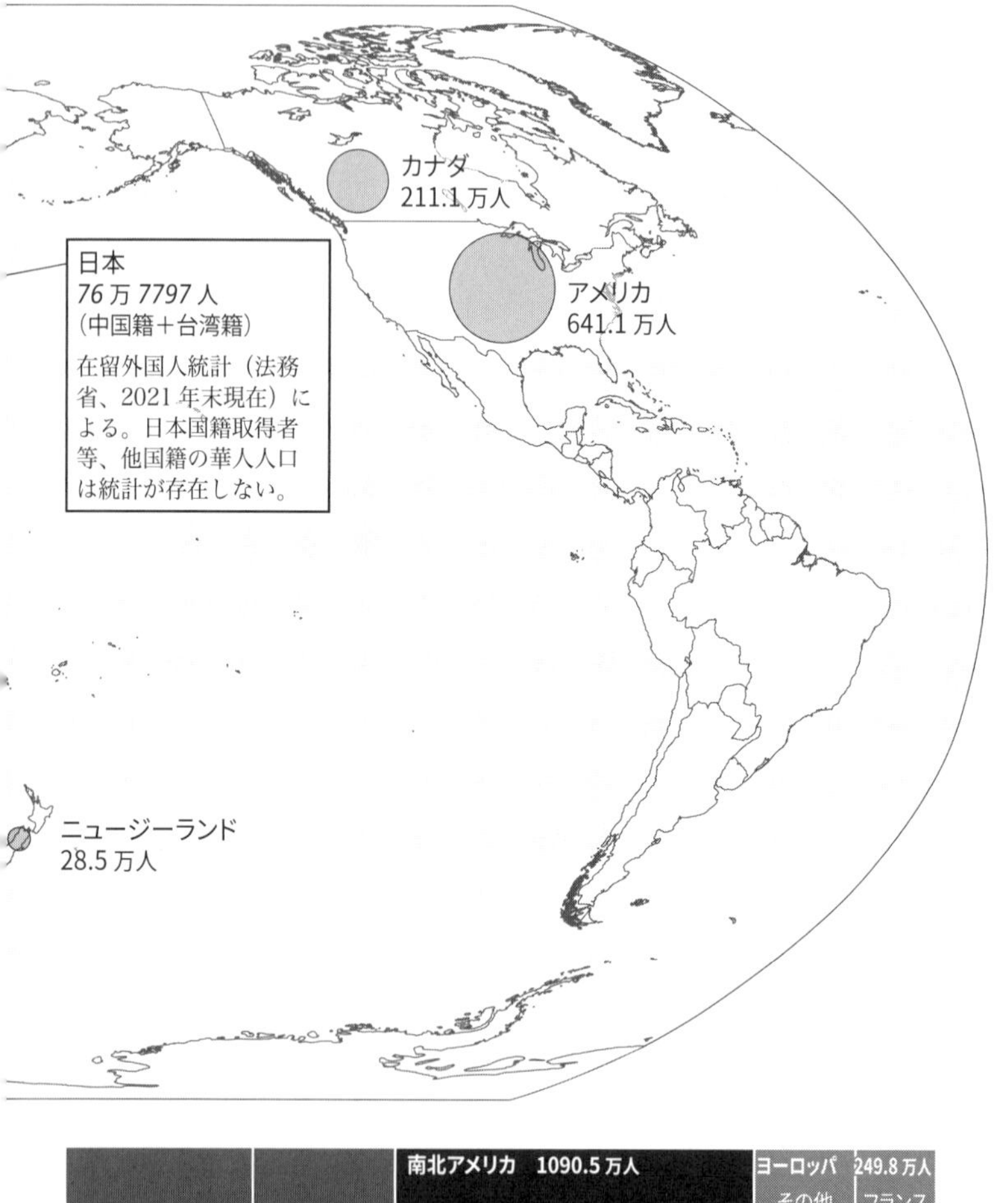
カナダ
211.1 万人
日本
76 万 7797 人
（中国籍＋台湾籍）

在留外国人統計（法務省、2021 年末現在）による。日本国籍取得者等、他国籍の華人人口は統計が存在しない。

アメリカ
641.1 万人
ニュージーランド
28.5 万人

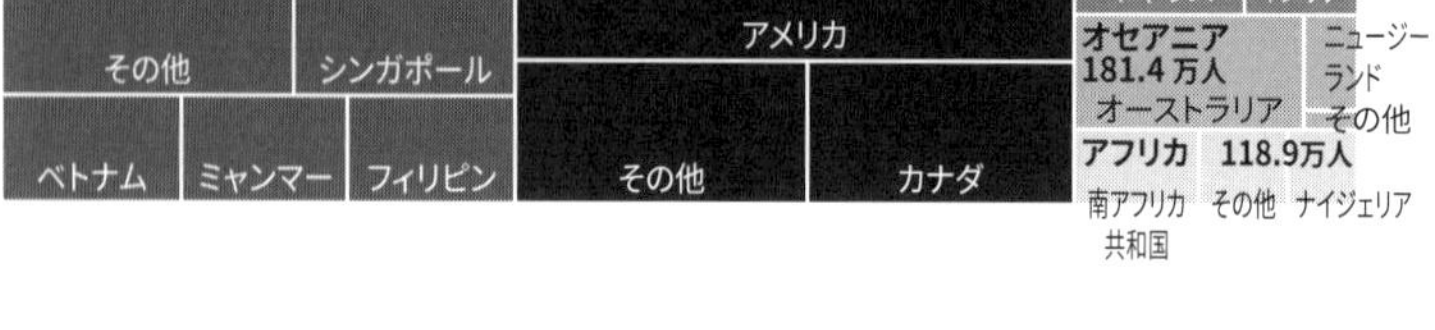
その他
シンガポール
ベトナム
ミャンマー
フィリピン
南北アメリカ 1090.5 万人
アメリカ
その他
カナダ
ヨーロッパ 249.8 万人
その他
フランス
イギリス
イタリア
オセアニア
181.4 万人
オーストラリア
ニュージーランド
その他
アフリカ 118.9万人
南アフリカ共和国
その他
ナイジェリア

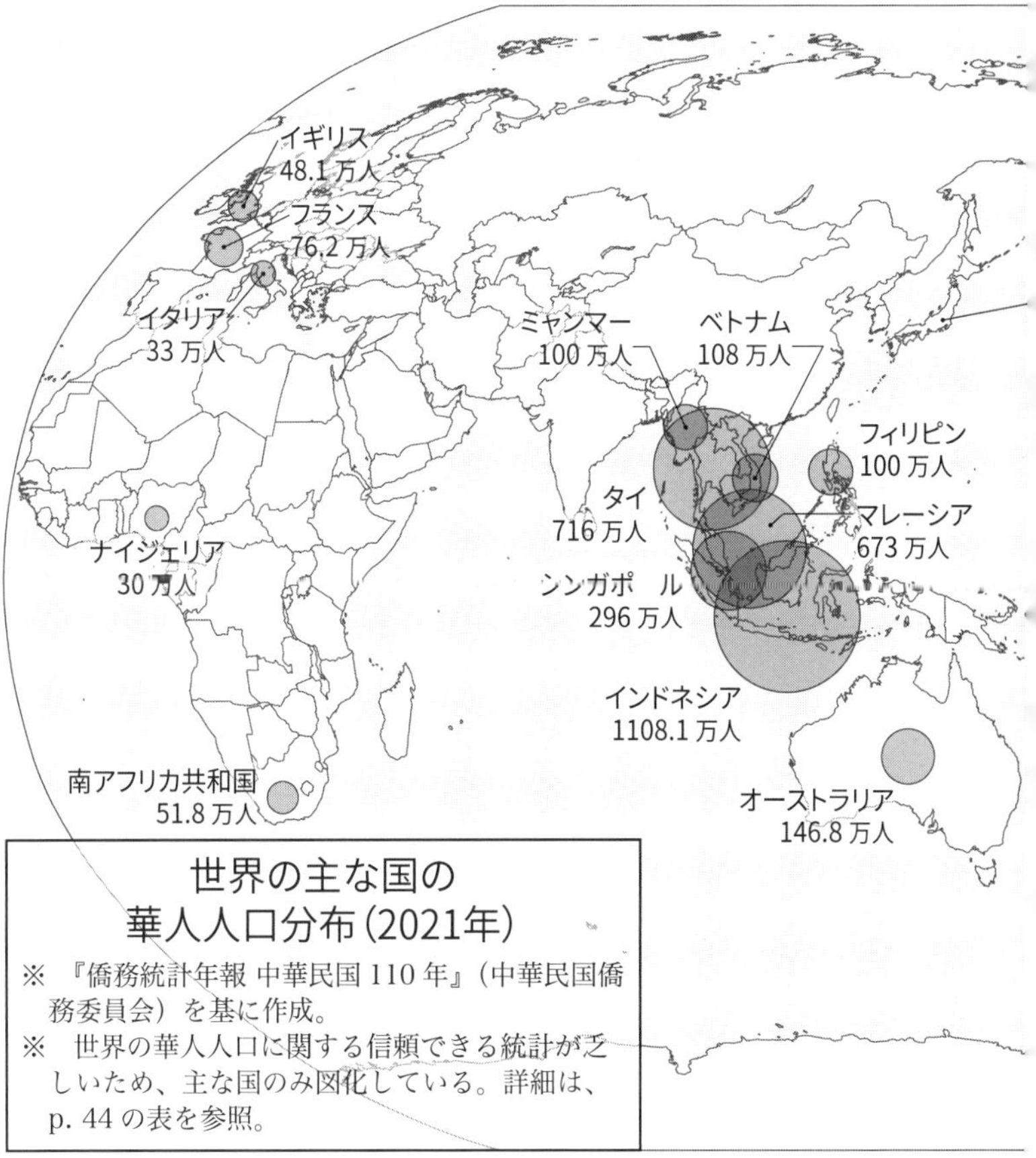

世界の主な国の
華人人口分布（2021年）

※　『僑務統計年報 中華民国 110 年』（中華民国僑務委員会）を基に作成。
※　世界の華人人口に関する信頼できる統計が乏しいため、主な国のみ図化している。詳細は、p. 44 の表を参照。

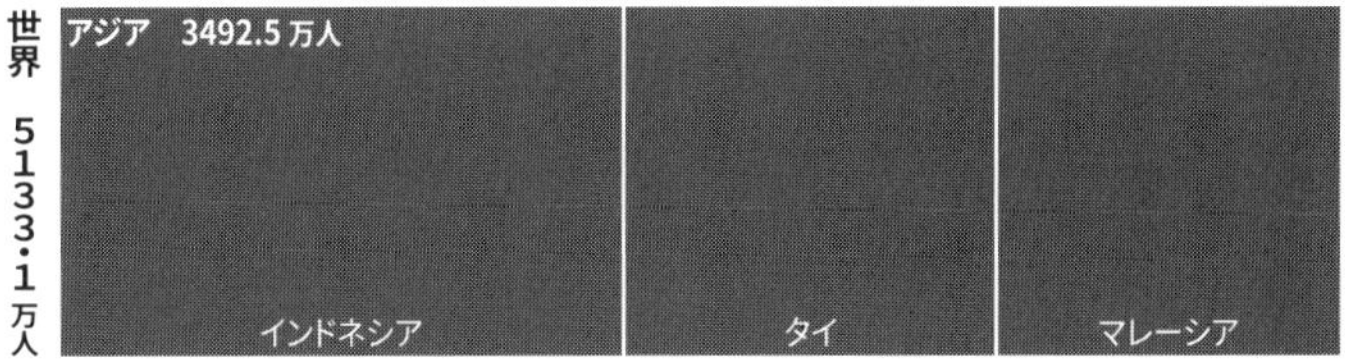

華人人口の地域・国別の割合

『僑務統計年報 中華民国 110 年』（中華民国僑務委員会）を基に作成。

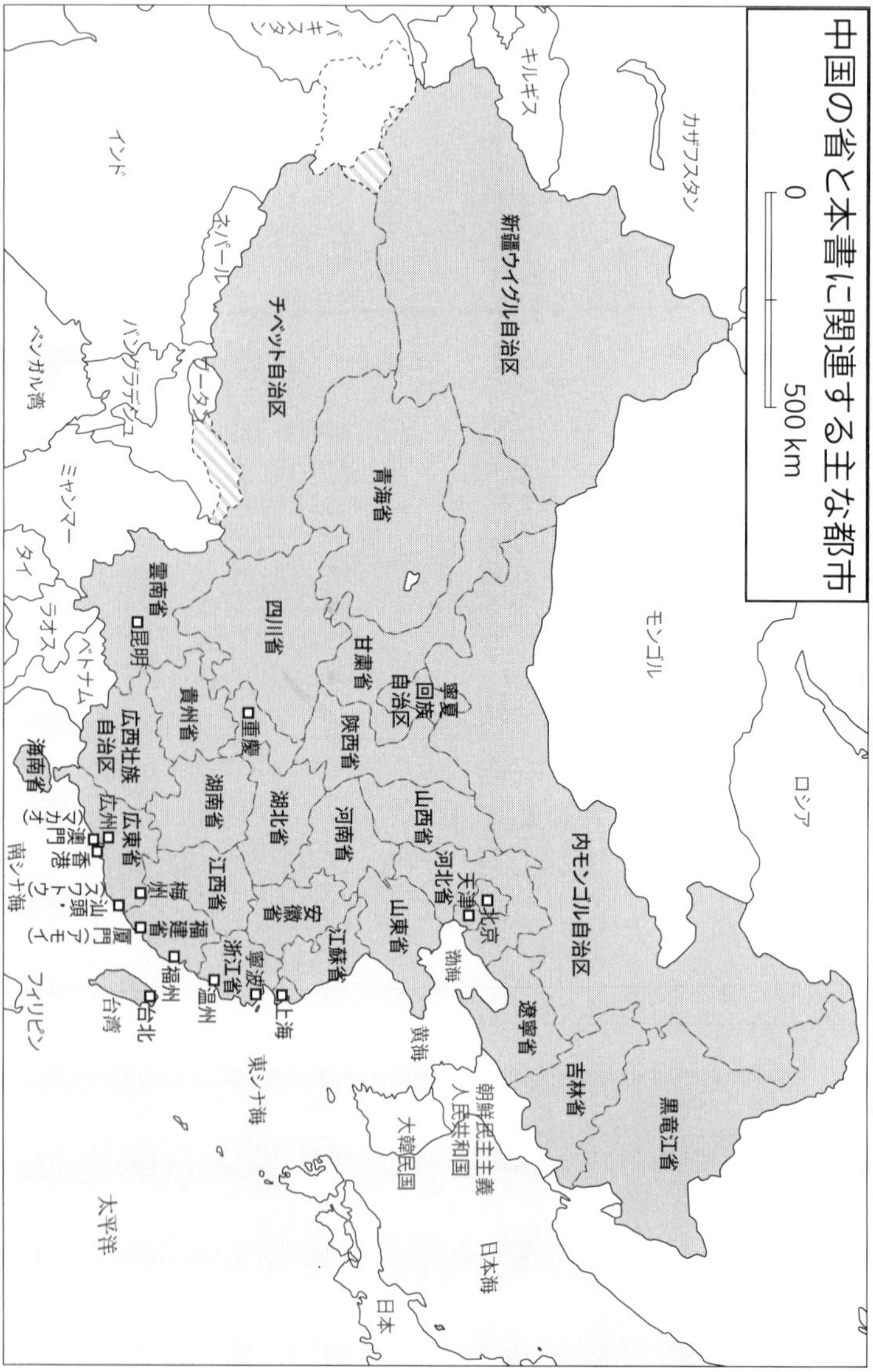
中国の省と本書に関連する主な都市
0
500 km
カザフスタン
キルギス
パキスタン
インド
ネパール
ブータン
バングラデシュ
ベンガル湾
ミャンマー
タイ
ラオス
ベトナム
モンゴル
ロシア
新疆ウイグル自治区
チベット自治区
青海省
甘粛省
寧夏回族自治区
内モンゴル自治区
四川省
雲南省
昆明
貴州省
重慶
陝西省
山西省
河北省
北京
天津
渤海
遼寧省
吉林省
黒竜江省
河南省
山東省
湖北省
湖南省
広西壮族自治区
広東省
広州
マカオ（澳門）
香港（ホンコン）
スワトウ（汕頭）
アモイ（厦門）
梅州
江西省
安徽省
江蘇省
浙江省
寧波
上海
温州
福建省
福州
台北
台湾
海南省
南シナ海
フィリピン
黄海
東シナ海
朝鮮民主主義人民共和国
大韓民国
日本海
日本
太平洋

I

華僑・華人とチャイナタウン

1

華僑・華人とは

★落葉帰根から落地生根へ★

「華僑《かきょう》」という用語は、中国で古くから用いられてきたものではない。「華僑」以前に多く使われてきた中国語として「唐人《とうじん》」がある。唐（618〜907年）は海陸にわたって名を世界にとどろかし、海外の中国人は唐人と呼ばれてきた。世界各地に見られるチャイナタウンは、中国語では「唐人街」と呼ばれることが多い。

「華僑」は、1870〜80年代に清国が結んだ国際条約の結果として生じた、自国臣民の保護という事態の所産である。在外居留の商民を定義する必要に迫られて「僑居華民《きょうきょかみん》」という四字句を用い、二字熟語に倒置して「華僑」という用語を新造したことに始まるという。「僑居」とは「仮住まい」という意味で、海外で仮住まいをし、いずれ中国に帰る「華民」（中国人）を、「華僑」と呼んだ。

海外で刻苦奮闘して、いずれは故郷に錦を飾る気持ちでいる中国人が、厳密な意味での華僑であった。「落葉帰根《らくようきこん》」――すなわち、葉が落ちて根に帰るように、海外に出た人も、最後は故郷へ戻るという伝統的な考えがあった。しかし、移住先での定住化が進む中で、「落地生根《らくちせいこん》」――土地に根づく、すなわち、海外で生き抜いていくという考え方に変化していったのである。

第二次世界大戦前、海外に居住する中国出身者の中には、「華僑」的な意識をもっていた者が少なくなかった。彼らが「国語」という時、いわゆる北京官話を意味した。中華民国時代に北京官話は「国語」（英語ではマンダリン"Mandarin"）と呼ばれ、台湾では今でも「国語」という言い方がされている。中華人民共和国では、「普通話《プートンホワ》」（標準中国語）と呼ばれるようになった。

第二次世界大戦後の植民地の独立や、1949年の中華人民共和国の成立など、「華僑」を取り巻く状況は大きく変化した。これに伴い、社会主義体制下の中国に「帰国」するのをあきらめ、居住国の国籍を取得したり、現地の人たちと結婚したりして、「華僑」の現地社会への定着化が進んでいった。このような人たちは、意識の面でも、もはや「中国人」ではない。厳密な意味での「華僑」は減少し、これに代わり「華人」という呼び方が一般化していった。

もっとも、「華人」という呼称は、近年になって用いられてきた呼び方ではなく、第二次世界大戦前から華僑や中国人の同義語としても使われてきた。日本においても、日中戦争時に「内地」の労働力不足を補うために、日本の企業が中国大陸から雇用した中国人労働者のことを、「華人労務者」と呼んでいた（第2章参照）。

世界の華僑・華人がもっとも集中する東南アジア、特に中国語を用いる住民が多いシンガポールやマレーシアでは、かつて「国語」と呼ばれていた標準中国語も、「華語」あるいは「華文」と呼ばれるようになった。今日、マレーシアの比較的若い華人の会話の中に出てくる「国語」は、マレー語（マレーシアの公式な呼称では「マレーシア語」）を指すようにもなった。

日本の年配者の間では、「華人」という用語があまり浸透していないが、現在日本で使用されている文部科学省検定済みの地理教科書では、用語として「華人」が使われており、若年層にはすでになじみのある語句となっている（第2章参照）。

中国では1955年以降、それまでの血統主義的国籍法を放棄し、中国籍を保持している「僑民」（海外居住者）を「華僑」、中国人の祖先をもつが外国籍の者を「華人」と呼んでいる。このため、中国要人の公式な発言や公的機関が発表するステートメントでは、「華僑華人」（中国では中点「・」を用いない）という表現が用いられる。中国の大学や研究機関に所属する研究者が執筆する図書や論文でも、例えば北京で発行された『世界華僑華人詞典』のように「華僑華人」が使用される。

日本においては、いわゆる「華僑」に関する研究に取り組んでいる研究者の中で、「華僑」「華人」「華僑・華人」「華僑華人」のいずれを用いるかは、研究者それぞれによって異なっている。歴史分野は研究対象とする時期が古いため、一般に「華僑」が用いられてきた。横浜、神戸、長崎をはじめ日本の「華僑」の中には、日本国籍を取得した者も増加しているが、そのような人びとに対しても、「華僑」と「華人」を厳密に分けて論じることは難しく、両者の総称として「華僑」が用いられることが少なくなかった。

一方、東南アジアを研究対象としてきた研究者は、「華僑」および「華人」の総称として、「華人」を用いることが多い。少なくともシンガポールやマレーシアにおいて「華僑・華人」を研究している研究者は、「華人」を用いる者がほとんどといっても過言ではない。

シンガポールの華裔館《かえいかん》（第52章参照）が1998年に刊行した英文書 *The Encyclopedia of the*

第1章
華僑・華人とは

Chinese Overseas は、「華僑・華人」研究にとって重要な事典である。シンガポールの研究者が中心になって翻訳出版された中国語版の書名は『海外華人百科全書』である。なお、「華裔」は、華僑・華人の子孫を指す。

華僑は英語で overseas Chinese（Chinese overseas とも）、華人は ethnic Chinese と表現される。単に Chinese と表記されるだけで、華僑、華人のいずれか、あるいは両方の意味合いを含んでいることも多い。日本では漢字を用いるため、「華僑」「華人」「華僑・華人」「華僑華人」にするか、訳語の選択もきわめて悩ましい問題である。

シンガポールに留学し、若い時に東南アジアを主要なフィールドとしてきた私自身も、基本的に論文や学術図書を執筆する際には、国籍を問わず、海外に居住する中国出身者とその子孫の総称として、「華人」を用いてきた。シンガポールでは、華人が日常の生活の中で自らを指して「華僑」という言葉を用いることはほとんどない。彼らは、自分たちのことを「華人」と表現する。

ところが、シンガポールをはじめとする東南アジアの華人は、日本のビジネスパーソンや観光客からしばしば「あなたたち華僑は……」と呼ばれる。漢字を用いる日本社会で、長い間、「華僑」という用語が定着してきたためである。例えば、日本人がシンガポールの華人に「あなたたち華僑は……」と言えば、だれもが不快に感じるのである。そして、「私たちはシンガポーリアン（シンガポール人）です。シンガポールの華人です」と言うであろう。

私自身、そのような場面に居合わせたことが幾度かある。「日本人はどうして私たちのことを『華僑』と呼ぶんだ。私たちは華僑ではなく華人だ」と、その場では言わないで、後で私に不満を述べるシーンに幾度も出くわした。多くの日本人が、東南アジアの華人をいまだに「華僑」と呼び、「商売上手で、現地の経済を牛耳っており、現地社会へなかなか同化しない」という第二次世界大戦前と同様の偏ったイメージでみていることに対し、不愉快に思っている華人が少なくないことを日本人は認識する必要がある（コラム1参照）。

華人の中でも、商業活動に従事する者は「華商」とも呼ばれる。農業や鉱山労働に従事する者も多かったが、「華僑」とほぼ同義語として「華商」が用いられてきた。日本では次章で述べるように、「華僑」の「僑」が戦後制定された当用漢字（のち、常用漢字）に含まれないこともあり、新聞などのマスコミが「華僑」の言い換えとして「華商」を用いることも少なくなかった。

外国に居留している中国人労働者という意味で「華工」も多く用いられた。中国語で「工人」は労働者という意味である。

本書では、狭義の「華僑」および「華人」の総称として、基本的に「華人」を用いることにする。また、必要に応じて「華僑・華人」も併用する。また、改革開放後の中国から海外に出て行った人たちと、それ以前から海外に住んでいる人たちとを比較する場合には、適宜、「新華僑」「老華僑」という表現も用いることにする。

2

日本における「華僑」「華人」という用語

★学校教育、新聞紙上では★

華僑・華人について、現在の高校生は学校でどのように学んでいるのだろうか。

多くの高校で採用されている文部科学省検定済み教科書『詳説日本史B』と『詳説世界史B』（ともに山川出版社、2017年発行）をみてみよう。『詳説日本史B』には、「華僑」「華人」いずれの語句も使用されていない。これに対して、『詳説世界史B』には、「清代の社会と文化」の項および「辛亥《しんがい》革命」の項で、25ページ(ア)、(イ)のように記述されている。1冊448ページの中で、まさに世界中の歴史について解説しなければならないのであるから、「華僑」について詳しく説明するスペースを確保するのが容易でないことは理解できる。「華僑」への理解を深めるためには、世界史担当教員の補足説明や参考書などで、高校生自らが「華僑」についてさらなる情報を追加する必要がある。

次に高校の地理教科書での「華僑」と「華人」の説明例を見てみよう（25ページ(ウ)、(エ)）。いずれの教科書でも、本文中ではなく、欄外の注や補足説明で取り上げられている。歴史教科書と比べると、現在の地域の状況を重視する地理教科書では、

「華僑」とともに「華人」の用語が取り上げられ、両者の違いにも言及されている。2022年度から高校では必修科目の「地理総合」が新設され、約50年ぶりに全生徒が地理を履修することになった。しかし、それ以前に高校に入学した人たちの中で地理を履修した者は、残念ながら少数に留まり、多くの日本人にとって、現代世界における「華人」についての知識は乏しいと言わざるを得ない。

次に、一般社会への影響力の強い日本の新聞における、華僑・華人の用語について検討しよう。読売新聞の「ヨミダス歴史館」や朝日新聞の「朝日新聞クロスサーチ」などの新聞記事のデータベースで、「華僑」「華人」などがいつ頃から、どのように使われてきたのかを検索してみた。

朝日新聞の記事で、「華人」が最初に出てくるのは、1879（明治12）年11月27日朝刊（大阪版）の中である。書画骨董の販売に関する5行ほどの広告で、広告主が「華人陳子逸」と記されていた。この場合のように第二次世界大戦が終了するまで、新聞記事の中で「華人」は、中国人と同様の意味で用いられてきた。

読売新聞1944年1月28日朝刊の「労務者確保に華人移入　岸国務相言明」の見出しの記事では、25ページ(オ)のように書かれている。なお、岸国務相とは戦後首相を務めた岸信介（娘婿が安倍晋太郎、その子が安倍晋三）である。この中での「半島」は朝鮮半島、「華人」は中国人のことである。

新聞紙上では、「華商」も多く用いられてきた。これには、それなりの背景がある。日本では、1946年から国語審議会の答申により、「当用漢字」が制定された（1981年から「常用漢字」に変わった）。華僑の「僑」の字が当用漢字外の字となったため、新聞などマスメディアは華僑の言い換え語として「華商」を使用してきた。当然ながら、華僑の中には商業以外の職業に従事している者もいる。

高校教科書、新聞に見られる「華僑」「華人」「華商」の用例（下線は引用者）

（ア）山川出版社 2017 年『詳説世界史 B』「清代の社会と文化」

東南アジアとの貿易をおこなう福《ふっ》建《けん》や広東《カントン》の人々の一部は、清朝の禁令をおかして東南アジアに住み着き、農村と国際市場《しじょう》を結ぶ商業網をにぎって経済力をのばし、のちに南洋華僑《かきょう》のもとになった。

（イ）山川出版社 2017 年『詳説世界史 B』「辛亥革命」

一方、海外では華僑《かきょう》や留学生を中心に、漢人《かんじん》による清朝の打倒をめざす革命運動が盛んになっていた。興《こう》中会《ちゅうかい》を指導する孫文《そんぶん》は、ばらばらであった革命諸団体の結集をはかり、05 年に日本の東京で中国同盟会を組織した。

（ウ）帝国書院 2019 年『新詳地理 B』「世界の人口」、用語解説「華僑と華人」

華僑は、中国から外国に移住した中国人で、中国国籍を有する人々。「華」は中国を、「僑」は仮住まいする人を意味する。中国南部の出身者が多く、東南アジアをはじめとして世界各地に居住する。同郷の人々は強いきずなを維持し、商業などで活躍している。一方、外国で生まれ、その国の国籍を取得した中国系の人々は華人とよばれる。

（エ）二宮書店 2019 年『新編詳解地理 B』「東南アジア」、ことばの整理「華人と華僑」

僑《きょう》という文字は「外地《がいち》に仮《かり》住まいする人」を意味し、華僑は中国以外の国に仮住まいする人をさす。一方、華人は他国に定住して、その国の国籍を得た中国系住民のことをいう。

（オ）読売新聞 1944 年 1 月 28 日朝刊「労務者確保に華人移入　岸国務相言明」

岸国務相

昨年度水力発電計画を進める上に土木建築労務者は相当程度を要すると思ふ、当局としては一般労務計画と睨み合せてこれが確保に努力するが、労務給源としては半島労務者並に華人労務者の割当移入を増加する必要を認め……（後略）

（カ）読売新聞 1959 年 7 月 13 日朝刊「外国人企業を接収へ　インドネシア」

インドネシア政府は十二日「明年一月一日から農村における小規模の外人企業を接収する」と発表した。禁止の適用を受けるのは約二万五千の外人企業でその大部分が華商である。

しかし、しだいに「華僑＝華商」のイメージが強化されていった。

朝日新聞1955年1月21日朝刊の見出しは、「移りゆく東南アジア㈣　華きょう――1500万の商業勢力」となっている。「華僑」としたかったのであろうが、当用漢字表に「僑」がないため、やむを得ず「華きょう」となったのである。

読売新聞1959年7月13日朝刊、「外国人企業を接収へ　インドネシア」の記事では、25ページ㈨のように「華商」が用いられている。

読売新聞の記事で、「華人」が現在の意味で初めて使用されたのは、1974年11月25日朝刊「ブック・スタンド」という新刊書紹介のコーナーであった。ここでは、戴國煇《たいこくき》編『東南アジア華人社会の研究（上）・（下）』（アジア経済研究所、1974年刊）が取り上げられた。評者の加藤祐三（当時、横浜市立大学助教授・東洋史）は、冒頭で「題名にある華人という表現は、聞きなれない呼び方かもしれない」と述べ、「華人とは、出自が中国人で中国以外の国に住み、そこで根をおろして、その国の国民となっている人、またはそうありたいとする人を指す」と解説している。

1987年、私にとって初めての単著となる『東南アジアのチャイナタウン』（古今書院）を刊行した。幸いにも、読売新聞の文化部の記者からインタビューを受け、1987年6月15日夕刊「東南アジアの中華街の顔を追う　秋田大助教授山下清海さん」という記事になった。同書で私は、一貫して「華人」を用いたのであるが、記事では「中国、台湾、香港、マカオを除くアジアの中国人の数は1830万人にものぼる」という文面になった。

しかし、読売新聞1992年9月8日および9日夕刊に掲載された私の寄稿「華人社会から見たべトナム」（上・下）では、「華人」のままの掲載が認められた。

雑誌やテレビの娯楽番組などでは、華人のことを「中華系」や「中国系」と呼ぶ場合が、今でもよく見られる。しかし、「華人」を用いてきた新聞が、記事の中で「中華系」と表現する場合が最近目立つようになってきた。時計の針を逆に回したようなものである。

一般に「中華」とは中国人が自国を呼ぶ時の美称であり、読者には中華系＝中国系と受け止められかねない。習近平国家主席は、２０１２年以来、「中華民族の偉大な復興」のスローガンを演説などで唱えている。「中華系」という表現により、「世界各地の華僑は、やはり中国の手先なのだ」というさらなる誤解、偏見を生むのではないかと危惧される。

コラム1

「まだ私たちを『華僑』と呼ぶのか」

多言語国家シンガポールでは、英語、華語（標準中国語）、マレー語、タミル語（インド南部のタミル地方の言語）が公用語になっている。1947年、マレーシアで生まれた陸培春《りくばいしゅん》は日本に留学し、東京外国語大学日本語科を卒業した。その後、シンガポールの華字紙『星洲日報』（現・『聯合《れんごう》早報』。華字紙は中国語新聞のこと。第41章参照）の日本駐在記者となった。

1985年頃の話である。陸培春記者は、日本のある有名大学で開催されたシンガポールの駐日大使・李炯才《リー・クーンチョイ》の講演を取材した。その際、アジア問題専門の日本人教授が、李大使に以下のような質問をした。

「ユダヤ人が中東でイスラエルという国を作ったように、華僑も東南アジアでシンガポールを建国したわけですが、今後とも中国人の移住は増えるのではないでしょうか……」（後掲書、168頁、読点を補った箇所がある）

これを聞いた陸培春は言う。

「取材していた私は、あいた口がふさがらなかった。アジア問題専門の教授なのに、いまだに私達を中国から出稼ぎに来た華僑とみなしているのである」（同168頁）

「なぜシンガポールの国民になった『中国人』を華人あるいはシンガポーリアンとよばないのだろうか」（同168頁）

そして、著書『日本に何を学ぶのか——シンガポール記者の目』（勁草書房、1986年）の「華人と華僑と中国人」の項を、次の言葉で締めくくった。

是非日本の国語辞典の編集者は早く『華人』という言葉を入れて欲しい。日本の有識者も、私達のことを「華僑」と呼ば

ず、「マレーシアン」又は「シンガポーリアン」と呼んでほしい。（172頁）

私自身、陸培春記者の主張と全く同じ内容の発言を、直接耳にしたことがある。1992年、「環太平洋地域の華僑社会における伝統と変化」というテーマのシンポジウムが日本のある大学で開催された。このシンポジウムでは、シンガポールからレオ・スリヤディナタ（廖建裕）教授が招聘《しょうへい》されていた。レオ教授はインドネシア生まれの華人で、シンガポールの南洋大学（1980年7月からは、シンガポール大学と合併してシンガポール国立大学となった。第43章参照）で学び、その後、アメリカ、オーストラリアなどで研究を続けた東南アジア華人研究の第一人者である。

シンポジウムでの招待講演で、レオ教授は冒頭、シンポジウムのテーマにある「華僑社会」は適切でないと批判した。前述の陸培春記者と同様、「私たちは華僑ではない、華人なのだ」とシンポジウム参加者に念を押した。

私は、1978年11月から1980年11月まで、ちょうど2年間、文部省アジア諸国等派遣留学生としてシンガポールの南洋大学に留学していた。このため、高校時代に習った「華僑」は、東南アジアでは用いられない「死語」となっていたことを体験的に学んだため、陸培春記者やレオ教授の主張は非常に納得できる。

1982年から大学教員となって以降、新聞、雑誌、テレビなどマスメディアから取材を受ける機会が増えたが、多くの記者らは「華僑」を用いていた。「読者や視聴者は、『華人』と言っても聞き慣れていませんから、ここでは『華僑』でお願いします」と注文をつけられることが少なくなかった。

マレーシア出身の林華生《リム・ホアシン》教授（当時、早稲田大学アジア太平洋研究センター教授・副所長）は、2001年、朝日新聞に執筆した「華裔《かえい》・華僑・

華人」と題する記事の中で、華人について次のように語っている。

移住先や居住国の国籍を保有している以上は、もう華僑ではない。当該国の国民であり、主人公である。「郷愁の念」もあるだろうが、居住国の国民としての義務をもっと果たさねばならない。居住国に溶け込み、社会的、経済的、文化的発展に貢献せねばならない。中国も華人という特別な感情にとらわれず、客観的にその力を評価すべきだ。

東南アジアの華人の多くは、一部の新華僑を除き、ここで紹介した記者や教授と同じように考えていることを、日本人はもっと知るべきである。

3

老華僑と新華僑

★拡大、多様化する世界の華人社会★

日本に統治されていた台湾出身の日本在留者は、第二次世界大戦後、中国籍を回復した。そこで、中国大陸出身者の「旧華僑」に対して、台湾出身者は「新華僑」と呼ばれるようになった。また第二次世界大戦後まもなく、台湾から来日した者も、「新華僑」と呼ばれた。しかし、今日の「新華僑」は、別の意味で用いられている。

中国では、1966年頃から約10年間続いた文化大革命が、1976年9月の毛沢東《もうたくとう》の死去後、江青《こうせい》（毛沢東夫人）ら四人組の逮捕により事実上終わった。その後、中国の実権を握った鄧小平《とうしょうへい》体制は、1978年12月に開催された中国共産党第11期中央委員会第3回全体会議（略称：第11期3中全会）において、海外資本の積極的な導入、市場経済への移行などの改革開放政策を推進することを決定した。そして深圳《しんせん》、珠海《しゅかい》、汕頭《スワトウ》、厦門《アモイ》に経済特区が設立され、1988年には海南島（広東省から分離・独立し海南省となる）が5番目の経済特区に指定された。

改革開放政策が軌道に乗り出した1980年代の半ば以降、出稼ぎや留学などで海外へ出る中国人が増加していった。それまで一般の中国人は海外に出ることを制限されていたが、中国政府は私的な出国も容認するようになったからである。このように、改革開放以後、海外に出て行った中国人を、中国では「新移民」と呼んでいる。日本人にとっては、「移民」というと、アメリカやブラジルなどに集団で移住した人びとを連想しがちである。

中国出身の経済ジャーナリスト、莫邦富《モーバンフ》は、中国の改革開放後、大挙してヨーロッパを目指した中国人の全貌を描いた『新華僑』（河出書房新社、1993年刊）を出版した。その後、「新華僑」という呼称が、しだいに日本において定着していった。「新華僑」に対して、改革開放前に海外に出て行った中国人とその子孫は、「老華僑」と呼ばれるようになった。日本においては、1972年9月の日中国交正常化以降、来住した中国人が増えてきたため、これを境に老華僑と新華僑に区分する場合もある。

老華僑が海外に出て行った主な要因には、貧困からの脱却のため、あるいは政治的自由を求めてなどがあげられる。一方、新華僑の場合、政治的自由を求めて出国した者も少なくないが、多くは経済的理由である。しかし、経済的理由といっても、ヨーロッパ列強の植民地におけるプランテーション（大農園）や鉱山などの低賃金労働力として海外に出て行った老華僑と異なり、新華僑は、より多くの収入を得てさらに豊かになりたいという夢を抱いて海外に出て行った者が多い。

新華僑は、一般に貧困者ではない。ほんとうに貧しければ、出国する資金もなければ、出国するための情報や手段を入手することも困難であったからである。出国に要する多額な費用は、自らの蓄えがなければ、親類や知人などから借り集める場合が多い。貧困者は海外へ出稼ぎに行きたくとも、このような出国費用を工面することはできず、国内の都市部への出稼ぎが精いっぱいである。

改革開放後、中国は急速に経済発展していったが、豊かな生活を送る海外同胞の情報が知れ渡るにつれ、中国大陸からの海外流出者が大量に生まれ、出国ブームが起こった。しかし、一般の中国人が先進国に居住するためのビザを取得することは、きわめて困難であった。そこで中国からの密航者が急増し、「蛇頭《じゃとう》」あるいはスネークヘッド（snakehead）と呼ばれる密航斡旋《あっせん》組織が、中国国内、特に福建省や、密出国先のアメリカ、イギリスなどで暗躍した。1980年代後半、密航船やインドシナ難民に偽装した「難民船」に乗った中国人が日本の海岸にたびたび到着した。

写真　日本へ多数の新華僑を送出した福建省福清市高山鎮（2002年）
日本語学校や日本をイメージした看板が多かった。

日本では、1980年代半ば以降、中国から来日し日本語学校で学ぶ「就学生」や、大学などで学ぶ「留学生」が急増した。2010年の入国管理法の改正以前、日本語学校や専修学校などに在籍する学生は「就学生」、大学・短大などに在籍する学生は「留学生」として区別されていた。当初は、上海や福建省北部の福清《フーチン》地方出身者が多かった（写真）。のちに東北地方（旧満洲）出身者が増加した。

これら就学生や留学生の中には、勉学期間を終えても、貧しい中国に帰国せずにそのまま日本に長期滞在することを望む者が多かった。老華僑が横浜中華街や長崎新地中華街を形成してきたのに対し、新華僑は、日本語学校やアルバイト先が多い東京都豊島区の池袋周辺や新宿区の職安通りから大久保通り周辺に多く居住するようになった。後者は、今日、コリアタウンとして有名であるが、1980年代後半から90年代は、コリアン、新華僑、さらにタイやフィリピン出身のホステスなどが多く住む地区で、1997年、私は「大久保エスニックタウン」と称して論文を書いた。

香港においても、1997年の中国返還を前にして、移民ブームが起こった。1984年に中国とイギリスの間で、香港の中国返還に関する共同宣言が発表されて以来、アメリカ、カナダ、オーストラリアなどに移住する香港人が急増した。

また、2020年の香港国家安全維持法の施行により、香港の将来に不安を抱いた香港人の海外移住が急増した。イギリス政府も、2021年1月、香港に住む「英海外市民（BNO）旅券」保持者らを対象に、イギリス移住を後押しする特別ビザ制度を開始した。14か月で12万人超がビザを申請したという。

香港人のほかに台湾人や東南アジアの華人の海外移住者も加わり、世界各地の華人社会は拡大しながら、ますます複雑化、多様化している。グローバルスケールでみると、これらの新華僑は、旧来のチャイナタウン（オールドチャイナタウンと呼ぶ）に流入する一方で、豊かな新華僑は、当初から老朽化したオールドチャイナタウンを避け、郊外に新たなチャイナタウン（ニューチャイナタウンと呼ぶ）を形成している（第8章参照）。

4

華人再移民

★移住先からさらに第三の地域へ★

「再移民」という用語は、日本ではほとんど知られていないといってもよいだろう。しかし、近年の世界の華人を理解する際、「再移民」は非常に重要なキーワードである。

中国から海外へ移り住んだ華人が、その居住地からさらに第三の地域へ再び移っていく場合がみられる。このような華人は「再移民」と呼ばれる。

例えば、華人の最大の集中地域である東南アジアから、北アメリカ、オセアニア、ヨーロッパなどへ移り住む再移民が、近年増加している。なかでも、ベトナム戦争終結（1975年）前後、ベトナム、ラオス、カンボジアのインドシナ3国の社会主義化に伴い、小型船に乗って海路脱出するインドシナ難民は「ボートピープル」と呼ばれた（写真1）。また、インドシナ諸国から隣国のタイまで陸路で脱出した難民も多かった。インドシナ難民は一時的に難民キャンプに収容された後、世界各地に分散していった。

これら難民の中には、それまでの資本主義体制下で商工業に従事していた華人が多数含まれていた。華人であるがゆえに、社会主義化によって、財産を没収されたり、農村部に強制

写真１　ベトナムから脱出したボートピープルの船の残骸
砂浜に乗り上げ放置されたままであった。（マレーシア、ジョホール州の東海岸、1979年）

移住させられたりするなどして、自由と財産を失ってしまった。このような状況に追い込まれることはある程度予想されたため、大きな危険を冒して、家族とともに海外へ脱出、すなわち第三の地域への逃避を選択せざるを得なかったのである。

ベトナム戦争で敗北を喫したアメリカは、インドシナ難民を多数受け入れた。新天地のアメリカで生活を始めたインドシナ難民は、親類、友人、知人が多く住む地域に集まって住むようになった。ロサンゼルスの東に位置するカリフォルニア州オレンジ郡のウェストミンスター市には、インドシナ難民、なかでもベトナム人が多く居住しており、「リトルサイゴン」と呼ばれる地区がある（写真2）。ディズニーランド（アナハイム市）の南南西約9キロのところにある。リトルサイゴンのショッピングセンター内の店舗では中国語はほとんど通じないが、看板に中国語を併記しているものもみられる。華人であるがゆえに住み慣れた土地を離れなければいけなかったという華人としてのアイデンティティが、漢字の店名の表記に表れている。

シカゴの従来のチャイナタウンは、シカゴ中心の南部に形成された。一方、インドシナ難民が増加すると、シカゴの中心地の北部にインドシナ出身の華人再移民によってニューチャイナタウンが形成され、「ノースチャイナタウン」（中国語では「北華埠」。「華埠《かふ》」は広東語でチャイナタウンの意）と呼ばれるようになった。このためオールドチャイナタウンは、現在、「サウスチャイナタウン」（中国語では「南華埠」）とも呼ばれている。

写真２　ロサンゼルス郊外、リトルサイゴンのショッピングセンター
写真の右端には“Asian Garden Mall　福禄寿”と書かれている。

これらのほか、アメリカ各地にはインドシナ難民が中心になって形成した「リトルサイゴン」や「チャイナタウン」が多数みられる。もっとも多いのは、カリフォルニア州である。

インドシナ3国の旧植民地宗主国であったフランスも、多数のインドシナ難民を受け入れた。パリの13区には、このようなインドシナ難民が集住した地区が形成され、パリ市民からは「チャイナタウン」と呼ばれるようになった（コラム2参照）。

ベトナム戦争では、オーストラリアもベトナムに自国の軍隊を派遣した。ベトナム戦争後、オーストラリアは、1975年から1985年の10年間に9万人以上のインドシナ難民を受け入れた。これを反映して、現在、オーストラリア各地では、ベトナム料理店が多くみられる。シドニーの中心部から西へ約40キロのところにあるフェアフィールド市のカブラマッタ地区には、「シドニー第2のチャイナタウン」が形成された（コラム6参照）。

世界各地のチャイナタウンでは、ベトナム、ラオス、カンボジアなどインドシナ系の料理のメニューを多く提供する「中国料理店」がみられる。また、フランス植民地時代の影響で、「バインミー」と呼ばれるベトナム式サンドイッチを提供するインドシナ出身の華人再移民が営業する店舗が増えている。

これらインドシナ出身の華人再移民は、しだいに世界各地のオールドチャイナタウン（第8章参照）に流入する傾向がみられる。華人の定住化に伴ってオールドチャイナタウンから郊外への居住地移動が進み、またオールドチャイナタウンで店舗を経営していた華人の高齢化によって後継者が必要となるが、教育熱心な華人の家庭では、大学や大学院で専門的な教育を受けた子弟が少なくなく、後継者難の状況に陥っている。その間隙に遅れてやってきたインドシナ出身の華人再移民が、オールドチャイナタウンに流入し、華人経営の店舗を引き継ぐ例が多くみられるのである。

ロサンゼルスのチャイナタウンでは、表面的にはチャイナタウンらしい景観を留めているものの、よくみると中国語の看板が減少し、ベトナムをはじめとするインドシナ出身の華人再移民が増えている。看板には英語、中国語のほか、ベトナム語、カンボジア語なども表記されているが、再移民の多くは、元の居住国の言語に堪能であっても、中国語を話せる者は少ない。

ベトナムでは、1986年から開始された開放経済政策ドイモイ（刷新）の影響で、海外に脱出した華人の一部が、ベトナムに帰還する例もみられるようになった。ベトナム戦争終了直後、サイゴン（現ホーチミン）のチョロン地区のチャイナタウンは、ゴーストタウン化した。しかし今日では、中国語の看板が増え、大勢の外国人観光客が訪れ、活気あふれる地区となっている。

コラム2

パリにもチャイナタウンが

「パリにチャイナタウン?」パリに何度も行っている人でも、「チャイナタウンって、パリのどこにあるの?」と、首をかしげるかもしれない。パリでチャイナタウンというと、パリ南部の13区のショワジー地区を指す。ルーブル美術館からは、南南東4キロあまりのところにある。

ベトナム戦争は、1973年にアメリカが撤兵した後、1975年4月、南ベトナムの首都サイゴン(現ホーチミン)に北ベトナム軍が無血入城し、北ベトナム側の勝利で終わった。南ベトナムに軍隊を派遣し、北ベトナムを爆撃していたアメリカ側も敗戦という結末になった。南北ベトナムだけでなく、隣国のラオス、カンボジアを含めて、第二次世界大戦後まで旧フランスの植民地であったベトナム、ラオス、カンボジアのインドシナ3国は社会主義化された。

写真1　パリ13区のチャイナタウン
ベトナムをはじめインドシナ出身の華人再移民が多く居住する。

フランス内務省のデータによれば、ベトナム戦争が終結した1975年から1987年までの間に、フランスは14万5000人のインドシナ難民を受け入れた。そのうち50~60%は華人であったという。

戦火を逃れてインドシナからフランスにやってきた華人再移民は、パリに大量に流入した。特に13区の中心にあるイタリー広場の南側周辺である。この地区には「トゥール」(塔)と呼ばれる高層住宅が林立している。これらは1970年代初期、パリ中心部の過密化対策として建設されたものである。しかし、オイルショックなどの不景気に加えて、高層住宅はパリ市民にはあまり人気がなかった。売れ残った高層住宅は分譲されず、しだいに賃貸物件化していった。これに伴い、インドシナ出身の難民、特に華人再移民が多く流入した。このため、パリ13区のチャイナタウンは、世界各地にあるチャイナタウンとは、成り立ちや景観などがかなり異なる。しかしパリ市民からみれば、インドシナ難民は中国大陸出身の「中国人」と変わらず、当時、パリの他の地区に明瞭なチャイナタウンがなかったため、この地区が「パリのチャイナタウン」と呼ばれるようになったのである。インドシナ難民が経営する中国料理店、ベトナム料理店、カンボジア料理店などに加え、「日本料理」の看板を掲げる店もみられる。近年では、浙江《せっこう》省温州《おんしゅう》出身の新華僑の進出も著しく、彼

写真２　インドシナ出身の華人再移民が多く居住する高層住宅（パリ 13 区チャイナタウン）

コラム2 パリにもチャイナタウンが

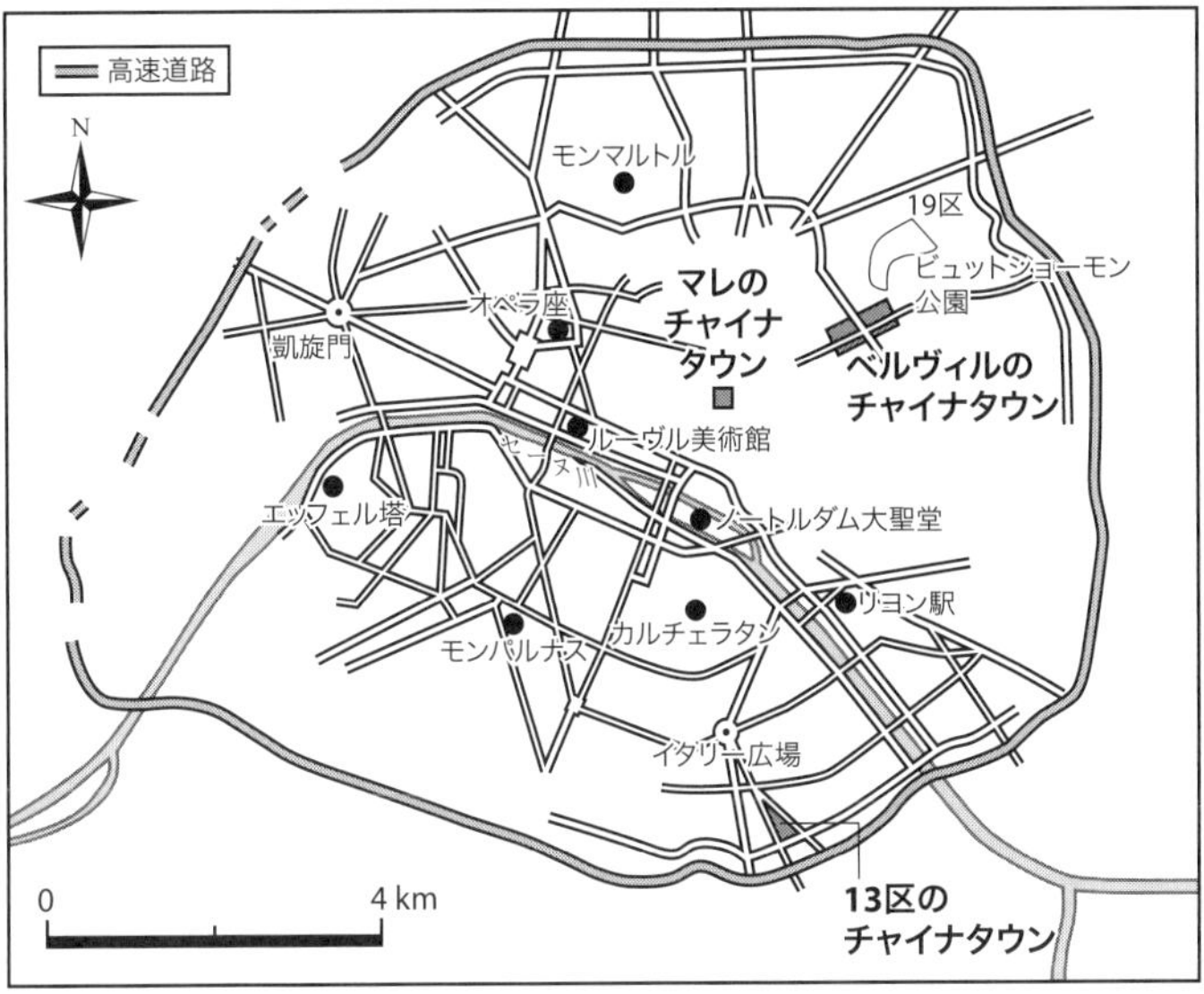

図　パリにある３つのチャイナタウン

13区のチャイナタウン、ベルヴィルのチャイナタウン、およびマレのチャイナタウン。
出所＝山下清海（2019）p. 125。

らが経営する中国料理店、中国雑貨・民芸品店、中国語書店などに加えて、不動産会社も目立つようになってきている。温州出身の新華僑やインドシナ出身の華人再移民向けのキリスト教会や中国語学校も見られ、しだいに標準中国語も普及してきている。

パリには、13区のチャイナタウンを含めて3つのチャイナタウンがある（図）。パリ東部の19区および20区にまたがるベルヴィルには、改革開放後、温州とその西に隣接する青田出身の新華僑が増加し、新たなチャイナタウンが形成された。また、パリ中心部の3区にあるマレ地区は、第二次世界大戦前、ユダヤ人の皮革加工職人が集中していた。この地区に、中国の改革開放後、しだいに温州・青田出身の新華僑が経営する中国料理店、カバン店などの商店が集中しチャイナタウン化していった。

5

華人の人口と分布

★世界に拡散する華人★

世界の華人人口に関する信頼度の高い統計は存在しないと言っても過言ではない。世界の華人人口は1800万人、2000万人、3000万人、6000万人といった具合に、明確な根拠が示されることなく、不明瞭な推定が一人歩きしている感が否めない。中国籍保有者の人口は、居住国側が管理する在留外国人の統計などで把握できる国もある。しかし、移住先の人びととの混血が進み、国籍が多様化している状況で、各国の人口センサス（日本の国勢調査に相当）においても、正確な華人人口を把握するのは非常に困難である。

1949年の中華人民共和国成立後、1953年に最初の人口センサスが実施された。その中で、国外華僑および留学生は2133万人と発表された。2014年、中国の国務院僑務弁公室主任は、「最新の統計によれば、現在、海外の華人華僑は6000万人あまりで、198か国・地域に分布している」と述べている（人民網、2014年3月5日）。これ以降、中国では「世界の華僑・華人人口6000万人」という言い方が一般化した。

世界の華人人口の変化について、中国の華人社会研究の代表者、庄国土《しょうこくど》は、さまざまな統計を用いて概説している。

庄によれば世界の華人人口は、1940年には800万〜850万人であった。1950年代初期には1200万〜1300万人に増加し、その90％以上は東南アジアに集中していた。1980年代に入ると、中国では海外移住ブームが起こり、中国から出国する新華僑や東南アジアからの「再移民」が増加し、1980年代初めの世界の華人人口は2200万〜2400万人に膨れ上がった。そして2007〜08年には4543万人となり、2017〜18年の世界の華人人口は約6000万人となった。これらの華人を出身の省別にみると、広東籍が2500万人あまりで、福建籍が1600万人、海南籍が370万人、広西籍が300万人あまり、雲南籍が250万人、浙江《せっこう》籍が200万人、台湾籍が1920万人などであった。

世界の華人に関する業務を扱う部門として、中国には僑務弁公室があるが、台湾には同様な部門として僑務委員会がある。台湾の僑務委員会は、毎年『僑務統計年報』を刊行し、その中には「海外華人人口数」と「海外台湾僑民人数」の統計が掲載されている。『2010年僑務統計年報』までは詳細な国別の人数を掲載した表が示されていたが、その後、表ではなく主な国のみ文章で概数を言及する形式に変更された。しかし、世界の各国別の華人人口に関する統計としては、現状では『僑務統計年報』がもっとも有用であると思われる。

『僑務統計年報　中華民国110年（2021年）』における海外華人は、中国大陸、香港、マカオの3地区以外の世界各地に居住する華人を指すとしている。なお、同年報では、台湾籍を保有する在外居住者を「台僑」と呼び、海外華人とは別扱いにしている。

同年報に書かれている海外華人人口の文章を、私が表形式に作成したものが、右の表である。これらの人口は、各国の人口センサス、移民局の統計、国連などの資料にもとづいて推定したものと思われる。表中の華人および台湾人の合計は5134万人となり、これが2021年末時点での世界の華人人口となる。

表　世界の華人人口および台湾人人口（2021年末）

	華人（万人）	華人（%）	台湾人（万人）	台湾人（%）
アジア	3,430	69.6	62.5	30.5
インドネシア	1,088		20.1	
タイ	701		15	
マレーシア	673			
シンガポール	296			
ミャンマー	100			
フィリピン	100			
ベトナム	100		8	
南北アメリカ	961	19.5	129.5	63.1
アメリカ	537		104.1	
カナダ	192		19.1	
ブラジル			3.8	
ヨーロッパ	245	5.0	4.8	2.4
フランス	75		1.2	
イギリス	47		1.1	
イタリア	33			
オセアニア	174	3.5	7.4	3.6
オーストラリア	141		5.8	
ニュージーランド	27		1.5	
アフリカ	118	2.4	0.9	0.4
南アフリカ共和国	51		0.8	
ナイジェリア	30			
世界合計	4,929	100.0	205.0	100.0

（注）世界の華人人口には、台湾人は含まれていない。
出典：『僑務統計年報　中華民国110年』中華民国僑務委員会により筆者作成。

第5章
華人の人口と分布

この表によれば、2021年末の台湾人を除く世界の華人人口は4929万人で、世界の69・6%(3430万人)、すなわち7割はアジアに集中している。もっとも多いのはインドネシアで1088万人、以下、タイ701万人、マレーシア673万人、シンガポール296万人などとなる。

マレーシアとシンガポールでは、10年ごとに実施されてきた人口センサスで、華人人口が把握されている。しかし、インドネシアとタイでは、そのような統計は存在しない。このため、インドネシアの総人口の約4%が華人で、タイの総人口の約4%が華人であるという従来の推定に照らして華人人口が算出されていると思われる。したがって、総人口が増加すれば、華人人口も増えることになる。世界第1位、第2位の華人人口を有する両国がこのような状況であり、世界の華人人口の総計も、かなりあいまいな推計になっている。特にタイの場合、歴史的に華人とタイ人との混血が進んでいる国であり、正確な華人人口の把握は非常に難しい。

南北アメリカには、世界の華人の19・5%(961万人)が分布している。もっとも多いのはアメリカの537万人で、以下、カナダ192万人である。ラテンアメリカでは、ペルーで華人が多いが同国の華人人口は示されていない。

近年、ヨーロッパの華人人口は増加し245万人となり、世界の5・0%を占めるまでになっている。ヨーロッパで最大の華人人口をもつフランスは75万人で、以下、イギリス47万人、イタリア33万人である。

オセアニアの華人人口は174万人で、そのうちオーストラリアに141万人、ニュージーランド27万人となっている。両国とも、華人人口が増加を続けている。アフリカも華人人口が急増している地域で118万人となっており、そのうち南アフリカ共和国が51万人、ナイジェリアが30万人と推測されている。

次に世界の華人の分布パターンについて検討しよう。

華人が世界各地に広く分布していることを、中国では「有海水的地方就有華僑」(海水の至る所華僑あり)と言い表してきた。改革開放政策に伴い、1980年代半ば以降、中国から世界各地へ移住する新華僑が急増した。それ以前の世界の華人の伝統的な分布パターンを概観すると、次の3つのキーワードでその特色を示すことができる。熱帯、沿海、そして都市である。すなわち、世界の華人は、熱帯地域、沿海地域、および都市地域に多く分布してきたのである。

① 華人は東南アジアやカリブ海地域など熱帯に多く分布している。これは、熱帯におけるヨーロッパ人の植民地開発、とりわけサトウキビやゴムなどのプランテーションにおいて、勤勉で低賃金な労働力として、大量の華人労働者が必要とされたという歴史を物語っている。

② 華人は沿海地域に多く分布している。これは、華人の職業や移住の経緯を考えると、当然の結果でもある。華人がまず上陸するのは港である。また、貿易をはじめ経済活動に有利な沿海地域に華人は多く居住した。世界の主要なチャイナタウンは、ほとんどが港湾都市(港町)に形成されている。例えば東南アジアでは、シンガポール、ペナン、ジャカルタ、バンコク、ホーチミン(サイゴン)、ヤンゴン(ラングーン)、北アメリカではサンフランシスコ、ニューヨーク、バンクーバー、ヨーロッパではロンドン、アムステルダム、オーストラリアではシドニー、メルボルンなどである。日本の三大中華街(横浜、神戸、長崎)も、いずれも港町に形成された。

③　華人は都市に居住する傾向が強い。初期の華人移民は、プランテーションの契約移民や鉱山労働者などが多かった。また、ゴールドラッシュでは、一攫千金の夢を抱いて北アメリカやオーストラリアなどに渡った。ゴールドラッシュの後、華人労働者は大陸横断鉄道の建設において重要な役割を果たした。彼らの多くは、契約期間や工事の終了後、新しい職を求めて都市へ再移住した。アメリカやカナダでは、白人による華人に対する排斥運動が高まるにつれ、華人はより安全を求めて都市のチャイナタウンに集中していった。

第二次世界大戦前におけるヨーロッパの華人の分布をみると、イギリス、オランダ、フランスなどの西ヨーロッパに偏っていた。しかし、中国の改革開放後、中国からの新華僑はヨーロッパ全域に広く分布するようになった。特に１９８９年のベルリンの壁崩壊に伴う東ヨーロッパの旧社会主義国家の民主化は、新華僑にとって新たなビジネスチャンスをもたらした。

最近の華人の世界的な分布をみると、年々、世界各地へ拡散していっている。その背景には、中国の習近平体制が、２０１３年頃から推進してきた巨大経済圏構想「一帯一路」政策がある。このシルクロード経済ベルトと21世紀海洋シルクロードの構築を目指す一帯一路政策の推進により、アフリカをはじめ、これまで華人が少なかった地域において、華人が急増しているのである。

6

チャイナタウン

★観光地とは限らない★

チャイナタウンは、中国の国外において、華人が集住することによって形成された居住・業務地区である。形成初期のチャイナタウンの主要な機能は、華人同胞への各種サービスを提供することである。しだいに、華人同胞だけでなく、ホスト社会(受け入れ社会)の人びとや華人以外のエスニック集団に対するサービス提供の場となっていく場合も多い。東南アジアをはじめ発展途上地域にある多くのチャイナタウンは、華人以外の人びとにとっても、重要な商業地区ととらえられている。チャイナタウンに行けば、必要なものが手に入るからである。

華人の生活向上が進み、またチャイナタウンの老朽化に伴い、豊かになった華人は、より居住条件のよい地域へしだいに移動するようになる。これによってチャイナタウンの居住地区としての機能が縮小し、業務地区の機能に特化していく例も多くみられる。また、華人以外のエスニック集団がチャイナタウンへしだいに流入し、チャイナタウンの多民族化が進んでいく事例も、世界各地で数多く確認できる。チャイナタウンをみる場合、単に華人が集住している街という単一的な見方をせずに、変容、多様化し続けている街としてとらえることが重要である。

第6章
チャイナタウン

チャイナタウンは、日本では中華街と呼ばれることが多いが、第二次世界大戦前には、シナ町（街）、南京町《ナンキン》（街）と呼ばれていた。1955年、横浜中華街に最初の牌楼《パイロウ》（中国式楼門）である善隣門が建てられた。当時の横浜中華街の華人たちは、シナ町や南京町の呼称を好まず、「中華街」と書かれた扁額《へんがく》を善隣門に掲げた。それ以降、日本ではチャイナタウンを「中華街」と呼ぶことが定着していった。「中華街」は中国語ではなく、日本で生まれた造語である。

一方、中国あるいは海外の華人は、チャイナタウンを「唐人街」と呼ぶことが多い。近年では「中国城」「華人街」「華僑街」「華人城」「華僑城」「華人区」「華僑区」などとも呼ばれる。「城」は中国語で都市や街を意味する。アメリカ、カナダ、イギリス、オーストラリアのように広東人が多いところでは、広東語の表現で「華埠《かふ》」と呼ばれてきたところが多い（「埠」は港や街を意味する）。例えば、ロンドンのチャイナタウンの牌楼には「倫敦《ロンドン》華埠」と表示されている。

次に、世界の主要なチャイナタウンを概観しよう。東南アジアの有名なチャイナタウンとして、シンガポール、ペナン（マレーシア）、ジャカルタ（インドネシア）、マニラ（フィリピン）、バンコク（タイ、写真1）、ホーチミン（ベトナム）、ヤンゴン（ミャンマー）などのものがあげられる。東南アジアの都市形成において、商業活動に積極的な華人が果たした役割は大きい。華人商人が集まって市場が形成され、その後、都市に発展していった例が多い。インドネシアやマレーシアなどでは、多くの都市の旧市街はもともとチャイナタウンであったと言っても過言ではない。

東南アジアの主要な都市は、植民地化を免れたタイを除き、植民地時代にイギリス、オランダ、フランス、スペインなどによって建設され、植民地支配の拠点となった植民地都市を起源とするものが

写真１　タイ、バンコクのチャイナタウン
中国語の看板が立ち並ぶチャイナタウンのメインストリート、ヤオワラート通り。

多い。華人は植民地経済において重要な役割を果たしてきたが、彼らは植民地都市の一角に集住し、チャイナタウンを形成した。そして華人は、植民地都市から主要な交通路（道路、河川、鉄道など）に沿って、しだいに内陸各地に移り住み、新たな都市を形成していった。マレー半島の西部には錫《すず》鉱脈が分布しているが、錫の採掘に従事した華人によって、タイピンやイポーのような鉱山都市が形成された。マレーシアの首都クアラルンプールも、華人によって形成された錫鉱山都市が起源である（第10章参照）。

　東南アジア以外の地域におけるチャイナタウンもみていこう。北アメリカにおいてはサンフランシスコ、ロサンゼルス、シアトル、ポートランドなどの太平洋に面する西海岸、ニューヨーク、フィラデルフィア、ワシントンDCなどの大西洋に面する東海岸をはじめ、アメリカ各地にチャイナタウンが形成されている。カナダの主なチャイナタウンとしては、バンクーバー、トロント、モントリオール、オタワなどがあげ

写真2　アムステルダムのチャイナタウン
チャイナタウンのメインストリート、ゼーティク（Zeedijk，中国語名：善徳街）。多くの中国料理店が集まり、観光客も多い。

られる。

ヨーロッパにおいては、イギリスのロンドン、バーミンガム、マンチェスター、リバプール、そしてオランダのアムステルダム（写真2）、ロッテルダムなどがよく知られている。コラム2でも紹介したように、パリにも3つのチャイナタウンがある。

その他の地域においては、韓国の仁川《インチョン》、釜山《プサン》、オーストラリアのメルボルン、シドニー、ブリスベン、アデレードなど、インドのコルカタ、そしてアフリカでは、南アフリカ共和国のヨハネスブルグ、インド洋の島嶼《とうしょ》国モーリシャスのポートルイス（写真3）などのチャイナタウンが代表的である。

以上列挙した世界の主要なチャイナタウンが形成された地域の多くは、港町であった。これらの港町に上陸した華人は、そこにチャイナタウンを形成するとともに、そこから各地に移動して行った。このようにチャイナタウンは、華人にとって移住地のゲートウェイであるとともに、各地への分散基地としての役割を

写真３　モーリシャスの首都、ポートルイスのチャイナタウン
「唐人街」と書かれた２つの牌楼が設置されているが、観光地というより、華人経営の商店が集中する商店街である。

もっていた。北アメリカやタイなどでは、鉄道の建設に伴い、華人はしだいに内陸奥地へ広がり、鉄道駅近くに新たなチャイナタウンが形成されていった。世界のチャイナタウンの歴史的背景については、第II部で詳述する。

多くの日本人は、「チャイナタウンは観光地である」という固定的なイメージをもっている。これは、横浜中華街、南京町（神戸）、長崎新地中華街という日本三大中華街が、いずれも観光地として繁栄しているためである。このため海外のチャイナタウンも、観光地としてにぎわっているとの思い込みが強い。確かに、サンフランシスコ、ニューヨーク、ロンドン、シドニー、メルボルンなどのチャイナタウンは、国内外の多くの観光客が訪れ、中国料理店が集中する観光地である。しかし、世界のチャイナタウンのいずれもが観光地とは限らない。華人が多く居住する東南アジアでは、シンガポール、クアラルンプール、バンコクなどの外国人観光客に人気があるチャイナタウンを例外として、多くのチャイナタウンは観光地としての性格は弱く、小売り・卸売《おろしう》りなどの店舗が集中する商業地区としての性格が強い。とりわけ、中国料理を食べないイスラム教徒の多いインドネシアなどの地域では、チャイナタウンは観光地ではなく、前述したように欲しいものを何でも売っている、手に入れられる町なのである。

チャイナタウンの観光地化において、重要な観光資源は中国文化である。観光地化が進んだチャイナタウンでは、中国料理店が多数集中し、観光客相手に中国の菓子や民芸品などを売る店が多い。日本や欧米などのように中国の食文化や伝統文化が観光資源になりうる地域でなければ、チャイナタウンの観光地化は進まない。東南アジアのインドネシア人やマレー人などのイスラム教徒からみれば、中国文化は観光の対象にはなりにくいのである。

サンフランシスコやニューヨークのチャイナタウンも観光客が多数訪れる観光地であるが、両地のチャイナタウンには、華人の住宅やアパートが集中し、今日でもチャイナタウン内に多くの華人が居住している。このため、これらのチャイナタウンは、観光的機能に加えて華人の居住・生活の場としての機能も強い。さらに、華文学校（中国語で授業を行う、いわゆる中華学校）には、チャイナタウンの外に住む華人生徒も、親に自動車で送迎されながら多数通学して来る。チャイナタウンは、経済、社会、文化のいずれの面でも華人にとって重要な機能を有しているのである。

7

チャイナタウンの景観

★中国式楼門、牌楼を中心に★

　チャイナタウンでは、特有の伝統的な景観が見られる。どこのチャイナタウンでも、中国語の看板を掲げた料理店や商店などが立ち並ぶ。言語景観に注目すると、その地域のチャイナタウンを形成している華人の出身地がよく反映されている。パリ東部の19区および20区にまたがるベルヴィルのチャイナタウンには、華人経営店舗名に「温州《おんしゅう》」「浙江《せっこう》」を用いたものが多い（写真1）。ベルヴィルに限らず、パリの華人社会は浙江省南部の温州周辺の出身者を中心に構成されてきたことが反映されている。

写真１　パリ、ベルヴィルのチャイナタウン
「温州髪型屋」は「温州のヘアーサロン」の意味。

　チャイナタウンの居住様式にも特色がみられる。東南アジアのチャイナタウンでは、棟割り長屋形式の店舗兼用住宅が一般的な建築様式になっている。このような居住様式はショップハウスと呼ばれる。また、ショップハウス1階の店舗の前面には、強い日差しや雨で濡れないように騎楼《きろう》と呼ばれる通路が設けられた。これらについては、第49章でより詳細に説明することにする。

前章で述べたように、世界各地の一部のチャイナタウンは観光地となっている。チャイナタウンの観光地化が進むと、「中国の街」としてのイメージ化が進められるのが一般的である。その典型として、牌楼《パイロウ》と呼ばれる中国式楼門の建設が行われる。しかし、サンフランシスコのチャイナタウンの牌楼（龍門、Dragon Gate）が、台湾側の援助で設立されたのが１９７０年であるように（写真2）、各地のチャイナタウンの牌楼がそれほど古くからあったものではない。

写真２　サンフランシスコのチャイナタウンの牌楼、龍門（Dragon Gate）

横浜中華街に最初の牌楼である善隣門が建てられたのは、サンフランシスコのチャイナタウンより15年も早い１９５５年であった。横浜中華街をモデルにして、１９８２年に神戸の南京町の南楼門（２００６年に海栄門に名称変更）が、そして１９８６年に長崎新地中華街の中華門が、それぞれの地区で最初の牌楼として建設された。

世界の華人の約7割が集中する東南アジアの大都市の中心部には、チャイナタウンが形成されている。日本人の多くは、横浜、神戸、長崎の三大中華街のイメージから、チャイナタウンには牌楼があるものと思い込んでいる。しかし、東南アジアに限らず、世界的には牌楼がない（なかった）チャイナタウンの方が一般的である。東南アジアにおいては、華人以外の人びとにとって、日本や欧米のように、チャイナタウンは必ずしも観光で訪れる場所ではないことを示唆している。前述したように、チャイナタウンに行けば、必要なものが販売されている場所という意味合いが強いところである。一方、多くの外国人観光客にとっては、シンガポール、バンコク、クアラルンプールなどのチャイナタウンは、人気の観光名所になっている。

欧米やオセアニアのチャイナタウンの中には、観光地化が進んでいるところが少なくない。しかし、それらの地区における牌楼の建設の歴史も、比較的新しいのである。ニューヨークのマンハッタンのチャイナタウンには牌楼がない。アメリカでは、１９７９年の中国との国交正常化以降、米中関係の友好のシンボルという意味も含めて、各地のチャイナタウンで牌楼の建設が進められた。１９８４年には、フィラデルフィアのチャイナタウンに、友好都市関係を締結している天津市の協力を受けて、そして１９８６年には首都ワシントンのチャイナタウンに、友好都市である北京市の協力で、それぞれ牌楼が建設された。近年、華人移民の増加が著しいオーストラリアのシドニーのチャイナタウンに最初の牌楼が建設されたのは、１９７９年である。

ここでは、横浜中華街の最初の牌楼である善隣門の建設の背景やその後の経過などについて簡単に説明しておこう。詳細については、拙著『横浜中華街——世界に誇るチャイナタウンの地理・歴史』

（筑摩書房、2021年）を参照されたい。

横浜中華街は、第二次世界大戦以前から南京町あるいはシナ町と呼ばれてきた。終戦後、平沼亮三横浜市長らは、観光地として繁栄しているサンフランシスコのチャイナタウンを視察した。帰国後、平沼市長は横浜の南京町の観光地としての発展の可能性に目を付けた。横浜市と商工会議所が中心となり、南京町や隣接する元町の復興計画の基本方針が決められ、牌楼の建設のための寄付金集めなどが行われた。

1955年、現在の中華街大通りの入り口に牌楼が完成した。それまでの「南京町」という呼称は好きではないという華人の意見にもとづいて、牌楼には「中華街」と書かれた扁額《へんがく》が掲げられた。前章でも述べたように、「中華街」は中国語ではなく、横浜中華街で生まれた造語である。これ以降、「横浜中華街」と呼ばれるようになり、チャイナタウンという意味で日本では「中華街」が用いられるようになったのである。横浜中華街には、現在10基の牌楼がある。世界のチャイナタウンの中でも、これほど多くの牌楼があるところはほかにはない。

2002年に建設された韓国の仁川《インチョン》中華街の牌楼には、「仁川中華街」と書かれた牌楼が掲げられた。1945年の日本の敗戦後、韓国政府は韓国在留華人に対して厳しい政策をとったため、形成されていた仁川チャイナタウンは衰退してしまった。2001年から仁川広域市中区が中心になって、仁川チャイナタウンの再開発事業に取り組んだ。その時に、観光地として繁栄している横浜中華街が参考にされた。再開発されたチャイナタウンの名称も「仁川中華街」となったのである。

最近、世界各地のチャイナタウンで、牌楼の建設が進んでいる。これは、チャイナタウンが単なる華人の町でなく、多くの観光客が集まる観光地にしたいという地方自治体や住民たちの意向を反映している。チャイナタウンの観光シンボルとなるのが牌楼である。

牌楼建設のもう一つの背景として、中国の経済発展、積極的な海外進出の影響がある。中国側の資金援助などにより建設された牌楼が各地に増えている。中国と国交を結んでいる国の場合、首都の友好都市が北京であったり、チャイナタウンのあるような大都市の友好都市が中国の大都市であったりする場合が多い。中国にとっては国威発揚の意味もあり、チャイナタウンの実際の規模以上に、豪華で立派な牌楼が各地でみられる。カナダの首都オタワ（友好都市は北京）のチャイナタウン（写真3）、イギリスのリバプール（友好都市は上海）のチャイナタウン（写真4）が、その例である。

写真３　オタワのチャイナタウンの牌楼

友好都市、北京市の援助で建設。扁額には「唐人街」と書かれている。

写真４　リバプールのチャイナタウンの牌楼

友好都市、上海の援助で建設。扁額には「中国城」と書かれている。

8

オールドチャイナタウンとニューチャイナタウン

★チャイナタウンの類型化★

多くの日本人の思い込みとは異なり、チャイナタウンの本来の重要な機能は、華人の居住の場であり、生活を支えるさまざまなサービス・情報などを提供することである。このため、中国料理店、中国食料品店、中国語書店・新聞社、不動産業者、旅行社、ネットカフェ、美容院・理髪店、さらには華文学校、廟、病院などがチャイナタウンに集まっている。海外で生活する華人が、チャイナタウンに来れば必要なものはほとんどそろう。そのような場所がチャイナタウンなのだ。

中国の改革開放に伴って増加した新華僑の一部は、既存のチャイナタウン（オールドチャイナタウンと呼ぶ）に流入した。一方、増加する新華僑は、オールドチャイナタウンとともに、別の地区にも集住するようになり、ニューチャイナタウンを形成していった。

このように、世界各地のチャイナタウンは、その形成過程から、オールドチャイナタウンとニューチャイナタウンに大別できる。オールドチャイナタウンは、ニューヨークのマンハッタン、サンフランシスコ、バンクーバー、ロンドン、アムステルダム、シドニー、メルボルン、横浜などの都市中心部に形成される例が多い。

一方、それらとは別に、第二次世界大戦後、特に中国の改革開放以後、都市郊外に多くのニューチャイナタウンが形成された。老朽化が進んだオールドチャイナタウンから、より居住条件がよい郊外に移り住む華人や、香港や台湾出身者、さらには近年急速に裕福になった中国大陸出身の新華僑などによって、ニューチャイナタウンが形成されている。この典型例は、特にアメリカやカナダにおいて顕著にみられる。

観光地としても有名なサンフランシスコのオールドチャイナタウンの西の郊外、リッチモンド地区に新しく形成されたチャイナタウンは、まさに「ニューチャイナタウン（新華埠《かふ》）」と呼ばれている。また、ロサンゼルスのオールドチャイナタウンの東の郊外、モントレーパーク周辺にも、大きなニューチャイナタウンが形成された（第37章参照）。

１９８０年代以降のニューヨークの場合をみると、社会経済的地位が比較的低い新華僑は、老朽化したオールドチャイナタウンに流入する傾向があった。「ニューヨークのチャイナタウン」と呼ばれるマンハッタンのオールドチャイナタウンでは、福建省北部の福州地方出身者（その中には不法移民も多く含まれた）の大量流入により、チャイナタウンは周辺へ拡大を続けている。また、マンハッタンのオールドチャイナタウンからあふれた新華僑は、郊外のクイーンズ区のフラッシング付近（写真1）、ブルックリン区の八大道（エイス・アベニュー）付近などにニューチャイナタウンを形成した。

カナダでは、バンクーバー南部のリッチモンドが、このニューチャイナタウン形成の好例である（写真2）。カナダ最大都市のトロント郊外には、スカバロー、マーカム、リッチモンド・ヒル、ミシ

写真１　ニューヨーク郊外、クイーンズ区フラッシングの
ニューチャイナタウン
ラテンアメリカ出身者など新来の移民も増加している。

写真２　バンクーバー郊外のニューチャイナタウン、
リッチモンド

サガなどにニューチャイナタウンが形成されている。これらのニューチャイナタウンに行くと、中国語ばかりの社会になっており、自分がカナダにいることをしばしば忘れてしまう。

一方、新華僑の増加に伴い、これまでオールドチャイナタウンがなかった地域にも、ニューチャイナタウンが形成されている。南ヨーロッパや東ヨーロッパは、もともと華人が少ない地域であったが、新華僑の大量流入により、ローマ、ミラノ、フィレンツェ郊外のプラート（以上イタリア）、バルセロナ、マドリード（以上スペイン）などにニューチャイナタウンが形成されている。旧社会主義の東ヨーロッパ（ポーランドのワルシャワ、ハンガリーのブダペスト、ルーマニアのブカレストなど）やアフリカ（南アフリカ共和国のヨハネスブルグなど）では、大量の中国製品を卸売《おろしう》り・小売りする大規模なショッピングモールが中国資本によって経営され、それらを中心にモール型チャイナタウンが形成されている（写真3、4）。

今日、世界のチャイナタウンは大きく変容しつつあるが、各地の事例を相互に比較検討してみると、地域的特色がみられる一方、多くのチャイナタウンに共通する特色も見出せる。これらの共通的特色に着目することにより、世界各地のチャイナタウンをいくつかのパターンに類型化することができる。

私は、世界各地のチャイナタウンでのフィールドワークをもとに、チャイナタウンの立地、住民、景観、および機能の4つの指標にもとづいて、世界のチャイナタウンの類型化を試みた（表）。

立地については、伝統的なチャイナタウンはダウンタウンに立地する傾向がみられたが、近年、郊外に形成されるニューチャイナタウンも増えている。チャイナタウンを構成している住民をみる場合、出身地、移住時期、社会経済的地位などに注目する必要がある。チャイナタウンは、これらの住民の

写真3　ポーランド、ワルシャワ郊外のモール型チャイナタウン「華沙《ワルシャワ》中国商城」

写真4　南アフリカ共和国、ヨハネスブルグ郊外のモール型チャイナタウン「百家商城（China Mart）」

治安が悪いため、ゲートおよびモール内部には自動小銃を構えたガードマンが厳重に警備している（コラム 10 参照）。

属性に応じた「すみ分け」を反映している。

景観に関しては、中国の伝統的な特色の残存度、観光地化のシンボルとしての牌楼《パイロウ》の有無、建物の老朽化の程度、諸施設の存在などに注目する必要がある。機能的には、チャイナタウンが有している機能が、主としてだれに対してサービスを提供しているのかが重要な視点になる。同胞である華人なのか、あるいは華人以外の居住地の住民、他の移民集団なのか、これらのことに関連して、当該チャイナタウンの重要な機能は何なのかについて検討しなければならない。

以上の諸点にもとづいて、世界各地のチャイナタウンを比較すると、世界のチャイナタウンは、まず伝統的なオールドチャイナタウンと新しく形成されたニューチャイナタウンに大分類することができる。さらに、オールドチャイナタウンは旧来型と観光型、ニューチャイナタウンはダウンタウン型と郊外型に分類できる。郊外型のニューチャイナタウンは、住宅・商業型、高級住宅型、モール型に細分類することができる。詳細については拙著『世界のチャイナタウンの形成と変容』（明石書店、2019年）を参照していただきたい。

表　世界のチャイナタウンの類型化

類型	サブ類型	①立地	②住民	③景観	④機能	代表例
オールドチャイナタウン	旧来型	ダウンタウン	老華僑＋新華僑	商店群、会館・廟・華僑学校	同胞へのサービス提供＋ホスト社会住民への商業	東南アジア各地の多くのチャイナタウン（ホーチミン、ジャカルタ、マニラ、ヤンゴンなど）、モーリシャス・ポートルイス
	観光地型			牌楼　中国料理店・中国物産店の集積	観光	日本三大中華街（横浜・神戸・長崎）、バンコク、クアラルンプール、シンガポール、SF、NY マンハッタン、ロサンゼルス、バンクーバー、ロンドン、アムステルダム、シドニー
ニューチャイナタウン	ダウンタウン型		新華僑	商店群	同胞へのサービス提供＋ホスト社会住民への商業	池袋チャイナタウン、トロント東区華埠、パリ・ベルヴィル、サンパウロ・3月25日通り
	住宅・商業型	郊外	老華僑＋新華僑	住宅地＋商店群	居住＋商業	NY 郊外フラッシング、SF 郊外リッチモンド、LA 郊外モントレーパーク、バンクーバー郊外リッチモンド
	高級住宅型		新華僑	高級住宅地、ゲーテッド・コミュニティ、マンション、ショッピングセンター	居住	ロサンゼルス郊外ローランドハイツ、トロント郊外リッチモンド・ヒル
	モール型		新華僑	大型ショッピングモール	ホスト社会住民への商業	東ヨーロッパ（ワルシャワ、ブダペスト、ブカレスト）、アフリカ（ヨハネスブルグなど）、ドバイ

（注）NY：ニューヨーク、SF：サンフランシスコ、LA：ロサンゼルスを示す。世界各地の現地調査による山下清海（2019）を基に作成。

コラム3

「池袋チャイナタウン」の名付け親として

「先生、今度、池袋でコンパやりましょうよ。安くておいしい中国料理店がたくさんありますから。私は池袋でバイトしています。日本語学校時代から池袋に住んでいます」

1990年代末頃、中国人留学生が言い出した。ほかの中国人留学生も「池袋は私たち中国人にとって便利なところですよ。中国人が必要なものは、何でも池袋で売っていますから」と賛同した。私はそれまで、新華僑の店が多い新宿の歌舞伎町に隣接する職安通り界隈に注目していた。今でこそ、大久保コリアタウンとして有名であるが、そこには新華僑の店も集中し、前述したように私は「大久保エスニックタウン」というタイトルの論文を書いたりしていた。

その後、池袋駅北口（2019年から「池袋駅西口（北）」という呼称に変更）界隈に幾度も通ううちに、アメリカ、カナダで調査してきたニューチャイナタウンの経験から、この地区は日本最初のニューチャイナタウンであると確信した。月刊誌『地理』2003年8月号で、この地区を「池袋チャイナタウン」と命名した。

「池袋中華街」としなかったのは、横浜中華街と差別化するためであった。繰り返し述べてきたとおり、横浜中華街のような観光地だけがチャイナタウンであるという日本人特有のイメージで見ないでほしかったからである。

多くの日本人に池袋チャイナタウンを知ってもらい、実際に訪れて、新華僑経営の中国料理店で「町中華」とは異なる中国本土の中国料理（最近は「ガチ中華」とも呼ばれるようになってきた）を味わってほしいと思い、試行錯誤してつくった個人サイト「清海老師《チンハイろうし》の研究室」（現在も継続発信中）の中で、池袋チャイナタウンを紹介し、街歩き用の地図を掲載した。少しでも多くの日本人が実際に池袋チャイナタウンを訪れることにより、当時、不良外国人的なイメージが漂っていた新華僑に対する差別偏見が縮小することを願った。

　２００７年には、「池袋チャイナタウンガイド　池袋華人街指南」という折りたたみの日本語・中国語併用の地図を作製した。すると、新聞やテレビでも池袋チャイナタウンがしだいに紹介され始めた。

　一方、排外主義的な考え方の人たちから私宛てに批判のメールが届いたり、次のような文章がインターネット上に掲載されたりするようになった。

「朝日新聞の記事に登場した筑波大学の山下清海というトンデモ教授が、数年前よりシナ人《ママ》が密集する池袋一帯を『チャイナタウン』と呼んでいる……（略）……シナ人《ママ》らの更なる増長と日本社会への侵出を許してしまう……（略）……山下教授よ、寝言は寝てから言え！」（２００８年）

　２０１０年には『池袋チャイナタウン――都内最大の新華僑街の実像に迫る』（洋泉社）と題する単行本を出版した。「池袋チャイナタウン」と命名してから、20年近く経った今日、やっと「池袋チャイナタウン」の名称が定着してきたようである。

　池袋駅北口周辺には、２０１６年の私の調査では、約２００軒の新華僑経営の店舗が集まっていた。池袋駅東口付近にも、新華僑経営の店舗が増えている。これらの店舗の多くは複合ビル（雑居ビル）の中に入っている。複合ビルの１階は、日本人経営の店舗によって占められ、空きテナントが少ないため、新華僑の店舗は上階や地階に入ることが多かった。このため、一般の人たちは、池袋チャイナタウンの形成に気づきにくかった。しかし、２０１０年代後半頃から、日本経済の低迷の影響もあり、閉業する日本人経営の店舗が増加した。それに伴い、複合ビルの1階でも新華僑経営の中国料理店が多数みられるようになった。

最近、中国スタイルのフードコートが複合ビルの中に開業し、日本人の間でも「ガチ中華」が味わえると話題になっている（第48章参照）。

写真1　池袋チャイナタウンのシンボル的な食品スーパー「陽光城」
2002年、池袋駅北口徒歩1分のところに開業。

今からでも遅くない。本書のタイトルのように「華僑・華人を知るため」に、一人でも多くの日本人に池袋チャイナタウンを歩いて、味わってほしい（写真1、2）。

写真2　池袋チャイナタウンの新華僑経営の中国料理店
手前から四川料理、飲茶、鴨脖《ヤーボー》（アヒルの首肉）料理の専門店が並ぶ。「陽光城」の脇道。

II

歴　史

Ⅱ

歴史

9

中国人の海外移住

★西欧の植民地化以前★

中国人の海外への移住は、古くは宋代以前までさかのぼる。中国人が大量に海外に進出していく以前から、中国と海外、特に東南アジアとの交流は深く、その後の華人社会の形成・発展につながっていった。

中国人の海外進出の大きな要因として、中国海軍の成長および海上交易の発展があげられる。南宋（1127～1276年）は現在の浙江《せっこう》省の杭州《こうしゅう》を都とし、遠洋航海用の大型木造帆船であるジャンク船による海上交易を活発化した。中国の航海時代の始まりである。

ジャンク船は季節風を利用し、冬は中国から南下し、夏に北上する。このため、風待ちの寄港地が形成され、マレー半島のマラッカやスマトラ島のパレンバンなどが、インド、アラブ、西洋船との交易での南の要地となった。トンキン、フエ、プノンペン、アユタヤ、ブルネイ、マニラ、バタビア、スラバヤなども重要な寄港地となり、物資の集散地として、また船の修理・建造などが発達し、しだいに華人の居留地が形成されていった。

元（1271～1368年）は、海運を整備するとともに、陸路とともに海路を通じて積極的に海外に進出していった。元の海外進出は、ビルマ初の統一王朝パガン（１０４４〜１２９９年）、クメール人王朝アンコール（８０２頃〜１４３２年）、ベトナム中部のチャンパー（2〜17世紀）、ジャワの王朝・国家などの滅亡を早める結果をもたらした。元はジャワにも大艦隊を遠征させ、現地における華人社会の形成を促した。一方、タイ人最初の王朝、スコータイ朝（13〜15世紀）と元は、良好な関係を保った。

中国側は皇帝の使節団を東南アジアの王朝に派遣し、それらの王朝は中国へ朝貢使節団を派遣した。特に中国とアユタヤ、マラッカ、ブルネイなどとの交流が深められた。

中国人の海上交易が盛んになるにつれ、海外に定住する者が増加していった。南洋（「東南アジア」という呼称が一般化したのは第二次世界大戦後である）で産出される香料、香辛料などを中国へ運ぶことにより、中国人交易者は大きな利益を得ることができた。

明代（１３６８〜１６４４年）初期、永楽帝につかえた鄭和《ていわ》の南海諸国遠征（１４０５〜33年）時には、インドネシアなどにすでに福建人の集落が形成されていた。鄭和の大艦隊は、東南アジアからインド西岸、さらにはアフリカ東海岸、ペルシャ湾まで進出した。これは、ヨーロッパの大航海時代が始まる１００年ほど前のことである。14世紀末に建てられたマラッカ王国（１５１１年、オランダ領となる）は、鄭和の大艦隊の根拠地となり、中国への朝貢貿易の中心的な港市国家となった（写真１）。

鄭和は三宝太監とも呼ばれた。マラッカには、鄭和ゆかりの地名が現存している。三宝山はマレー語でブキ・チナ（Bukit Cina,「中国の丘」という意味）と呼ばれ、世界最大の華人墓地といわれる（写真２）。麓《ふもと》には三宝亭と呼ばれる廟があり、傍らに三宝井という井戸がある。鄭和の艦隊は、この三宝

写真１　マラッカにある鄭和の艦隊の船のモニュメント
マラッカのチャイナタウンを訪れる観光客向けに、チャイナタウンの入り口に設置されている。

写真２　マラッカ、三宝山（ブキ・チナ）の華人墓地
中国南部の亀甲型の大きな墓が多く見られる。

井の水を航海で必要な飲料水として用いたという。マラッカは、華人の商人とイスラム教徒商人のネットワークを結びつける貿易の中心的港市として栄えた。

　より中国に近いベトナムをみると、１６４２年、中部の港町ホイアンには４０００～５０００人の華人が居住していた。チャンパー王国時代（2世紀末～17世紀）、ホイアンは中国、インド、アラブなどを結ぶ中継貿易都市として栄え、中国人町とともに、日本人町も形成された（写真３）。

1644年、満洲族が明を倒して成立した清（〜1912年）は、反清を唱える鄭成功《ていせいこう》（1624〜62年）による沿海貿易を封じるために、海上貿易を禁止した。清朝の迫害により、鄭成功の残留勢力はベトナム南部に逃れ、地方の統治者となった。また、満洲族が統治する清に不満を持つ多くの中国人も、インドシナ半島に移り、ベトナム南部からカンボジアでは、中国人の大きな勢力が形成された。

写真3　ベトナム、ホイアンの来遠橋（別名「日本橋」）
1593年、日本人によって建設されたといわれる。来遠橋を境に中国人町と日本人町に分かれた。

1684年、それまでの海外貿易禁止令は廃止されたが、中国人の海外移住は1860年まで禁止され、1893年に正式に廃止された。

これより先の1679年、明朝の遺臣が3000人の兵を伴い、中国からベトナム中部のダナンに逃れてきた。彼らの一部は、ベトナム人やクメール人の女性と結婚し、インドシナ半島に定住していった。彼らは明郷《めいきょう》（ミンフォン）と呼ばれ、ベトナム南部のメコンデルタの開拓も行った。明郷はマレーシアやインドネシアのババやプラナカンと呼ばれる現地の女性との間で生まれた中国系子孫と類似しているところもある。しかし、明郷は独自の文化を形成するよりも、インドシナ社会への同化を進めた。

インドネシア語、マレー語になった中国語

コラム4

華人が多く居住する東南アジアは多民族社会で、さまざまな言語が用いられている。タイ語やベトナム語は発音が非常に難しく、ガイドブックに掲載されているカタカナ表記の会話を試しても、現地の人びとにはなかなか通じない。そのような中、インドネシア語やマレー語（マレーシア語とも呼ばれる）は、ガイドブックに書いてあるカタカナに従って発音してみると、結構通じるのである。

マレー語は、もともとマラッカ海峡西側のスマトラ島東部の方言であった。7〜14世紀のシュリーヴィジャヤ王国の繁栄、そして14世紀末から1511年までのマラッカ王国の時代には、マレー半島、現在のインドネシア、インドシナ半島などでも、文法や発音がやさしいマレー語が、貿易に従事する商人たちの間で、交易語（リンガ・フランカ）として用いられてきた。

このマレー語がマレーシアの公用語となり、インドネシアがオランダから独立する際には国語のベースとなり、インドネシア語と呼ばれるようになった。インドネシア語の中には、ジャワ語などの地方語や旧植民地時代のオランダ語からの借用語が多いことなどにより、マレーシアのマレー語とインドネシア語との間には、しだいに差異が見られるようになってきた。しかし、マレー語でもインドネシア語でも、いずれかの言語を理解することができれば、人口2億7300万人あまりの大国インドネシアと、3300万人あまりのマレーシア（いずれも2021年）でのビジネス活動に非常に役に立つのである。

さて、インドネシア語の中には、外国語からの多くの借用語が用いられている。英語からの借用語も多いが、英語や旧植民地宗主国

のオランダ語の"school"がインドネシア語では"sekolah"（スコラと発音する）となる。いっそのこと、英語と同じスペルにしてくれればよかったのにと思ってしまう。

インドネシア語の中には中国語由来のものも少なくない。東南アジアやインドなどの伝統的な交通手段として三輪の自転車タクシー（輪タク）がある。自転車の後、前、あるいは横に客を乗せる席を取り付けたものなど、地域によって座席の位置が異なる。マレーシアやシンガポールではトライショー(trishaw)、ベトナムではシクロ、タイではサムローと呼ばれる。インドネシアでは「ベチャ」(becak)と呼ばれるが、これは福建語の「馬車」(be chia)に由来する。

写真　インドネシアの輪タク、「ベチャ」（スマラン、1979年）

インドネシア語にチャワン(cawan)という語句がある。これは中国語の「茶碗」に由来する。もともと茶を飲むための器であった茶碗が、日本語では専らご飯茶碗を意味するようになった。インドネシア語のチャワンもカップ（英語のcup）の意味で用いられている。ちなみにガラス製のコップは「グラス」(gelas)と呼ばれる。また、食品の「麺」も福建語由来で、インドネシア語やマレー語では「ミー」(mie)と表記される。豆腐もインドネシア語では「タフ」(tahu)と言い、これも中国語起源である。

10

東南アジアへの華人の進出

★植民地化に伴って★

16世紀、中国周辺では海賊行為が横行していた。なかでも、倭寇《わこう》は早くも13世紀頃から、中国東南沿岸から朝鮮半島にかけて海賊・密貿易を行っていた。沿岸の防衛のため、中国人は海外貿易を禁止され、海外に出る者は犯罪者とみなされた。このため、海外との貿易を継続するために、台湾や東南アジアに脱出する中国人もいた。

ヨーロッパ勢力の中でもポルトガルは、東南アジアへの進出が早かった。現在のインドネシアのセレベス（スラウェシ）島とニューギニア島の間に位置するモルッカ（マルク）諸島原産のナツメグ、クローブ（丁子《ちょうじ》）などの香辛料を求めて、ポルトガルはスマトラ島東部から香料諸島へ進出するとともに、マラッカ王国の王都として栄えたマラッカを、1511年に占領し香料貿易の拠点とした。

マレー半島西岸、マラッカ海峡に面するマラッカは、1400年頃、マラッカ王国の都として形成され、重要な交易都市として栄えた。鄭和《ていわ》の遠征に応えて、明に朝貢を行った。戦略上の重要拠点であったマラッカは、ヨーロッパ勢力の植民地争奪の目標になった。図は、ポルトガル統治時代の1613年に

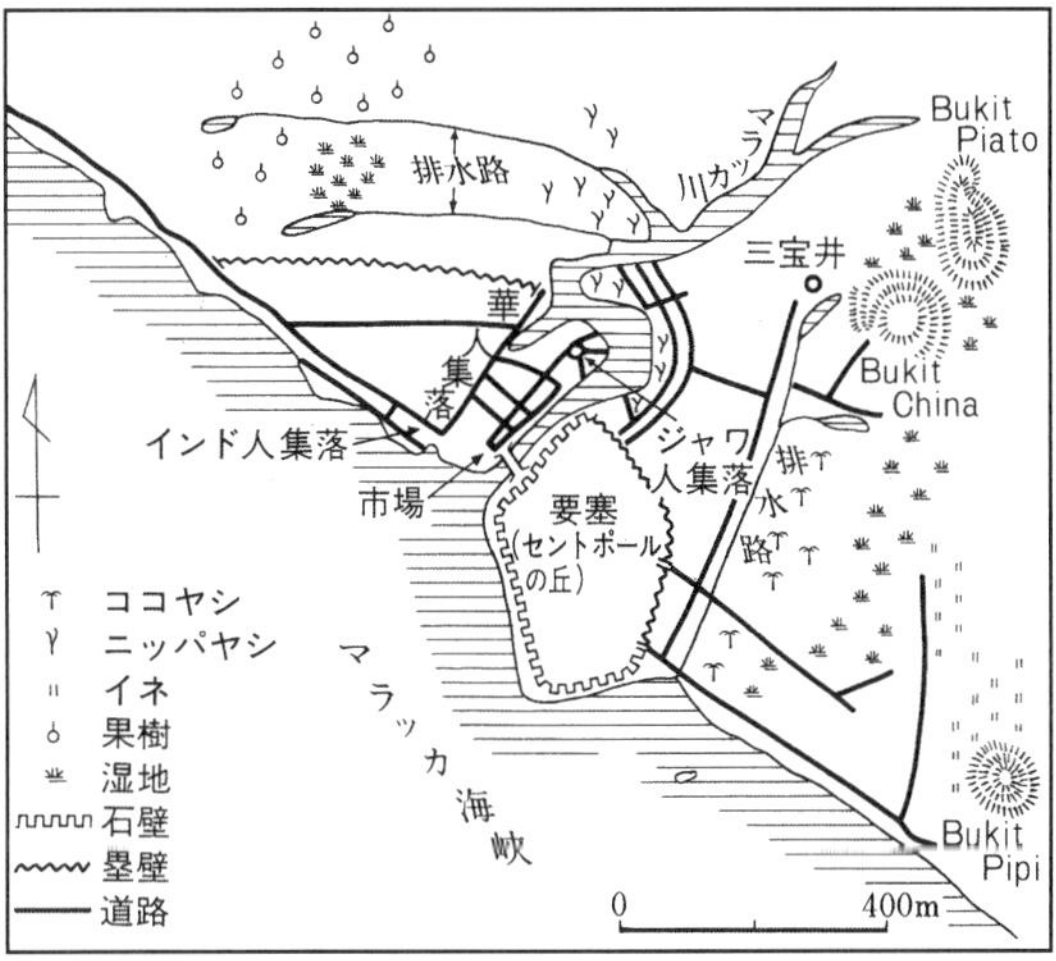

図　ポルトガル植民地時代のマラッカ（1600年頃）

出所＝山下清海（1987）p. 83。（原図＝Sandhu, K. S. (1961): Chinese colonization of Malacca: a study in population change, 1500 to 1957 A. D. *Journal of Tropical Geography*, Vol. 15.）

描かれたマラッカの地図である。マラッカ川の河口左岸には、囲郭をめぐらした要塞が造られていた。また、河口右岸には、中国の明代において、すでに華人集落（カンポン・チナ）すなわちチャイナタウンが形成されていた。華人のほかに、インド人、ジャワ人などの集落も形成されており、国際都市マラッカでは、異なる民族集団の明瞭なすみ分けがみられた。マラッカは、1641年にはオランダ領となり、1824年にはイギリス領となった。

　フィリピンの華人の大多数の先祖は、福建南部の出身である。厦門《アモイ》からルソン島北部まで約700キロの近さである。このため、フィリピンがスペイン領となる以前から、多数の福建人がフィリピン各地で商業・貿易活動に従事していた。

　1565年、スペインの初代総督レガスピが、セブ島に到着した。そして、1571年、植民地統治の根拠地をマニラに移して以降、中国人のフィリピンへの移住が本格化した。香辛料の入手が重要であったスペインの植民地経営にとって、華人の経済的手腕は不可欠であった。しかし、しだいに華人人口が増加するにつれ、スペインは華人に脅威を抱くようになり、移住、居住、職業、課税などの面で、華人に対して厳しい政策をとるようになったのである。

スペインは、マニラにイントラムロスと呼ばれる城壁で囲まれた囲郭都市を建設し、スペイン人はその城内に居住した。一方、華人は城外のパリアンと呼ばれる地区に集住させられた。その後、ビノンド地区にも華人居住地区が設定された。今日のマニラのチャイナタウンは、このビノンド地区に位置している。

インドネシアへの中国人の移住の歴史は、古くまでさかのぼることができる。しかし、大量移住は、オランダの植民地となった17世紀以降のことである。

オランダは、1602年、東インド会社を設立した。オランダ東インド会社の拠点となったのが、ジャワ島のバタビア（現在のジャカルタ）である。オランダ東インド会社は、植民地貿易において華人の経済的能力に期待すると同時に警戒心も抱いていた。このため、華人を市街地の特定地区に集中居住させた。オランダの商館や役所が建ち並んだ地区の南に、チャイナタウンが形成された。現在のジャカルタ市内北部にコタと呼ばれる旧市街地がある。コタはオランダ植民地時代の貿易の中心地であり、今日のチャイナタウンは、コタ駅の南に隣接するグロドック一帯に形成されている。

オランダ植民地下にあった西ボルネオ（現在のインドネシア、西カリマンタン州、ポンティアナク付近）には、18世紀中葉、金鉱開発を目指して中国からの移民が増加し、1770年代までには3万～4万人が定着していた。1776年、金鉱開発を目的とする華人企業体である蘭芳公司が設立された。のちに蘭芳公司は客家《ハッカ》の羅芳伯《らほうはく》を首領とし、ポンティアナクに首都を置く蘭芳共和国を建国した。中国で

写真１　マレーシア、ペナンの広福宮
主神は観音菩薩。

は、蘭芳共和国は海外で華人によって建てられた最初の共和国であるとされている。１８８０年代、オランダにより蘭芳共和国は滅ぼされ、オランダ領東インドに編入された。

東南アジアにおけるジャンク船貿易の一つの中心地はシャム（タイ）であった。１７６７年、ビルマに滅ぼされたアユタヤ朝の再興を担ったのはタークシン（中国名：鄭昭《ていしょう》）王であった。タークシンは、中国移民の父親（潮州人）とタイ女性の間に生まれ、タイ貴族の家で育てられた。同年、タークシンはビルマ軍を撃退して、バンコクの西隣のトンブリーを新しい都に定め、トンブリー朝を建てた。

東南アジアの植民地支配において、オランダと敵対していたのはイギリスであった。イギリス東インド会社は、１７８６年、マレー半島北西部のケダー王国のスルタンからマラッカ海峡北部に面するペナン島の割譲を受けた。これが、イギリスのマレー半島進出の始まりとなった。ペナンはマレー半島における錫《すず》とゴムの重要な集散地、輸出港として発展していった。華人の多くは、ペナン島の中心地、ジョージタウンの港近くにチャイナタウンを形成した。ペナン最古の華人廟である広福宮は、１８００年、広東人と福建人が合同で建立したもので、主神として観音菩薩が祀られた（写真１）。

写真２　葉亜来（Yap Ah Loy, 1837〜1885 年）
クアラルンプールの第３代華人指導者（カピタン・チナ）として、クアラルンプールの発展で重要な役割を果たした。（Kuala Lumpur City Gallery にて撮影）

内陸都市であるクアラルンプールは、多くの植民地都市とは異なる。中心部を流れるクラン川とゴンバック川の合流地点付近で、１８５７年、華人が錫鉱脈を発見し、そこに形成された華人集落が、クアラルンプールに発展していった。現在の広東省恵陽県出身の客家人、葉亜来《ヤップ・アーロイ》（Yap Ah Loy, １８３７〜85年）は、１８５４年、17歳の時にマラッカに到着した後、クアラルンプールに移り、錫採掘に従事した。その後、華人指導者（マレー語でカピタン・チナと呼ばれた）として、クアラルンプールの都市建設で多大な貢献をした（写真２）。

１８１９年、イギリスの植民地行政官スタンフォード・ラッフルズ（１７８１〜１８２６年）は、マレー半島南端に位置する、日本の淡路島ほどの小さなシンガポール島の南岸にあるシンガポール川河口に上陸した。マラッカ海峡に面し、イギリスの東南アジアにおける植民地支配、および中国への中継地点として、ラッフルズはシンガポール発展の可能性を確信した。１８２４年、イギリス＝オランダ協定により正式にイギリス領となったシンガポールは、１８２６年、ペナン、マラッカとともにイギリスの海峡植民地（第14章参照）を形成した。

シンガポールでは、ラッフルズによって都市計画が実施され、ヨーロッパ人、華人、インド人など民族集団別の居住区画が制定された。その後シンガポールは、自由貿易港として急速な発展を遂げた。中国南部、特に福建南部出身の中国人がシンガポールへ多く移り住み、ゴムの輸出、商業・貿易活動などに従事し、大きなチャイナタウンを形成した。

ベトナムに目を向けると、仏越戦争（1858～62年）で勝利したフランスが阮《グエン》朝と結んだサイゴン条約でサイゴンを含むコーチシナ（コーロッパ諸国が用いたベトナム南部の呼称）東部3省を割譲させた。サイゴン（現ホーチミン）はフランスのインドシナ植民地の拠点となった。美しい並木と整備された道路をもつフランス様式の街となったサイゴンは、「プチパリ」（小さなパリ）と呼ばれた。

サイゴンの中心地から5キロほど南に位置するチョロン地区は、17世紀末に中国南部から移り住んだ明朝の残党とその子孫らが中心となり（第9章参照）、商業の中心地として作り上げた町である。フランス植民地時代、米の取り引きを中心に、東南アジア有数のチャイナタウンに発展していった。

中国人の海外への移住が特に顕著になるのは、清が弱体化していくアヘン戦争以後である。第1次アヘン戦争（1840～42年）の講和条約である南京条約により、清は、上海、寧波、福州、厦門、広州の5港を開港するとともに、香港島をイギリスへ割譲することになった。第2次アヘン戦争（1856～60年）の講和条約である北京条約では、九龍半島の南端部を割譲し、その後、新界も付加して、1997年までの99年間、香港はイギリスに租借された。

11

苦力貿易

★黒人奴隷に代わる労働力として★

16世紀以降、ポルトガルやスペインなどのヨーロッパ商人が、黒人奴隷貿易を始めた。ブラジル、西インド諸島などのサトウキビやアメリカの綿花、タバコなどのプランテーションの拡大などで、不足する農業労働者として、アフリカ西海岸の黒人が奴隷として多く導入された。18世紀には、黒人奴隷貿易の中心は、イギリスとなった。しかし、黒人奴隷貿易は、1807年にイギリスで、1819年にはフランスで禁止された。それでも1860年頃まで、黒人奴隷の密貿易が続いた。

内陸・沿岸の航行に利用されていた外輪式蒸気船が、19世紀前半になると、太平洋横断に成功した。その後、スクリュー式の蒸気船が建造され、帆船にとって代わった。蒸気船の就航により、海外渡航の手段が大幅に向上した。これら蒸気船の船員として働く中国人も増加した。

1867年には、アメリカの太平洋郵船（パシフィックメール社）によってサンフランシスコ・横浜・香港間の航路が開設された。所要日数は28日間であった。蒸気船による太平洋航路の就航により、中国人のアメリカへの移住者が増加した。

1869年、スエズ運河の開通は、ヨーロッパのアジア進出

第11章

苦力貿易

に拍車をかけた。ヨーロッパ列強による東南アジアの植民地化が進み、ゴム、サトウキビなどのプランテーションやマレー半島の錫《すず》鉱山などの開発のため、植民地支配者は、奴隷解放後の黒人奴隷に代わる低賃金労働力を求めていた。東南アジアには、すでに多くの華人が移住していた。ヨーロッパ人は、熱帯の過酷な労働条件下でありながら、精力的に労働に励む華人に注目するようになった。そして、中国から大量の中国人を、植民地の労働力として導入するようになったのである。

これら中国人の肉体労働者は、苦力《クーリー》と呼ばれた。クーリーのもともとの語源は、インドのヒンディー語またはタミル語のようである。広東語では苦力を猪仔《ジューザイ》（豚の意味）と呼び、苦力貿易は猪仔貿易（pig trade）とも称された。19世紀半ば頃、苦力の海外への輸送手段が、帆船からしだいに蒸気船に代わると、苦力の大量輸送が可能になった。

苦力貿易は、外国商会や「客頭《きゃくとう》」「客販《きゃくはん》」「猪仔販」などと呼ばれた代理役の中国人ブローカーを通して行われた。「猪仔館」（バラクーン〔急造小屋であるバラックの訛った言い方〕）と呼ばれる海外へ送出する苦力の収容施設が福建や広東の出発港付近に設けられ、周辺地域で苦力が募集された。

苦力が海外の目的地に到着すると、「客桟《きゃくさん》」と呼ばれる簡易宿泊施設に収容された。苦力は形式的には契約移民として募集されたが、移住先では劣悪な条件下で、過酷な低賃金労働を強いられた。苦力の多くは、地縁・血縁などによる連鎖移民であった。移住先においては、強い同族・同郷ネットワークの相互扶助による華人社会を形成していった。

苦力の移送先は東南アジアをはじめ、キューバ、西インド諸島、ペルー、北アメリカ、オーストラリアなど世界各地に及んだ。苦力の需要が増大すると、中国南部の福建、広東などから東南アジアをはじめ世界各地で華人社会が急速に形成されていった。

1821年にスペインから独立したペルーでは、綿花やサトウキビのプランテーション労働者として、アフリカから黒人奴隷を導入していた。奴隷貿易禁止に伴い、ペルーでも苦力貿易が盛んになった。ペルーの特色として、グアノの採掘があげられる。グアノとは、海鳥の糞などが堆積して固まったもので、リン酸肥料として利用される。ペルー沿岸はグアノの世界的な生産地であった。同国の重要な輸出品であったグアノの採掘のほか道路や鉄道建設の低賃金労働力として、中国人苦力が必要とされたのである。

1872（明治5）年、ペルー船籍のマリア・ルス号が横浜港に入港した。この船に乗っていた中国人苦力が脱走し、日本の官憲に保護を求め、日本政府は中国人苦力を解放した。この事件により苦力貿易の過酷な実態が国際社会にも知られ、清朝政府も移民保護に乗り出し、このような非人道的な苦力貿易は、しだいに行われなくなった。1874年には、苦力の募集が公式に停止されたが、苦力貿易はその後もしばらくの間続けられた。

産業革命に伴い、もともと軍需用に発明されたブリキ缶の利用が拡大すると、工業原料の錫の需要が高まった。そこで注目されたのがマレー半島の錫鉱脈であった。錫鉱脈は河川による比較的浅い沖積層に存在していたため、露天掘りにより採掘された。マレー半島で錫鉱床の開発を行ったイギリスは、熱帯の炎天下にもかかわらず、錫の露天掘りで勤勉に働く苦力を中国から多数導入した（写真1）。

錫のほかに、マレー半島の重要な産業として、ゴムの栽培・生産があった。ブラジルで発見された天然ゴムの木の種が、1877年、イギリスの王室植物園からシンガポールの植物園に運ばれ、栽培に成功した。その結果、東南アジアでは、それまで重要と思われていたコーヒー栽培ではなく、ゴム栽培が広がっていった。

ゴムを生産するためには、ゴムの木の樹皮に特別なナイフで切り込みを入れ、ラテックスと呼ばれる樹液を集める手作業（タッピング）が必要である。このための労働力としてインド人とともに中国人苦力が多く導入されたのである（写真2）。

写真1　マレーシア、イポー郊外の錫の露天掘り
炎天下の労働者はすべて華人（大部分は客家）である。錫を含む土砂を放水ポンプで砕き、グラベルポンプで選鉱樋（パロン）まで運び上げる。1990年撮影。

写真2　ゴム園でのタッピング作業を行うインド人女性
器に樹液をためる。気温が高くなると樹液が固まるので作業は早朝から始める。マレーシア、ペラ州、1986年撮影。

12

ゴールドラッシュと大陸横断鉄道の建設

★「金山」を目指して★

1848年1月、サンフランシスコの北東約180キロメートルに位置するシエラネバダ山中のコロマで、製材工場で働いていたジェームス・マーシャルが、川底の泥の中から金を発見した。当時、治安が悪かったため、金発見の知らせは秘密扱いであったが、しだいに外部に漏れて、翌1849年からゴールドラッシュが始まった。まさに一攫千金の夢を抱いた人びとが、アメリカ国内はもとより、世界各地からカリフォルニアを目指した。このような人びとは、「フォーティーナイナーズ（Fourty-niners, 49ers）」（「49年組」という意味）と呼ばれた。

この金鉱発見のニュースは、太平洋のはるか彼方の香港（1842年の南京条約でイギリスに割譲）にも伝わった。珠江《しゅこう》デルタの四邑《しゆう》や三邑《さんゆう》地方（第20章の図参照）の人びとが、カリフォルニアを目指して、太平洋を横断した。

当時、カリフォルニアの金鉱山地帯に至るルートは、次のとおりであった。上陸地点はサンフランシスコであり、その後、華人は小さな船に乗り換え、次の大きな町サクラメントを目指し、そこからは陸路で金鉱山地帯に向かった（図）。当時、華人はサンフランシスコのことを「金山」（広東語でgam shan）あるいは「大埠」（広東語でdai fow，大きな都市の意）と呼んだ。

1850年、カリフォルニアには5万8000人の金採掘者がいたが、そのうち華人は500人にも達しなかった。しかし、1851年になると、カリフォルニアの「金山」を目指す華人が急増した。これは白人鉱夫による華人排斥の動きを加速させることになった。1852年、カリフォルニア州議会は、華人の金採掘を制限するために外国人鉱夫税を制定した。カリフォルニア州は、月4ドルの外国人鉱夫税を徴収し、年に約100万ドルの収入を得ていた。

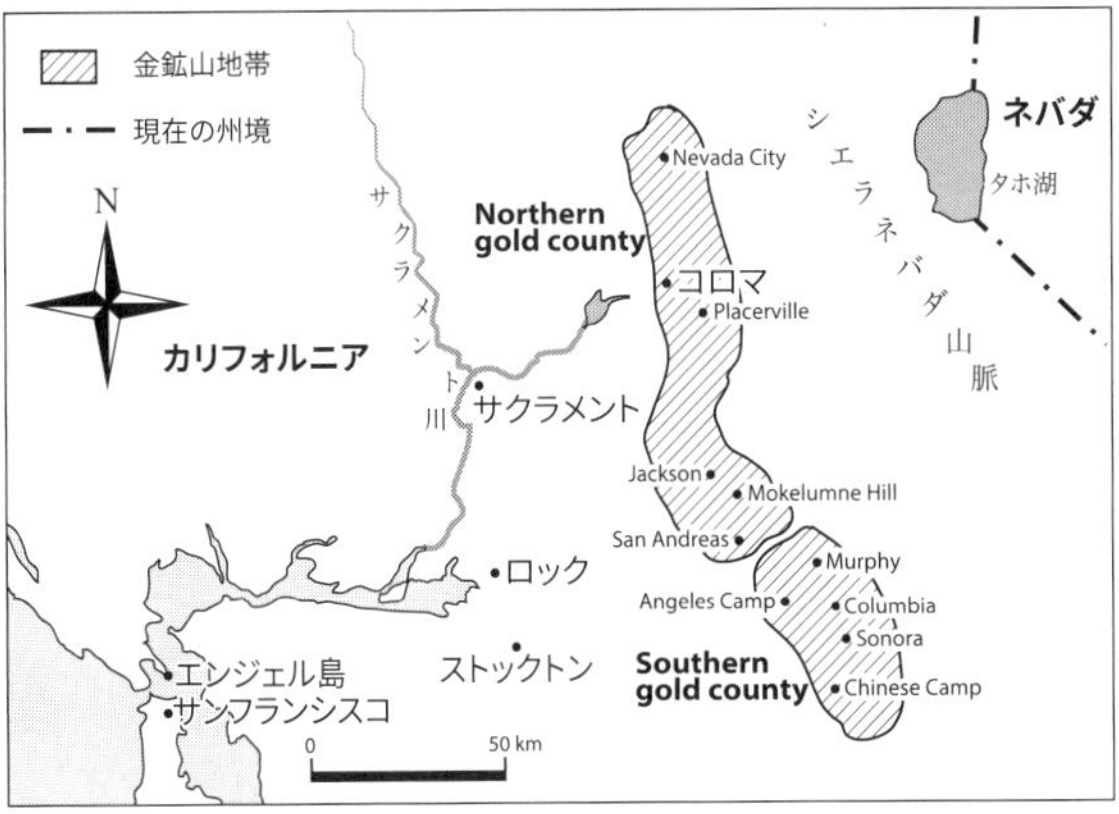

図　カリフォルニアにおけるゴールドラッシュ時代の金鉱山地帯
出所＝山下清海（2019）p. 75の図を一部修正。（原図＝Avakian, Monique (2002): *Atlas of Asian-American history*. Checkmark Books, New York.）

1882年、華人排斥法が公布されるまで、約37万人もの華人が「金山」を目指してアメリカに渡った。しかし、金採掘現場は白人優位の社会であり、法律で華人は採掘権を得ることはできなかった。このため華人は、白人が放棄した廃鉱で金採掘を試みることが多かった（写真1）。また、白人鉱夫から雇われてコックや洗濯などに従事する華人もいた。

華人は、反華人的感情が充満したカリフォルニアを離れて、しだいにシカゴ、ニューヨークなど中西部や東部の都市へ移動していくようになった。

オーストラリアでも、1851年、シドニー近郊やメルボルン近郊で金が発見された。イギリス人をはじめ世界中から一攫千金を求めて人びとが殺到し、ゴールドラッシュが始

写真１　ゴールドラッシュ時代の辮髪《べんぱつ》姿の華人
コロマのマーシャル金発見州立歴史公園（Marshall Gold Discovery State Historic Park）内に復元されたゴールドラッシュ時代の華人商店内部の展示から。

まった。この中にも、多数の華人が含まれていた（写真２、３）。メルボルン郊外の金鉱は規模が大きく、華人はメルボルンのことを「新金山」と呼ぶようになり、それまで「金山」と呼ばれていたサンフランシスコは「旧金山」となった。今日においてもサンフランシスコの中国語表記として、音写した「三藩市」とともに「旧金山」が広く用いられている（写真４）。

ゴールドラッシュによるオーストラリアへの華人移民の増加に伴い、華人排斥運動が強まった。１８８８年に華人移住制限法が制定されて以降、１９７５年の人種差別禁止法の制定まで中国人など非

写真２　メルボルン郊外、ソブリンヒル
1850年代の金鉱山、バララットを再現したテーマパーク。

白人の移民を排斥する白豪主義が続けられた。

アメリカの人口センサスによれば、１８５０年に７５８人であったが、１８６０年には３万４９３３人になった。その増加の要因はゴールドラッシュであった。ゴールドラッシュは数年で下火となったが、１８７０年には華人人口は６万３１９９人に増加した。その主な要因は、大陸横断鉄道建設のための華人の流入であった。

アメリカの中西部と太平洋岸を結ぶ大陸横断鉄道の中で、東のオマハ（ネブラスカ州）と西のサクラメント（カリフォルニア州）を結ぶセントラル・パシフィック鉄道は、〝Ｂｉｇ ４〟と呼ばれるリーラ

写真３　復元されたゴールドラッシュ時代の華人（ソブリンヒル）

写真４　北京空港の出発便の案内表示
目的地（上から）、東京成田、ソウル仁川、コペンハーゲン、バンクーバー、東京羽田、サンフランシスコ（旧金山）。

ンド・スタンフォード、コリス・ハンチントン、チャールズ・クロッカー、そしてマーク・ホプキンズの4人の実業家が資金を出して建設したものである。1863年1月に着工され、当初は、アイルランド人やメキシコ人などが鉄道建設労働者として雇用された。しかし、工事の進行が計画より遅れ、難工事のため脱落者が続出した。彼らに代わる労働力として注目されたのが、華人であった。〝Big 4〟の一人、クロッカーは、華人を鉄道建設労働者として最初に募集した。華人労働者の投入により、工事は順調に進み、1869年5月、セントラル・パシフィック鉄道は完成した。冬季のロッキー山脈やシエラネバダ山脈での工事は困難を極め、華人の犠牲者も少なくなかったが、華人は低賃金でも忍耐強く、勤勉に働いた。しかし、白人労働者は、華人労働者を「クロッカーのペット」(Crocker's pets)と見下した。

大陸横断鉄道が完成すると、華人は鉄道沿いの町に住み着いた。また、完成した大陸横断鉄道でアメリカの中部や東部へ移動していった。しかし、多くの華人はアメリカ西部において工業と農業に従事した。特に毛織物、タバコ、靴などの製造や縫製業において、手先が器用な華人は重要な労働力となった。なかでもサンフランシスコのタバコ生産の9割は華人の手によるものであった。また、サンフランシスコなどの都市部では、洗濯業に従事する者も多かった。華人の洗濯業は、仕上がりのよさ、速さ、安さから、白人の人気を得た。第二次世界大戦以前、アメリカの華人が経営するクリーニング店は、中国料理店よりも多かった。

カナダでも、1885年、カナディアン・パシフィック鉄道が西海岸への路線を開通させた。このカナダにおける大陸横断鉄道の建設においても、華人労働者が大きな貢献をした。

13

華人排斥

★チャイナタウン襲撃、華人虐殺★

ゴールドラッシュや鉄道建設に携わった華人のほとんどは、広東省の珠江《しゅこう》デルタ南西部の農村地帯に位置する台山地方（現在、江門市に属する台山市）の出身者であり、彼らが話す広東語は、土地のなまりが強い台山方言であった。第二次世界大戦前のアメリカのチャイナタウンでは、広東人がその中心を成し、チャイナタウンは広東語の世界であった。

ゴールドラッシュが数年で終わると鉱山町はゴーストタウンと化した。大陸横断鉄道が完成すると、華人は、新しい職業を求め、大都市へ移動していった。そこで待っていたのは、華人に対する著しい偏見、差別であった。

低賃金にもかかわらず、長い時間、勤勉に働く華人は、多くの白人労働者からは、賃金の低下を招く好ましくない存在とみられた。また、清代に一般男子に強いられた辮髪《べんぱつ》（髪を編んで背中に垂らす風習）は、白人から「豚のしっぽ」とからかわれた。英語を解せず、キリスト教徒でもなく、生活様式が白人と大きく異なる華人は、理解し難いエスニック集団であった。1870年代に入ると、華人に対する排斥運動が高まり、集団的な焼き討ち、暴行事件が多発するようになった。

華人排斥の最初の大きな暴動は1867年、サンフランシスコで発生した。数百人の白人労働者が建設工事現場で働く華人労働者を襲撃した。そのほか、華人が雇用されていた衣料・繊維関係の工場を白人の暴徒が破壊し、多数の負傷者が出た。白人側からみると、資本家の道具となって低賃金で働く華人を排斥しようとするものであった。

華人を排斥する暴徒の中には、アイルランド人労働者が多かった。よく知られているように、アメリカでは、白人で、アングロ・サクソン系で、プロテスタント信者である人びと（WASP《ワスプ》）が、社会の支配層を構成してきた。アイルランド人は白人系であっても、WASPではないケルト系のカトリック信者であった。このため、アメリカの白人社会、特にアメリカ東部ではアイルランド人に対する差別が大きかった。新天地を求めてアメリカ西部にやってきたら、そこには低賃金で働く華人が大勢いたために、よい仕事が得られないと考えたアイルランド人の華人に対する差別偏見がエスカレートしていった。「いじめられっ子が、自分よりさらに弱い子をいじめる」という構図が、アイルランド人と華人の間でもみられるのではないだろうか。

さて、これらの暴動以後、サンフランシスコ市当局は、華人に対して差別的な条例を制定した。例えば、天秤棒《てんびんぼう》を担いでの道路通行を禁止する条例、男性囚人に辮髪を切るように義務づける条例などである。1877年には、勤労者党（Workingmen's Party）の主催により、約8000人を集めた華人排斥集会が開かれた。解散後、参加者の一部が暴徒化し、チャイナタウンの店舗（特にクリーニング店）、華人系のキリスト教伝道団体の施設、太平洋郵船（米中貿易の海運会社）などを襲撃した。

このような華人を取り巻く厳しい環境の中で、チャイナタウンは、白人からの排斥を免れる一種の避難所の役割を果たした。華人は、チャイナタウンに集団居住することで、身の安全をどうにか確保できたのである。華人排斥の機運が高まるに連れ、小さな町や村に居住していた華人も、大きな都市のチャイナタウンに身を寄せざるを得なかった。そして一部の華人は、反華人的感情が充満したカリフォルニアを離れて、しだいにシカゴ、ニューヨークなど中西部や東部の都市へと移動していくようになった。

カリフォルニアでは、白人の労働組合が華人排斥運動の先頭に立ち、その運動はアメリカ西部全域に拡大した。その結果、１８８２年、連邦議会において華人排斥法が成立した。この法律により、以後10年間、熟練・非熟練を問わず、華人のアメリカ入国が禁止され、市民権も認められなくなった。この法律は、１９０４年まで幾度かの改正を経て、入国禁止期間も事実上無期限となった。

華人排斥法の制定後、密入国を試みたり、例外的な滞在資格や市民権の保有を主張して入国した華人は、移民検査所での審査の後、強制送還されたり、審査の結果が出るまで施設に拘留されたりした。移民検査所の施設が老朽化したため、新しい移民検査所が１９１０年、サンフランシスコ湾のエンジェル島（中国名：天使島）に建設され、華人を含むアジアからの入国者の審査が行われた（コラム５参照）。

華人が世界の中でもっとも多く居住する東南アジアでも、ヨーロッパの植民地時代、華人の虐殺や排斥が起こってきた。

スペイン領のマニラでは、華人人口が増える中で、華人とスペイン人の衝突をきっかけに、スペインによる華人虐殺事件がたびたび発生した。１６０３年には華人約２万人が、１６３９年から翌年にかけては2万人以上の華人が、そして1662年にも約6000人の華人が虐殺された。

オランダ植民地時代のインドネシアでは、1740年、バタビア（現ジャカルタ）で、オランダ東インド会社と華人との対立抗争により、1万人以上の華人が亡くなった。

ヨーロッパや北アメリカの社会においては、黄色人の台頭が白人に脅威を与えるという主張が見られた。13世紀初め、チンギス・ハンによって創建され、ユーラシア大陸の東西に拡大したモンゴル帝国はヨーロッパ人の大きなトラウマになっていた。このような背景の下で、白人社会において黄色人種を排斥する黄禍論が生まれた。日清戦争に勝利した日本の中国への進出、中国人や日本人のアメリカへの移民増加などを契機に黄禍論が唱えられた。その結果、アジア人差別、黄色人種の排斥をもたらす移民法が制定された。この流れは、オーストラリアにおける白豪主義につながっていったのである。

コラム5

「西のエリス島」、サンフランシスコ湾のエンジェル島

ニューヨークを初めて訪れた人は、マンハッタン島南端のバッテリーパークからフェリーに乗り、南西3キロほどのところのリバティ島にある自由の女神を見学するだろう。帰りのフェリーは、リバティ島を出ると、出発地に戻って来る前にエリス島に立ち寄る。多くのアメリカ人やヨーロッパからの観光客が、エリス島移民博物館を見学するため下船する。しかし、他の観光地巡りやショッピングで忙しい日本人観光客のほとんどは、残念ながら下船しない。

エリス島移民博物館は、1990年から公開されている。エリス島には1892年から1954年まで移民局が設けられていた。ヨーロッパからアメリカを目指した1700万人ともいわれる移民が、ここで審査を受け、合格した者だけがアメリカに入国できた。

このエリス島に対して、「西のエリス島」と呼ばれたのがサンフランシスコ湾のエンジェル島（中国名：天使島）である。

1891年、面積3平方キロほどの小さなエンジェル島に、アメリカ入国希望者を審査する移民局が建設された。この施設を利用して、本格的に移民審査が始まったのは1910年からである（写真1）。1882年の華人排斥法により、華人のアメリカへの帰化が大幅に制限されたため、偽造ビザで入国しようとする華人が多く、審査のために長期にわたってエンジェル島の施設に拘禁された。華人入国希望者の約3割が中国に強制送還された。

審査対象となった移民の中には、アメリカ在住の日系人男性と直接顔を合わさないまま、写真や履歴書を交換するだけで結婚し、ビザを発給されてアメリカに渡った日本人の「写真花

写真１　エンジェル島の旧移民収容施設

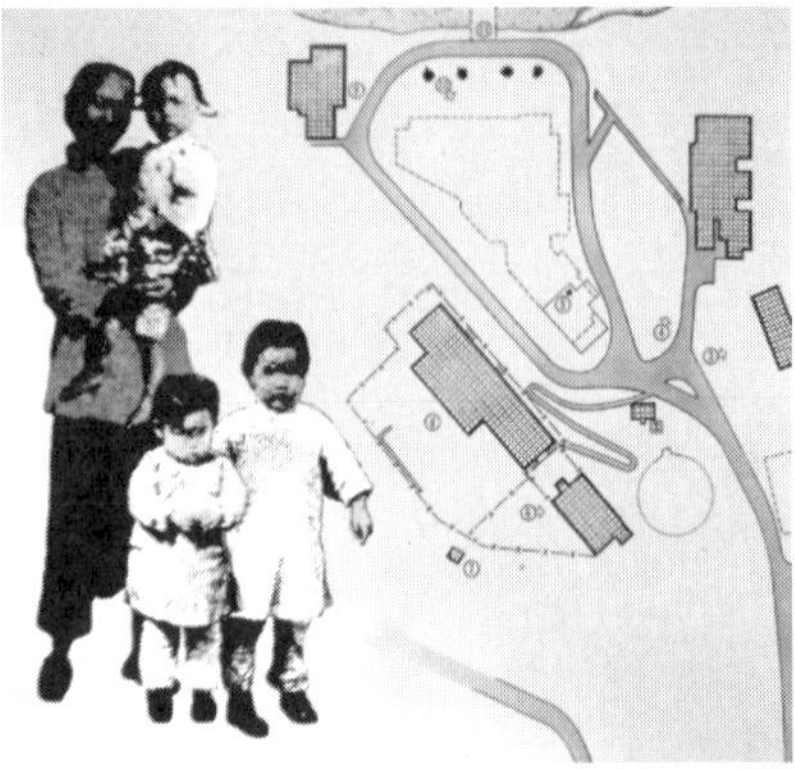

写真２　エンジェル島の華人拘留施設の案内板

嫁」約６０００～９０００人も含まれていた。

しかし、エンジェル島で審査の対象となった者の多くは華人であった（写真２）。１９１０年から１９４０年まで、17万５０００人の華人が、審査のためエンジェル島の移民局に拘留された。

　中国から夢を抱いて、サンフランシスコまで長期の船旅で太平洋を渡ってきた華人は、あこ

写真3　エンジェル島の案内地図
1周約5キロのハイキングコースが整備されている。

がれの「金山」（サンフランシスコ）を目前に上陸できないまま、エンジェル島の施設に隔離された。まともな食事も与えられないまま長期間の厳しい拘留生活が続いた。このため、一部の華人拘留者は、このような状況に耐えきれず、施設内で自殺した。

　華人拘留者の中には、願望、困苦、怒りなど自らの耐え難い思いを、収容所の木製の壁に漢詩として多数刻み込んだ者もいた。これらの記録は1991年、*Island: Poetry and History of Chinese Immigrants on Angel Island, 1910–1940* として刊行された。

　エンジェル島は、1963年、カリフォルニア州立公園となり、現在は、ハイキングで訪れる観光客も多い（写真3）。

14

ニョニャ、ババ、プラナカン

★土着化した華人★

マレー半島西岸のマラッカ、ペナン、シンガポールの港町は、東西交通の要衝であるマラッカ海峡に面し、イギリスの植民地支配の拠点であり、「海峡植民地」と呼ばれた。海峡植民地へは主に福建、広東の出身者が移住し、大きなチャイナタウンを形成した。特に福建南部の閩南《びんなん》出身者が多く、閩南語（マレーシア、シンガポールでは一般に福建語と呼ばれる）が華人社会の共通語となった。

海峡植民地の華人の大部分は男性であり、先住のマレー人女性と結婚する者が多かった。華人の生活はしだいにマレー人の文化の影響を受け、土着化が進んでいった。このように土着化した華人の男性はババ（中国語で峇峇）、女性はニョニャ（中国語で娘惹）と呼ばれた。ババ・ニョニャは、中国文化とマレーの文化が混交した独自の文化をもっていた。

ババ・ニョニャの婚礼は、中国の伝統的形式に則って行われた。しかし言語については、閩南語とマレー語が混淆したものであった。イギリスの植民地であった海峡植民地において、ババはしだいに英文教育を受け、キリスト教を信仰する者が増えていった。特にイギリスの植民地統治の拠点であったシンガポールにおけるババは、イギリス文化の影響を受けた者が多かった。植民地行政や英文教育などでババは重要な役割を果たし、シンガポール社会のエリート層を形成してきた。

ババ・ニョニャの食文化には、一般の華人の食文化とは異なる特色がみられる。第46章でも述べるが、ニョニャが作る料理はニョニャ料理と呼ばれ、伝統的な中国料理がマレー料理の影響を受けて文化変容したものである。中国南部の伝統的な料理にココナツミルクやカレーなどの香料を加えたものが多く、味がスパイシーであるのが特色である。代表的なニョニャ料理であるミーシアム（Mee Siam, 米暹）、ミールブス（Mee Lebus, 馬来卤麵）、ラクサ（Laksa, 叻沙）は、香辛料の効いたココナツミルクの入ったスープ麵である（写真1）。これらの料理は豚肉を用いないため、イスラム教徒のマレー人にも好まれている。

写真１　ミーシアム（米暹）およびミールブス（馬来卤麵）
2016年撮影当時、3.80シンガポール・ドルは約320円であった。
（シンガポールのフードコートにて）

マラッカのチャイナタウンには、ババ・ニョニャ・ヘリテージ・ミュージアムという名のババ・ニョニャ文化を展示した博物館がある（写真2）。そこには、中国から持ち込まれた家具類や工芸品、ババ・ニョニャの伝統的な婚礼衣装などが公開されている。

マレーシア、シンガポールおよびインドネシアで

写真２　マラッカのババ・ニョニャ・ヘリテージ・ミュージアム

は、ババ・ニョニャと同じ意味で、プラナカン（peranakan）という呼称もある。プラナカンの中国語訳としては、「土生華人」が一般的である。シンガポール、マレーシアでは、日常的にはプラナカンよりババ・ニョニャの方が広く用いられてきた。しかし、プラナカンは男性であるババおよび女性であるニョニャの総称であり、シンガポールではプラナカンが公的な局面でしだいに多く用いられるようになってきた。

シンガポールの繁華街オーチャードロードに近いエメラルドヒルには、かつてのプラナカンが多く住んでいたコミュニティを再現した通りがある（写真３）。景観的にはショップハウス（第7章、第49章参照）であるが、1階は店舗ではなく住宅であり、西洋的なデザインを取り入れたパステルカラーの華やかな邸宅が並んでいる。

インドネシアでは、中国出生あるいは中国語を母語とする者はトトク（totok）と呼ばれる。これに対して、現地生まれの華人子孫で、特に母系を通じて現地人と混血した層を、一般にプラナカンと呼ぶ。ヨーロッパ系の男性と現地女性との通婚で出生した子孫に対しても、プラナカンが用いられてきた。

インドネシアの中でも、トトクとプラナカンに関して地域差がみられる。ジャワ島の中部・東部ではプラナカンがトトクに比べ優勢であった。これに対してジャワ島以外のいわゆる外島ではトトクの方が優勢であったという。

写真３　シンガポール、エメラルドヒルのプラナカンの住宅街

写真４　プラナカンの家族
シンガポールのエメラルドヒルの案内板の写真（1915年頃）を筆者撮影。

15

帰国華僑

★「海外関係」、華僑農場、帰国華僑聯合会★

海外に移住していた華人が、中国に帰って定住する場合、彼らは帰国華僑（中国語では「帰僑」）と呼ばれる。また、海外に居住する華人に生活費を依存する中国国内の親族らは、中国語では一般に「僑眷《きょうけん》」と呼ばれる。

華人の海外からの帰国理由をみると、1949年の中華人民共和国の成立前は、留守家族の面倒をみるため、先祖伝来の故郷の家を守るためなどの理由が多かった。1949年に成立した中華人民共和国政府は、世界各地の中国人留学生や華僑に対して、中国へ帰国して社会主義建設へ参加するよう呼びかけた。留学生・華僑帰国促進政策である。この中国政府の呼びかけに応じて、多くの華人、特に若者が帰国した。日本においても、帰国して中国の社会主義建設に参加する運動が組織され、横浜や神戸などの数千人の華人が帰国した。

1960年代半ばに始まった文化大革命期には、これら帰国華僑や僑眷は、「海外関係《ハイワイグアンシ》」すなわち海外と関係をもつ外国のスパイのようにみなされ、批判、迫害の対象となった。そして、個人の自由が制限される社会主義国家となった中国へ帰国する華人は減少し、居住国への定住化が進んでいった。

１９６６年頃から約10年間続いた文化大革命が終わった後、中国政府は帰国華僑の名誉回復を図るとともに、帰国華僑の保護政策を施行した。１９７８年末から始まった改革開放政策では、海外華人の中国への投資推進が重視され、帰国華僑や僑眷への対応が改善された。

従来、中国では「帰国華僑」の定義があいまいであったが、１９９０年、中華人民共和国帰僑僑眷権益保護法が公布され、「帰国定住の華僑」を帰国華僑とすることが明確化された。

海外在住の華人が中国へ帰国する場合、前述してきたような個人の意志による帰国のほかに、海外の居住地における紛争、反華人の暴動・事件などの危機から逃れる難民としての帰国がある。特に東南アジアからの帰国難民（「難僑」と呼ばれる）は多数にのぼった。

インドからの帰国難民も見られた。１９５９年にチベット動乱（中国のチベット統治に反対するチベット人と中国との武力衝突）が発生すると、ダライ・ラマ14世がインドに亡命し、多数のチベット族もインドやネパールに流入した。これにより、インドと中国の関係が悪化し、国境問題で対立するようになった。１９６２年10月に中印国境紛争が発生すると、数千人の華人がインドを離れ、ヨーロッパ、オセアニア、北アメリカなどへ再移民したり、一部は中国に帰国したりして、インドの華人人口は激減した。

中国国内には、帰国華僑を収容する多数の華僑農場が、福建省、広東省、海南省などに設けられた。１９５０年代にはイギリス領マラヤから、１９６０年代および１９７０年代にはインドネシアやベトナムから、華人排斥を逃れて中国に移り住んだ「難僑」の多くは、華僑農場に収容された。

１９８４年までに華僑農場は福建、広東、海南、広西など86か所に設けられた。また、工場で働く

写真１　海南省万寧県の興隆華僑農場の入り口（1989 年）

帰国華僑のための華僑工場もつくられた。しかし、海外で自由に商業活動に従事していた者が多い帰国華僑の中には、華僑農場や華僑工場での仕事や、自由を制限される生活に不満を抱く者も少なくなかった。

海南島南部の万寧県興隆にある興隆華僑農場は、１９５１年に開設された代表的な華僑農場である（写真１）。１９８９年現在、約１万２００人の帰国華僑（農場で出生した者は含まない）が労働に従事していた。そのうち、ベトナムからの帰国華僑が５７００人を数えもっとも多かった。これは、中越紛争の影響で、１９７８年からベトナム華人の大量帰国が行われ、彼らの一部が興隆華僑農場に収容されたことによる。そのほか、インドネシアからの帰国者２３００人あまり、マレーシアからの帰国者１７００人あまり、などとなっていた。海南島と帰国華僑のかつての居住地との気候環境の類似性を反映し、農場で栽培されている主要な作物は、コーヒーとゴムである。

改革開放政策が進行する中で、中国の経済発展にとって帰国華僑の存在がしだいに重視されるようになった。中国各地

写真2　浙江省麗水市青田県の帰国華僑聯合会のある施設（2010年）
温州市の西に隣接する青田県は、代表的な僑郷《きょうきょう》である。同施設には、青田県人民政府僑務弁公室もある。

で帰国華僑により省、市、県などのレベルで帰国華僑聯合《れんごう》会が結成された（写真2）。また、中国の全国人民代表大会（全人代）においては、帰国華僑の代表が選出されている。

海外の華人の中には、子どもを勉学のため、中国に送る者もみられた。特にインドネシア、マレーシア、タイなど東南アジア華人の子弟が多数を占める。中国の中国語補習学校に入学して中国語を学んだ後、中国の大学への進学を目指す者も多い。広州の暨《き》南《なん》大学や福建省泉州の華僑大学などは、海外の華文学校などで学んだ華人子弟を多く受け入れる役割をもっている。

改革開放の進展に伴い、中国で教育を受けた華人子弟の中には、勉学を終えても、そのまま中国に残留し企業に勤めながら、出身国と中国との橋渡しの役割をする者もみられるようになった。

16

植民地の独立と中華人民共和国の成立

★華人とホスト社会の対立の中で★

第二次世界大戦後、長年の西欧列強による植民地支配から世界各地の植民地が独立した。植民地に居住し、植民地支配者と現地の人びととの中間的な位置で生活してきた華人を取り巻く環境は大きく変化した。本章では、東南アジア各国の植民地からの独立について華人との関係から概観しよう。

イギリスの政治経済学者であったJ・S・ファーニバルは、オランダ領東インド（現インドネシア）やイギリス領ビルマ（現ミャンマー）のように、植民地支配者であるヨーロッパ人、被支配者である現地の人びと、その中間に位置する華人およびインド人が、同じ地域で生活するものの互いに融合せずに、分離した状況である社会を、「複合社会」と呼んだ。

植民地時代から現地の人びとと華人との間には、社会経済的な溝があった。現地の人びとが必要なものを購入するところの多くは華人経営の店舗である。現地の人びとの中には、「一生懸命働いても豊かになれないのは、華人がいるからである、華人が庶民の経済を牛耳っているからである」と考える者も少なくなかった。このような華人と現地の人びととの感情的対立は、植民地時代から続いてきた。今日においても、このような民族間の溝は十分には解消されていない。

世界でもっとも多くの華人が生活するインドネシアでは、1945年8月17日、独立宣言が行われ、スカルノが大統領に選ばれた。しかし、これを認めないオランダとの間で4年間独立戦争が続き、1949年オランダも独立を承認した。

ベトナムは1945年9月、ホー・チ・ミンがベトナム民主共和国の独立を宣言し、初代大統領となったが、フランスは独立を認めず、インドシナ戦争へ発展した。その後、中国とソビエト連邦が承認した北ベトナムと、アメリカなどが支援する南ベトナムとの間でベトナム戦争が続いた。1975年、南ベトナムの首都サイゴン（現ホーチミン）の陥落により戦争が終結した。1976年、南北ベトナムが統一され、ベトナム社会主義共和国が成立した。そして、華人は都市から農村への強制移住など自由を奪われ排斥された。ベトナム戦争で南ベトナムの敗戦が濃厚となった頃から、ボートピープルなどとして多くの華人がベトナムから命がけで脱出した（第4章参照）。

1979年2月には、中国とベトナムの間で中越戦争が発生した。その背景には、ベトナム戦争で中国が北ベトナムを支援して勝利に導いたにもかかわらず、ベトナムが華人虐待を行っているという中国側の反発もあった。中国はベトナムに攻め込んだものの、戦闘経験が豊かなベトナム軍の激しい抵抗に遭い、1979年3月、ベトナムから撤退した。

ベトナムの隣国ラオスは、1949年、フランス連合内のラオス王国として独立し、1953年、フランスから完全独立を果たした。しかし、その後内戦が続き、左派のラオス愛国戦線が支配権を確立し、1975年、ラオス人民民主共和国が成立した。

カンボジアでは、シハヌーク国王が独立運動を進め、1953年、フランスから完全独立を果たした。しかし、その後内戦を繰り返し、1975年、中国が支援するポル・ポト政権が樹立され、大量の虐殺が行われた。

ベトナム、カンボジア、ラオスの社会主義化が進む中で、多数の華人が難民としてインドシナ3国を離れる華人の「再移民」が起こった。

ビルマは、1948年、イギリス連邦を離脱し、ビルマ連邦として独立した。1962年からはネ・ウィン軍事政権が成立し、1988年まで26年間、外国との接触を制限するなど閉鎖的な「ビルマ式社会主義」が進められた。

フィリピンは、1946年、アメリカから独立し、1965年から1986年までマルコス政権の独裁的体制が続いた。

マレー半島では、1948年、シンガポールを除く旧イギリス領マラヤがマラヤ連邦となり、1957年に独立した。シンガポールの軍事的、経済的な重要性から、独立を認めなかったイギリスであったが、1963年9月、シンガポールはマラヤ連邦、ボルネオ島北部のサバ、サラワク（現マレーシアのサバ州、サラワク州）とともにマレーシア連邦を結成するという形で植民地からの独立を果たした。

人口の4分の3を華人が占めるシンガポールは、1965年8月、マレーシアから分離独立した。その背景には、マレーシア連邦の人口の過半数を有するために大きな政治力をもつマレー人と、経済力を有する華人との長年の対立があった。

一方、中国では、1945年8月の日本の敗戦後、国共内戦が再発した。破れた国民党関係者らは台湾に逃れ、1949年、中華人民共和国が成立した。この混乱の中で、中国大陸を離れ、香港や台湾などを経由するなどして、東南アジアをはじめ世界各地に華人が拡散していった。

華人の伝統的な考え方の一つに「落葉帰根《らくようきこん》」がある。落ち葉は根に帰る、すなわち、海外に移住した華人は、いずれは生まれ故郷に帰り、たとえ海外で客死しても、屍《しかばね》は故郷に戻るというものであった。例えば、第二次世界大戦前の横浜中華街でも、亡くなった華人の棺は、廻送《かいそう》船で広東などの中国の故郷へ運ばれ、郷里の墓地へ埋葬されたものもあった。

しかし、華人の先祖の出身国であった中国は社会主義国となったため、海外で刻苦奮闘し、いずれは「故郷に錦を飾る」という「華僑」が有していた伝統的シナリオは変更を余儀なくされ、華人の居住国への定着化が一層進むことになった。大きな政治経済的環境が変わり、華人の考え方も「落葉帰根」から「落地生根《らくちせいこん》」（地に落ちて根を生やす。土地に根をはる）へ変化した（第1章参照）。すなわち、いつまでも祖国中国のことばかり考えずに、居住地への定着へと華人の考え方が変わっていった。周恩来首相は、海外華人が中国と居住国との友好の架け橋になるよう訴えた。

独立後の旧植民地で、華人はマイノリティとして居住国での生活を継続していくことになる。現地の人びとの華人に対する感情は厳しいままであった。「チャイニーズはよそ者である」「この国が困った時、真っ先に逃げ出すのは彼らである」「国内で稼いだ金を、国外に持ち出している」などという主旨の発言を、私は東南アジア各地でたびたび耳にした。

居住国のホスト社会の人びとが、いずれは中国に戻る「華僑」という意味で華人をとらえる傾向があるのに対し、華人は「私たちは華僑ではない、華人である、この国の国民だ」と主張し、居住国の人びとの華人に対する偏見を払拭しようと努めている。しかし、長年、養成されてきた対華人感情は依然厳しいものがある。

中華人民共和国の成立後、「華人は共産主義者だ」という偏見が、華人の居住国でも見られるようになった。インドネシアやマレーシアのように、貧しい国民の政治への不満を、政府が意図的に華人排斥に向けさせてきたところもある。

コラム6

シドニー郊外のインドシナ系華人のチャイナタウン、カブラマッタ

シドニーの中心部から西へ直線で約25キロ、電車で約50分、フェアフィールド市のカブラマッタ駅に到着する。かなりの乗客がここで下車するが、その多くが華人再移民である（第4章参照）。カブラマッタの駅前から続く整備された商店街には、漢字やベトナム語、カンボジア語などの看板があふれている（写真1）。カブラマッタ（中国語では卡布拉馬塔）は、シドニー第2のチャイナタウンと呼ばれる。カブラマッタの中心部には、フェアフィールド市当局と地元の華人団体などが、町の美化と観光促進のため、１９９１年に重厚な牌楼《パイロウ》を建てた（写真2）。牌楼の建設の寄付者名には、「澳洲（オーストラリア）華裔相済会」「澳洲華裔老人会」などの名前が並ぶ。「華裔」は華僑・華人の子孫の意

写真１　カブラマッタの商店街

看板には英語、中国語、ベトナム語、カンボジア語などが使用されている。

写真２　カブラマッタの牌楼《パイロウ》
牌楼には、孫文が好んで揮毫した「天下為公」（天下国家は君主の私物ではなく、公のためのものである）と書かれた扁額が掲げられている。

味である。

カブラマッタとインドシナ系華人の歴史的背景についてみてみよう。

１９５０、60年代は、オーストラリアへの移民の多くはイタリア系、ギリシャ系などのヨーロッパ出身であった。１９５０年代初め、フェアフィールド市には３つの移民センターが設けられた。彼らはオーストラリアでの生活適応のトレーニングを受け、移民センターを出た後、カブラマッタに居住する者も多かった。その後しだいに他の地域へ移動していった。

１９７５年のベトナム戦争の終結、そして南北ベトナムの社会主義統一、さらにはインドシナ全体の社会主義化の過程で、ベトナムを中心とするインドシナ難民がカブラマッタの移民センターに入居した。彼らも、移民センターを出た後、カブラマッタ周辺に多く定住するようになった。

私が初めてカブラマッタを訪れたのは１９

９９年であった。当時、カブラマッタはすでに「シドニー第２のチャイナタウン」と呼ばれていた。ただし、治安が悪く、インドシナ系の犯罪組織が暗躍する場所という噂もあった。実際行ってみると、露店や市場などの人びとの表情は明るく、１９９２年にホーチミン（旧サイゴン）を訪れた時の思い出がよみがえった。

　今日、カブラマッタの街は、さらに明るく、活気がある街になっている。至る所にフォー（ベトナム式肉うどん）やバインミー（ベトナム式サンドイッチ）のレストランが見られ、まさにカブラマッタは「リトルサイゴン」である。観光客の姿も多くみられる。

　このようなベトナムをはじめとするインドシナ系華人の進出は、ニューヨーク、ロサンゼルス、トロントをはじめ世界中の多くのチャイナタウンで著しい。パリ南部の13区のチャイナタウン（コラム２参照）やシカゴの「北チャイナタウン」（北華埠）も、カブラマッタと同じようにインドシナ系華人が中心になって形成されたものである。

　私は、初めてカブラマッタを訪れてから、神奈川県の公営住宅「いちょう団地」に関心をもつようになった。１９７５年にインドシナ難民が来日して以降、日本政府はインドシナ難民の日本での定住を支援するために、神奈川県大和市に大和定住促進センターを開設した。ここを出た難民の一部は、近隣にある「いちょう団地」（大和市と横浜市泉区にまたがる）に集住するようになった。ともにインドシナ難民を起源とする住民が集住するカブラマッタと「いちょう団地」には、共通するパターンがみられる。

Ⅱ
歴史

17

中国の改革開放と新華僑

★日本での中国人就学生の急増★

毛沢東《もうたくとう》の実権回復のために1966年から始まった文化大革命は、中国を未曾有の混乱に陥れた。当時、日本にいては、中国で何が行われているのか、その実態はわからず、紅衛兵の姿がりりしくさえ見えた。1976年に毛沢東が死去し、文化大革命を推進してきた江青《こうせい》（毛沢東夫人）、王洪文《おうこうぶん》、張春橋《ちょうしゅんきょう》、姚文元《ようぶんげん》の「四人組」が逮捕され、10年にわたる文化大革命はついに終息した。

写真1　1978年当時の中国の人びと
湖南省長沙のデパート前で。

私が初めて中国を訪問したのは1978年の夏であった。一般の中国人は私たち外国人と接触することは禁止されていた。

しかし、彼らが、めったに見ることができない外国人に非常に興味をもっていることはわかった。湖南省の省都、長沙《ちょうさ》のデパートを訪れた時、あっという間に中国人が大勢集まってきた（写真1）。皆、ランニングシャツ姿で同じような格好をしていた。彼らの視線を追うと、我々日本人の服装、持ち物（特にカメラ、時計）などに関心があるようであった。私が中国人に話しかけようと近づくと、彼らはすぐに引き下がった。通訳ガイドからは、「一般の中国人が外国人と話すことは禁止されています」と強く注意された。改革開放が始まる直前の中国は、このような状況であった。

1978年12月、鄧小平《とうしょうへい》が実権を握って開催された第11期3中全会（中国共産党第11期中央委員会第3回全体会議）において、中国の改革開放路線への転換が決定された。改革開放政策の拠点となる経済特区が、1980年に広東省の深圳《しんせん》、珠海《しゅかい》、汕頭《スワトウ》、福建省の厦門《アモイ》に、そして1988年には、広東省から分離した海南省に設定された（写真2）。これら5つの経済特区はいずれも中国南部の沿岸地域に位置し、香港に近く、僑郷《きょうきょう》（第18章参照）でもある。経済特区へは、東南アジアをはじめとする海外の華人企業や台湾企業の中国への進出を加速させた。198

写真２　汕頭経済特区内のビデオテープ（VHS）の製造工場（1993年）
手作業による工程が多く、海外企業は低賃金労働力が豊富な中国に進出した。

4年には、大連、秦皇島《しんこうとう》、天津《てんしん》、煙台《えんたい》、青島《チンタオ》、連雲港《れんうんこう》、南通《なんつう》、上海《シャンハイ》、寧波《ニンポー》、温州《おんしゅう》、福州、広州、湛江《たんこう》、北海の14の沿海都市が経済技術開発区に指定された。

しかし、民主化を求める学生や若者が人民解放軍に鎮圧され多くの犠牲者を出した天安門事件が1989年6月に発生した。アメリカをはじめ西側諸国から中国に経済制裁が加えられるなど、改革開放は一時中断せざるを得ない状況に追い込まれた。中国にとって厳しい状況が続く中で、東南アジアの華人企業の中には、中国投資を継続する例も多くみられた。中国の経済発展にとって華人企業の重要性が、改めて再確認される結果となった。

1992年、鄧小平は湖北省、広東省、上海などを視察し、各地で改革開放の加速を呼びかけた。いわゆる「南巡講話」である。これを機に、地方各地で経済開放区が次々に設置された。海外からの直接投資が拡大し、中国の経済は活性化し、社会主義市場経済が進展することになった。

中国の改革開放の進展に伴い、中国から出稼ぎや留学などで海外に渡る新華僑が大量に流出した。中華人民共和国の成立以後、海外に出ることが可能な中国人は限定されていた。改革開放により、中国の一般の人びとも発展した海外のさまざまな情報に接することができるようになった。このため、貧しい中国から海外に出てより豊かになりたい、より新しい知識、技能を修得したいと思う中国人が急増し、多くの新華僑を生み出すことになった。

1980年代に入り、中国は国費あるいは各種公費により、厳選された留学生を海外へ派遣するようになった。1984年には、中国の国務院は「私費留学に関する新規定」を公布し、海外への留学がほぼ自由化された。中国政府は、1986年に「公民出境管理法」を施行し、私的理由による中国からの出国も認めるようになった。

バブル経済期にあった日本では、他の先進国と比較して外国人留学生が少ないことから、1983年に「留学生10万人計画」を開始し、日本語学校で学ぶ就学生の入国手続きを簡素化した。これを契機に中国人が、日本語学校や各種学校で学ぶための就学生ビザを取得して大量に来日するようになった。1987〜88年には在留中国人が急増した。彼らの中には、勉学に励み優れた留学生もみられたが、出稼ぎ目的の者も多数を占めた。当時、日本語学校の多くは東京に集中しており、特に多数が立地し、アルバイトの機会も多い新宿区の大久保周辺や豊島区池袋周辺で、老朽化した家賃が安いアパートの部屋に数人で共同生活する中国人就学生が集住するようになった（写真3）。

写真3　中国人就学生が多く住んだ池袋の老朽化したアパート（1992年）
木造モルタル式の2階建てで、部屋にはトイレ・台所はない。
池袋1丁目のこの場所まで、池袋駅北口から徒歩約7分。

1990年頃、新宿の喫茶店で皿洗いのアルバイトをした中国人就学生は、時給500円に驚いた。彼は、上海で働いていたが、当時、中国での月給は日本円に換算すると約2000円であった。日本では、わずか4時間働くだけで、中国でもらっていた月給分を得られるのにびっくりしたという。

写真4　福建省福清市の密出国取り締まりの標示（2002年）
福清は蛇頭の拠点もあり、日本、アメリカ、イギリスなどへの密航者も多かった。看板に書かれた「反偸私渡執勤点」は密出国取り締まり拠点を示している。福清市東瀚鎮赤表の港にて。対岸は平潭島。

一方、日本以外では、一般の中国人が先進国の滞在ビザを取得することは、きわめて困難であった。そこで中国からの密航者が急増し、「蛇頭《じゃとう》」（スネークヘッド）と呼ばれる密航組織が出現した（写真4）。1980年代後半、日本の新聞報道によれば、蛇頭に支払われるアメリカやイギリスへの密航請負料は、1件につき200万〜300万円くらいといわれていた。

日本でも、中国からの就学生、留学生（大学で学ぶ者）が急増する一方で、1990年頃から集団密航が多くなった。密航の多くは福建省からで、中国の漁船を密航船に仕立てたり、貨物船に紛れ込んだりして密航が企てられた。中には、ベトナムなどインドシナからの難民を装う偽装難民船も日本の海岸に到着した。

中国人就学生や留学生の中には、勉学期間を終えても帰国せずにそのまま日本に長期滞在することを望む者も多かった。このように、出稼ぎ的な意識をもって海外に渡った中国人は、従来の「老華僑」と区別して、「新華僑」と呼ばれるようになった（第3章参照）。

III

出身地と方言集団

18

僑郷

★華僑の故郷★

中国から海外へ多くの移住者を送り出した地域を、中国では「華僑の故郷」という意味で僑郷《きょうきょう》と呼ぶ。僑郷は江蘇《こうそ》省、山東省などにもみられるが、主要な僑郷は、中国南部の福建省、広東省、海南省、および浙江《せっこう》省、特にそれらの省の沿海地域に集中している。これらの地域は、人口密度が高く、貧しい地域であった。しかし、このようなあまり恵まれない地域は、中国各地に存在する。中国南部に僑郷が集中しているのには、それなりの理由がある。

重要な要因として、古くから海上交通が発達し、東南アジアをはじめとする海外との交流の歴史があり、海外に関する情報が多くもたらされてきた伝統があったことがあげられる。多少の冒険をしても、海外に渡ればより高収入が得られ、だれにも豊かな生活が約束されているかのような理想化された情報が、人びとのイメージを膨らませ、海外移住を助長してきた。

また広大な中国では、言語、習慣、ものの考え方などにも非常に大きな地域差がある。福建、広東、海南などの人びとが、中国の北部に移り住んでも、標準中国語のような共通語ができなければ現地の人びととのコミュニケーションがとれず、食習慣も大きく異なる。これに比べ、東南アジアならば、言葉は通じなくとも、中国南部と文化面での差異もそれほど大きくなく、同郷人が多く居住している地域もあり、経済的チャンスもより恵まれていると期待を持つ者も少なくなかった。古くから海外との交流の機会が多かった福建、広東、海南などの人たちによる国境のとらえ方は、島国育ちの日本人と比べると、大きく異なっていたといえよう。

アヘン戦争の講和条約である南京条約（1842年）により、広東省の広州、福建省の福州および厦門《アモイ》、浙江省の寧波《ニンポー》、そして上海《シャンハイ》の5港が開港された。さらに1858年の天津《てんしん》条約では、開港場に広東省の汕頭《スワトウ》、海南島の瓊州《けいしゅう》（現在の海口《かいこう》一帯）をはじめ11か所が加えられた。

交通が発達し、海外との交流が盛んであった厦門、広州、汕頭、海口などは、中国人の海外への主要な出発港となった。また、アメリカ、カナダ、オーストラリアなどにおけるゴールドラッシュでも、多くの中国人、特に広東人が、広州や香港の港から一攫千金の夢を抱いて出て行った（第12章参照）。

僑郷の大きな特色として、一般の集落とは異なる僑郷らしい特徴的な景観がみられることがあげられる。海外の華人からの送金により、故郷に残る家族（僑眷《きょうけん》と呼ばれる）の家屋を改造したり新築したりして、豪華な住宅が建ち並ぶ景観が、僑郷ではよくみられる。日本へ渡った華人が多い福建省福州市に属する福清《フーチン》市（県級市）では、「別墅《べっしょ》」（別荘の意味）と呼ばれる3～5階建ての洋風戸建て住宅が農村地帯で多数みられる（写真1）。「別墅」には「出稼ぎ御殿」という意味合いが込められている。また、子どもや孫の教育のために、農村部から都市部のマンションなどに引っ越す例も多い（写真2）。

1849年からのカリフォルニアのゴールドラッシュでは、広東省の四邑《しゆう》地方の台山（現在、江門市に属する台山市（県級市））からアメリカに渡った者が多かった。同じく四邑地方の開平（江門市に属する

写真１　福清市農村部における「別墅」（出稼ぎ御殿）
農地が広がる土地に海外出稼ぎ者の新築住宅が連なる。

写真２　福清市中心部、融城の住宅地
写真奥は高層マンション群、手前は戸建て住宅街。海外への出稼ぎで得た資金や海外在住の家族・親類などからの送金による富裕層の住宅街。

開平市）では、「碉楼《ちょうろう》」と呼ばれる高層の望楼が多数現存している（写真３）。「華僑洋館」とも呼ばれる碉楼は、中国の建築様式に西洋的なデザインを加えたものになっており、僑郷特有の景観である。このような碉楼が建設された背景として、海外出稼ぎ者の村として豊かであった地区に、外部から押し寄せる盗賊や水害の危険を考慮して建造されたのではないかといわれている。これらの碉楼は、２００７年には世界文化遺産に登録され、開平の重要な観光資源となっている。

　華人の中には、貧困のために中国国内で十分な教育を受けられなかった者が多く、僑郷の教育、文化、社会福祉の発展に貢献したいという愛郷心が特に強かった。このため、僑郷では、海外の華人の資金援助により建設された学校（「華僑学校」と名づけられる場合が多い）、病院、道路、橋、廟（廟の多くは、文化大革命期に破壊され、改革開放以後、修復工事が行われた）などが数多くみられる。

写真３　広東省江門市開平の「碉楼」
外部からの攻撃を受けた場合を考えて、窓は小さく、数も少ない。通常は、碉楼とは別棟の１、２階建ての家屋で生活していた。

　福建省の厦門大学も、「マラヤのゴム王」であり、中国では愛国華僑として高い評価を受けている陳嘉庚《ちんかこう》（タン・カーキー、TAN Kah Kee）の多額の寄付によって、１９２１年に設立された（コラム７参照）。同様な例として、香港の著名な実業家で潮州

写真４　海南省文昌市の華僑中学

海外、特に東南アジアの同郷出身の華人からの多額の寄付により、校門、図書館など立派な施設が建てられている。

人の李《り》嘉《か》誠《せい》（リー・カーシン、Li Ka Shing）は多額の寄付を行い、1981年、汕頭大学が設立された。

　海南省の省都、海口から70キロあまり南東に位置する文昌市は、海南島の中でも有名な僑郷である。標準的な海南語とされる言語も、文昌地方で用いられているものである。海外の華人の援助によって、1956年に開設した文昌華僑中学では、教室・事務室・図書館・校門などの施設、およびコンピュータ・テレビ・自動車などの設備のほとんどが、海外の華人の寄付によるものであった（写真4）。このような華人の援助は、文化大革命の時期に一時途絶えたが、改革開放路線の推進に伴い再び増加した。

　伝統的な僑郷は、改革開放以後、老華僑とのネットワークを活用しながら、多くの新華僑を海外に送り出した。中国各地が発展していく中で、僑郷ならではの景観や海外との強い結びつきが、僑郷には今もみられる。

コラム7

陳嘉庚の故郷、福建省厦門市の集美

華僑史に登場するもっとも著名な人物の一人が陳嘉庚《ちんかこう》（1874~1961年）である。陳嘉庚は、福建省の厦門の中心部から北へ15キロほどに位置する同安県集美郷（現・厦門市集美区）で生まれ育った。福建人が華人社会の最大多数を占めるシンガポールでは、陳嘉庚は福建語（正確には閩南《びんなん》方言）読みでタン・カーキーとして知られている。

先にシンガポールに渡っていた父親を追って、1890年、陳嘉庚もシンガポールへ移住した。その後、ゴムの栽培、生産、輸出などで成功をおさめ、「ゴム王」と呼ばれる大富豪となった。

富豪となった陳嘉庚は、私財を投じて自らの僑郷《きょうきょう》の発展のために尽くしたことで高く評価されている。1912年から、人材育成のために郷里の集美に小・中学校、師範学校など多くの学校を設立し、その地区は集美学村と呼ばれるようになった（写真1）。1918年には、集美学校師範部、1920年には集美学校水産科、商科を設立し、のちに集美大学に発展した。

今日、集美学村は厦門の重要な観光名所にもなっている。中国伝統の建築様式の集美中学は、龍舟池に面し、美しい景観を保持している。集美には、陳嘉庚の生家（嘉庚故居）、陳嘉庚先生生涯事績陳列館、嘉庚公園（陳嘉庚の墓、解放記念の碑）などがある。

さらに陳嘉庚の尽力により、1921年、厦門大学が開学された。厦門大学は中国国内でも研究・教育でレベルの高い大学に発展し、国家重点大学となっている（写真2）。1956年には学内に南洋研究所（現在、南洋研究院）が設立され、中国における華僑研究の拠点の一つになってきた。

また、厦門の中心部、思明区にある華僑博物

写真１　集美中学

写真２　厦門大学の「陳嘉庚紀念堂」前の陳嘉庚像

院も陳嘉庚の提唱により、中国最初の華僑の歴史に関する総合博物館として1959年に創設された。

移住先のシンガポールにおいても、陳嘉庚の尽力により、1919年、華僑中学が開校した。1923年には、華字紙の『南洋商報』を創刊し、1929年には福建会館を創設した。福建会館の主席を務めるとともに、シンガポールの華人社会のリーダー的な役割を果たしてきた。

中国において陳嘉庚は、社会主義中国の祖国建設に貢献した「愛国華僑」として高く評価されている。日中戦争時期には、東南アジア華人の抗日救国運動の中心的人物として、抗日宣伝や日貨排斥、義勇軍の組織などに奔走した。1940年には、延安で毛沢東や朱徳と会見し、中国共産党の支持者となった。1949年の中華人民共和国成立後は、全国人民代表大会常務委員会常務委員、政治協商会議副主席などを務めた。毛沢東は陳嘉庚を、「華僑旗幟　民族光輝」（華僑の手本であり、民族のほまれである）と高く評価した（写真3）。

写真3　陳嘉庚（厦門郊外、集美）
抗日戦争時の功績をたたえる「華僑旗幟　民族光輝」の文字が見える。

19

方言集団

★外国語のような中国語方言★

中国国内では多くの方言が用いられており、その方言の差異は大きく、異なる方言間で意思疎通を図ることは困難で、共通語を必要とする。特に、伝統的に多くの海外移住者を送出してきた中国南部においては差異が非常に大きく、広東語、福建語などの方言は、「方言」というよりも、「外国語」とイメージした方が実情に近い。海外の華人社会は、複数の方言集団から構成されてきた（図）。

このような華人方言集団の主要な居住地は、東南アジア全体のスケールでみると、地域的にかなり偏った分布をしている。例えば、タイやカンボジアの華人社会では、潮州人が圧倒的に多いのに対して、シンガポールやフィリピンでは、福建人が多数を占める。福建人が用いる福建語は、福建省南部の方言を指し、福建の古名の「閩《びん》」を用いて「閩南語《びんなん》」とも呼ばれる。さらに細かくみていくと、フィリピンのマニラでは、福建省の厦門《アモイ》の北に位置する晋江（現在、泉州市に属する晋江市）地方出身者が非常に多い。マレーシアのクアラルンプールでは広東人が多く、クアラルンプールの華人社会における共通語の役割を果たしていたのは広東語であった。また、シンガポールやマレー

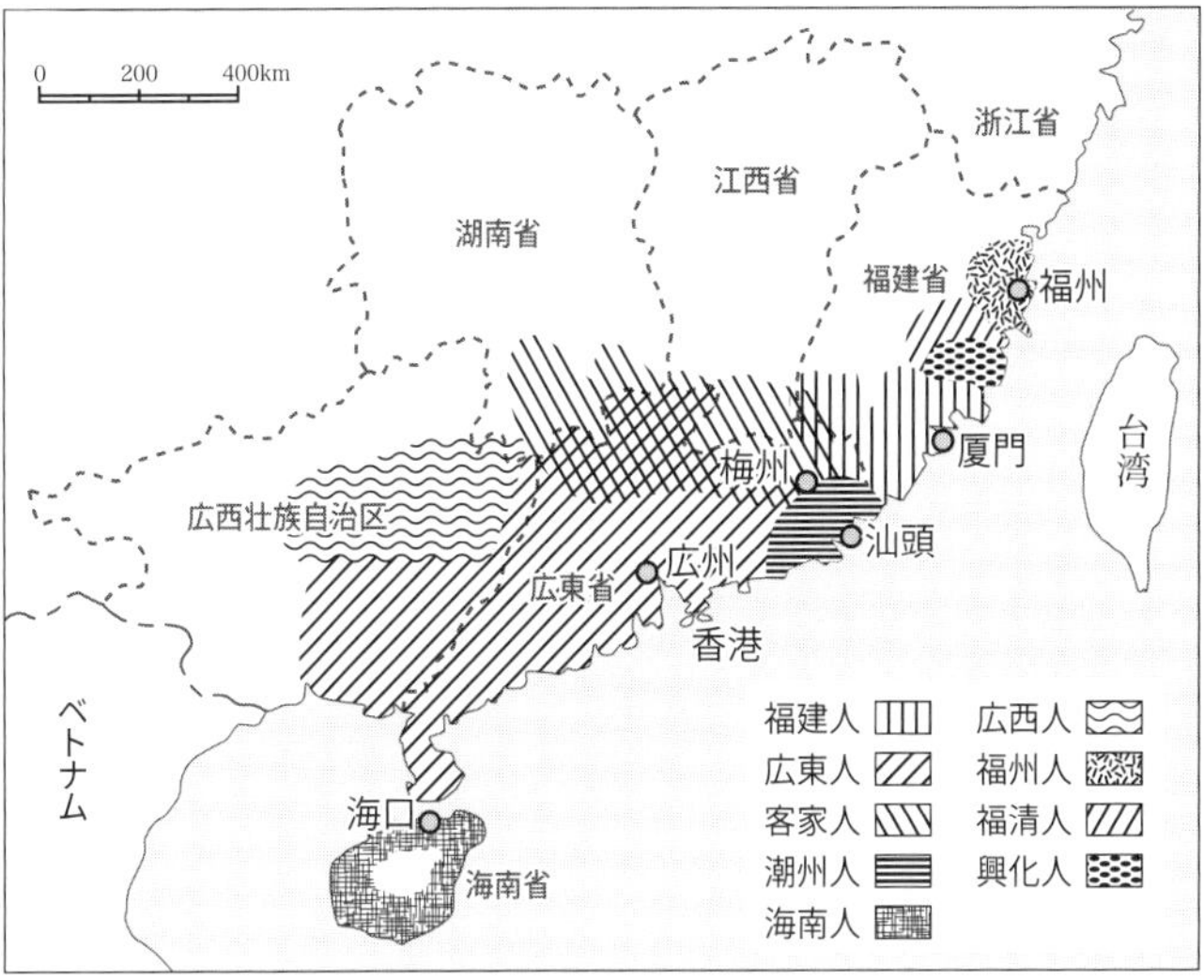

図　東南アジア華人方言集団の主要な出身地
出所＝山下清海編（2005）p. 20 を基に作成。（原図＝ Purcell, V. (1965): *The Chinese in Southeast Asia*. Oxford University Press, London.）

シアのペナン、マラッカのようなイギリスの旧海峡植民地では福建人が優勢で、福建語が華人社会の実質的な共通語の役割を果たしてきた。東マレーシア（カリマンタン島北部）のサラワク州にシブという都市がある。ここは福建省北部の福州地方からの移民による開拓で発展した都市である。住民の大多数は福州人であり、シブは華人社会の中では「新福州」と呼ばれてきた。

1979年、シンガポールの南洋大学（第43章参照）の学生らとシブを訪問し、市長と面会した。華人である市長の華語（標準中国語）でのあいさつを聞いていると、かなり福州方言のなまりが強かった。後で、ある学生に市長のあいさつを聞き取れたか尋ねると、家庭で閩南語を使っている学生は、「私は福州語が全くわからないので、市長のあいさつも聞き取れないところが少なくなかった」とのことであった。

シンガポールとマレーシアの人口センサス（国勢調査）では、方言集団に関する項目が設けられている。シンガポールの華人の場合、福建人、潮州人、広東人、海南人、客家《ハッカ》人、福州人、興化人、上海人、その他に分類されている。シンガポールやマレーシアの華人社会で最大の方言集団は福建人で、福建人が用いる福建語は、すでに述べたように福建省南部の厦門周辺の人びとが用いる閩南語である。同じ福建省内でも、北部の福建省の省都福州と南部の主要都市厦門のわずか200キロあまりの間の地域において、北から福州語、福清語、興化語、閩南語などの方言が用いられている。

シンガポールやマレーシアの華人は、氏名を漢字表記とは別にアルファベット表記も併用している。いわゆる福建人には「陳」姓が多い。「陳」姓の標準中国語のローマ字表記はChenとなるが、福建語ではTan，広東語ではChanとなる。香港出身で、日本で活躍している歌手・タレントのアグネス・チャン（中国名：陳美齢）のチャンは「陳」の広東語読みである。

表1は、シンガポール、マレーシアの華人社会に多い姓を、ローマ字でどのように表記されているかを私がまとめたものである。客家語は標準中国語にやや近い傾向があるが、福建語や広東語の表記では、日本人には、姓のローマ字表記を見ただけでは漢字表記が想像できない場合が少なくない。

表1　シンガポール、マレーシアの華人の主な姓のローマ字表記

	李	王	張	陳
標準中国語	Li	Wang	Zhang	Chen
福建語	Li, Lee	Ong	Teo	Tan, Teo
広東語	Lei, Lee	Wong	Chung	Chan
客家語	Li, Lee	Wong	Chong	Chin

このような方言間の大きな差異は、海外在住の華人に方言集団のアイデンティティを強く意識させることになった。第二次世界大戦前の東南アジア各地の華人社会では、大多数の華人は十分な教育を受けられず、自分たちの方言以外の言語は理解できない者が少なくなかった。その結果、同一の華人方言集団のメンバーは、集中して生活する傾向が強かった。世界各地の華人社会は、さまざまな方言集団から構成されているが、これに関する正確な人口統計

はほとんどない。しかし、シンガポールは、10年ごとの人口センサスにおいて、毎回、華人方言集団別人口の調査を行ってきた。そこで、シンガポールを例に、華人方言集団の具体例をみてみよう。

２０２０年の人口センサスでシンガポールの民族別人口をみると、総人口（４０４万４２１０人）の74・3％を華人が占めた。以下、マレー人13・5％、インド人９・０％、その他３・２％であった。表２は、２０２０年の人口センサスによる華人の方言集団別人口を示したものである。最大の華人方言集団は福建人（39・3％）で、以下、潮州人19・4％、広東人14・3％となり、福建人、潮州人、広東人がシンガポールの華人三大方言集団である。以下、客家、海南人、福州人、福清人などの少数方言集団が続く。

表２　シンガポールにおける華人方言集団別人口（2020年）

華人方言集団	人口	割合（%）
福建人（Hokkien）	1,180,599	39.3
潮州人（Teochew）	583,963	19.4
広東人（Cantonese）	429,329	14.3
客家（Hakka）	259,153	8.6
海南人（Hainanese）	183,312	6.1
福州人（Foochow）	59,609	2.0
興化人（Henghua）	26,702	0.9
上海人（Shanghainese）	22,503	0.7
福清人（Hockchia）	17,070	0.6
その他の華人（Other Chinese）	244,529	8.1
合計	3,006,769	100.0

2020年人口センサスにより作成。

世界各地の華人社会は、言うまでもなく地域ごとにそれぞれ特色がみられる。その特色を形成している重要な要因として、華人社会の方言集団別構成の違いがあげられる。アメリカ、カナダ、イギリス、オーストラリアの華人社会は、広東人を中心に形成されてきた。

各地の華人を理解しようとする時、その地域の華人社会が、中国のどの地域の出身者、言い換えればどの方言集団が中心になって形成されてきたのかを知っておく必要がある。例えば、サンフランシスコ、ニューヨーク、そして横浜は広東人が、長崎は福建省北部の福清人が、バンコクは潮州人が、それぞれの華人社会の中心をなしてきた、といった具合である。

20

広東人

★存在感が際立つ集団★

広東人の主な僑郷《きょうきょう》は、広東省の珠江《しゅこう》デルタに位置する省都、広州および香港の周辺で、東南アジア、北アメリカ、オセアニア、ヨーロッパなどに移住して行った（図）。なかでも旧広州府および旧肇慶《ちょうけい》府の出身者が多く、広肇《こうちょう》人とも呼ばれる（写真）。広東人は広州、香港、マカオ（澳門）の港から海外へ出て行った。広州では、「5人のうち1人は、華人と関係がある」と言われてきた。

広東人の主要な僑郷は、図に示したように四邑《しゆう》と三邑《さんゆう》と呼ばれる地域である。四邑は台山、開平、恩平、新会、三邑は番禺《ばんぐう》、南海、順徳から成る。アメリカの華人社会の中では、ゴールドラッシュ以来、特に台山出身者が多数を占めてきた。

アヘン戦争以後、香港、広州への欧米人の進出に伴い、欧米商社の買弁《ばいべん》（中国人との取り引きを仲介する中国人商人）となる広東人も増えた。1859年の横浜開港に伴い、欧米の貿易商人らとともに横浜に来た買弁の中にも、広東人が多かった。

ヨーロッパ列強が東南アジアや中国に進出するのに伴い、船員として雇用された華人の中にも広東人が多く見られた。外国の港に着いた船から広東人の船員が秘かに上陸してそのまま住

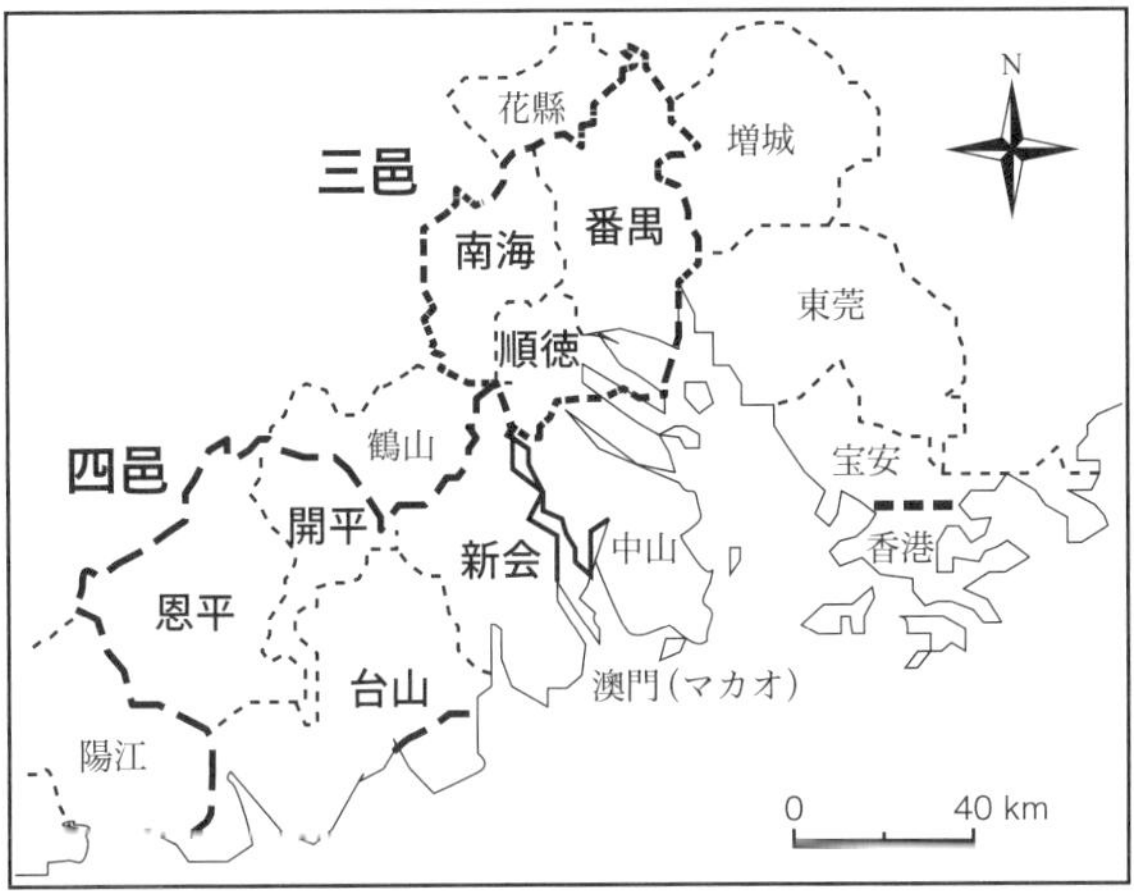

図　珠江デルタにおける四邑・三邑地方
出所＝山下清海（2019）p. 76の図を一部修正。（原図＝黎全恩・丁果・賈葆蘅（2013）:『加拿大華僑移民史（1858–1966）』人民出版社，北京．）

写真　クアラルンプールのチャイナタウンにある広肇会館
クアラルンプールのチャイナタウンの中にあり、広肇会館は、関帝廟の施設内にある。

み着き、ロンドンやアムステルダムにチャイナタウンの原点が形成された。

さまざまな華人方言集団の中でも、広東人は目立つ存在といえよう。世界各地のよく知られたチャイナタウンは、広東人が中心になって形成されているところが多い。例えば、横浜や神戸、北アメリカではサンフランシスコ、ニューヨーク、バンクーバー、トロント、ヨーロッパではロンドン、マンチェスター、リバプール、アムステルダム、オーストラリアではメルボルン、シドニーなどのチャイナタウンである。東南アジアではマレーシアのクアラルンプール、サンダカン、ベトナムのホーチミン（旧サイゴン）などのチャイナタウンも広東人が多い。

総人口の約4分の3を華人が占めるシンガポールでは、大規模な都市再開発が進められる前の1970年代頃まで、市街地の大半がチャイナタウン的な様相を呈していた。このような中で、観光客が訪れる「チャイナタウン」と言えば、「牛車水《ニューチャーシュイ》」（マレー語ではKreta Ayer）と呼ばれる広東人街を指した。シンガポールには福建人街、潮州人街、海南人街などもあるが、もっとも活気があるのが広東人街の牛車水で、外国人観光客向けのガイドブックなどでチャイナタウンと呼ばれるようになり、定着していった。シンガポールの地下鉄の「Chinatown」駅の中国語名称は、チャイナタウンを意味する唐人街や中国城でなく「牛車水」となっている。

古くから貿易において優れた力量を発揮してきた福建人や潮州人が「海上商人型」であったのに対し、広東人は飲食業、建築業、貴金属業、籐《とう》細工業、機械・金属業、塗装業などの分野で活躍し、「職人型」であると言われてきた。また、劇場や映画館の経営などのサービス業でも広東人は目立つ存在であった。映画、音楽などの芸能分野では香港の影響が大きく、伝統的に業界用語として広東語が重視されてきた。

広東人の強みは、やはり広東料理である。広東料理はメニューの種類が多く、高級料理から屋台料理まで非常にバラエティーに富んでいる。中国茶を飲みながら、シューマイ、春巻をはじめさまざまな点心を味わう飲茶《ヤムチャ》も広東料理スタイルである（第47章参照）。「ヤムチャ」「ワンタン」（雲呑）も広東語である。「食在広州」（食は広州にあり）と呼ばれるように、中国国内だけでなく、海外でも広東料理の人気は高い。広東人が多いサンフランシスコ、ニューヨーク、ロンドンのチャイナタウンには、飲茶を提供する店が多く、華人のほかに一般のアメリカ人、イギリス人、外国人観光客も大勢訪れる。

第12章でも述べたように、アメリカ、カナダ、オーストラリアの華人社会は、ゴールドラッシュによって広東人が中心になって広東語社会が形成された。広東語の中でも台山方言が華人社会の中で多用されていた。台山方言は、広州や香港で用いられている広東語とやや異なる特色がある。１９９０年代、サンフランシスコの中国語新聞社の広告には、読者の問い合わせ先電話番号に、英語専用、広東語専用、標準中国語専用に加えて、台山方言専用も見られた。

私が１９９４～95年、アメリカに滞在中、サンフランシスコ、ロサンゼルス、ニューヨークなどのチャイナタウンの中国料理店や商店で、従業員に標準中国語で話しかけても通じないことがよくあった。しかしその後、改革開放政策の進行に伴い新華僑が増加するにつれ、標準中国語が広く通用するようになった。

21

福建人（閩南人）、福州人、福清人、興化人

★福建の多様な方言集団★

福建省は全体として山がちな地形で、平野が少なく、陸路の交通が不便なため、沿岸航路が重要な役割を果たしていた。私は1980年代、一人旅で広東省の汕頭《スワトウ》（標準中国語ではシャントウ）からバスを乗り継いで、福建省に入り北上し、厦門《アモイ》、泉州、福清そして省都である福州まで行った。主な都市は台湾海峡に面した港町である。しかし、それらの都市間の移動では幾度も峠を越えなければならなかった。漳州《しょうしゅう》や厦門付近には九龍江、福州付近には閩江《びんこう》という大きな河川により沖積平野が形成されているが、福建省のほとんどは海岸付近まで山地が迫っている。農業に適した平野は少なく、地域間の相互の交流が限定され、言語をみても厦門や泉州周辺の閩南語《びんなん》、莆田《プーティエン》周辺の興化語、福清の福清語、福州の福州語など、互いにかなり異なる方言が用いられてきた（図）。

福建省南部の海岸部において、海外へ多くの移民を送出したのは、泉州、厦門、漳州の周辺の農村部であった。中国の省や市などには漢字1文字の略称がある。福建省の略称は「閩《びん》」であり、福建省南部は閩南と呼ばれる。東南アジアの華人社会では、福建省出身の華人でもっとも多いのが閩南人であるため、

閩南人のことを単に「福建人」（英語ではHokkien）と呼んできた。

このような福建人の多くは、厦門周辺からインドネシア、マレーシア、シンガポールなどの東南アジアへ、そして世界各地に渡って行った。特にシンガポール、ペナン、マラッカの旧イギリス海峡植民地の華人社会では福建人が最大多数を占め、福建語（閩南語）が華人社会の共通語の役割を果たしてきた。

図　福建省の主な僑郷
出所＝山下清海編（2002）p.153。

1979年、シンガポール政府は「多講華語、少説方言」（華語〔標準中国語〕をもっと話し、中国語方言を話すのを控えよう）というスローガンを掲げて、華語普及運動を行った。当時、私はシンガポールの南洋大学（第43章参照）に留学中であったが、フードコートなどでは日常の共通語として福建語が多く使われていた。フードコートの従業員は、私が福建語を解さないとわかると、会話を華語または英語に切り替えた。

東南アジアにおいて福建人はゴムの生産・輸出、金融、貿易、海運業など、経済の重要な分野で有力な地位を占めてきた。シンガポールにおいては、2020年時点で、全華人の39・3％が福建人である（第19章、表2参照）。これを反映して、中国の改革開放後、福建省の厦門には、シンガポールやマレーシアの華人企業が投資した銀行や企業の支店、ホテルなどが多数建設された。

中国の現在の行政地域でみると、もっとも多くの福建人を海外へ送出したのは晋江市（泉州市に位置する県級市）であり、次に同じ旧泉州府の南安市（泉州市に位置する県級市）であった。フィリピンの華人社会では福建人が圧倒的に多いが、なかでも晋江出身者が多数を占めた。フィリピンの福建人は厦門港から移住してきたので、スペイン領時代、彼らは「厦門人」と呼ばれ、この「厦門人」が華人の総称の意味でも用いられた。

一方、福建省北部の方言集団は、福州人、福清人、興化人などに分けられる。福建省の省都である福州市付近では福州語が用いられる。福州市の南に隣接する福清市（福州市に属する県級市）では福清語、さらにその南の興化地方（旧興化府、現在の莆田市および仙游県）では興化語が使われている。福州市から莆田市まで直線距離で約75キロしか離れていないが、3つもの方言が用いられている。

東マレーシアのサラワク州にシブという都市があるが、ここは福州地方からの移民の開拓によって発展した都市であり、住民の大多数が福州人である。シブは華人社会の中では「新福州」とも呼ばれている（第19章参照）。

中国の改革開放後、多数の福州人がアメリカの東海岸、特にニューヨークに移住した。ニューヨークのマンハッタンのチャイナタウンは、1970年代以前、広東人中心の社会であった。1980年代半ば以降、福州市の連江県や平潭《へいたん》県出身者の新華僑移民が急増した（写真1）。これら福州人は、チャイナタウンに隣接するイースト・ブロードウェイ一帯に進出したために、この地区は「小福州」と呼ばれるようになった（写真2）。

マンハッタンのチャイナタウンでは、非合法の密航組織「蛇頭《じゃとう》」（スネークヘッド）が重要な役割を果たしていた。これらの組織を通して不法に入国した中国人は、チャイナタウンの中国料理店で働い

写真１　アメリカ移住者が多い僑郷、福州市亭江鎮
アメリカからの送金により新築された住宅群。

写真2　ニューヨークのチャイナタウンにおける福州人街（East Broadway）
「福州」や「福建」の地名が入った商店、団体の看板が目立つ。

たり、女性は縫製工場などで低賃金、長時間労働に従事したりした。その後、経済的に成功し、郷里の福州に豪邸を建てる者も見られるようになった。

福州の南に位置する福清は、土地がやせた半農半漁の貧しい出稼ぎ地帯であった。明治以降、日本への出稼ぎ者が増加した。長崎チャンポンの考案者として知られる陳平順（1873〜1939年）も、1892（明治25）年に長崎に渡った。

東南アジアの華人社会の中でも、福清人は経済的な地位が低かった。そのような中、福清人の経済実力者として、インドネシアの華人財閥サリム・グループの創始者、スドノ・サリム（林紹良、1916〜2012年）がよく知られている（第27章参照）。

興化人の故郷の興化地方は、福州人と福建人それぞれの故郷の中間に位置する。シンガポールとマレーシアの輪タク（トライショーと呼ばれる）車夫の多くは興化人である。輪タク車夫から身を起こし、自転車や自動車の修理・販売、バス交通、外国車の輸入業など、自動車・交通関係に多くの興化人が進出していった。このような興化人の職業は、同郷人あるいは同一方言集団が特定の職業へ集中し、類似した業界をステップアップしていく典型的な例の一つと言えよう。

華人ではないが同様な例として、アメリカやカナダのタクシー業界では圧倒的にインド系が進出している。海外出稼ぎ者として移住してきたインド系は、まずタクシー運転手に多くが従事し、しだいにガソリンスタンドの経営やモーテルの経営などに進出していく。インド系集団と興化人の経済活動には、類似点が多くみられる。

22

潮州人

★タイの多数派集団★

日本では、潮州地方といってもあまり知られていない。しかし、スワトウ刺繍《ししゅう》（単にSwatowと呼ばれる）については、世界的によく知られている。広東省東部の港湾都市、汕頭《シャントウ》の「スワトウ」（Swatow）という呼称は、汕頭地方の方言である潮州語が海外へ普及していったものである。キリスト教の宣教師がヨーロッパのレースや刺繍技術を伝えたことによって、汕頭固有の刺繍文化が生まれた。潮州地方の中心地、汕頭は第二次アヘン戦争（アロー戦争、1856～60年）を経て、それまで使用していた潮州港の治安が悪化し、代替港として1860年に汕頭が開港された。

潮州地方とは、福建省との境に近い広東省の東部を流れる主要河川、韓江の下流地域（潮汕《チャオシャン》平原とも呼ばれる）を指す（図）。これらの地域の住民および出身者は潮州人と呼ばれる。潮州人は、福建省南部の泉州・漳州《しょうしゅう》地方から省境を越えて移住してきた人びとの子孫と言われる。このため、潮州語は閩南《びんなん》語と類似点が多い。

潮州人の海外への主要な出発港は、潮州地方の中心地である汕頭であった。潮州人は、タイ、ベトナム、カンボジア、シン

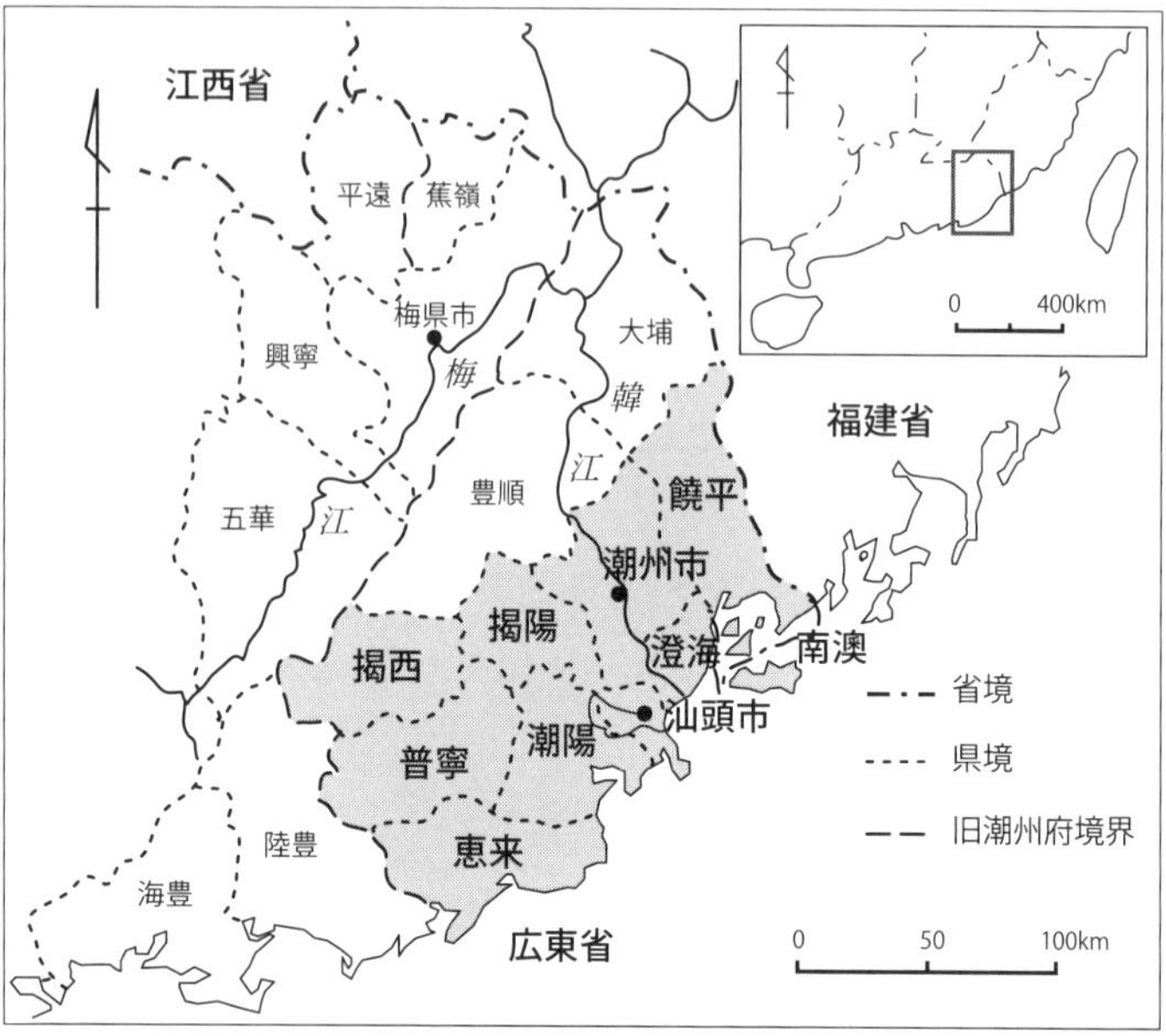

図　潮州地方

出所＝山下清海編（2002）p.170 を基に作成。

ガポール、マレーシアなどの東南アジアを中心に世界各地、そして香港、マカオにも多く居住している。

東南アジアの中でも、タイの華人社会では潮州人が中心的な存在となっている。潮州人がタイへ大量移住してきた理由の一つに、次のような歴史的背景がある。

アユタヤ王朝に続いて、1767年、バンコクの対岸のトンブリーに、トンブリー王朝（1767〜1782年）を開いたのがタークシン（中国名：鄭昭《ていしょう》）であった。タークシン王は、潮州地方の澄海《ちょうかい》（現・汕頭市澄海区）出身の父親とタイ人の母親との間に生まれた。このため、タークシン王は、潮州人のタイへの移住を促し、その結果、タイの華人社会では、潮州人が圧倒的多数を占めるようになった。

また、インドシナ半島は、潮州人が多く居住する地域である。カンボジアの華人社会では、タイと同様、潮州人が圧倒的多数を占めている。ベトナムやラオスでも、潮州人は広東人に次いで第2の方言集団となっている。サンフランシスコ、ロサンゼルス、ニューヨークなどアメリカのチャイナタウンでは、老華僑経営の中国料理店の後に入った新たな経営者の中にベトナムやカンボジア出身の華人再移民が多い。表看板からはわかりにくいが、それらの店のメニューをよくみると、「Teochew rice noodle（潮州粿条《クイティアオ》）」（潮州式の平たいライスヌードル）のように潮州料理が多く含まれている。

写真１　パリ13区のチャイナタウンの「法国（フランス）潮州会館」

潮州人はフランスにも多い。第二次世界大戦以前、ベトナムなどフランス領インドシナからフランスへ移住した華人の中に、潮州系華人が多かったからだ。また、前述したように、ベトナム戦争を契機とするインドシナ難民の中に多くの華人再移民が含まれるが、なかでも潮州人が多かった（写真1）。

総人口の約4分の3を華人が占めるシンガポールの華人社会において、潮州人は人口・経済力とも、福建人に次ぐ有力な方言集団である。

東南アジアにおける潮州人の経済的活動の特色をみると、福建人と類似して、貿易業や金融業で活発な役割を果たしている。潮州人は、東南アジアの華人社会の中でも、経済的に有力な方言集団である。精米業や米の輸入・販売は、潮州人の専門的な職業の一つである。これは、潮州人の最大の居住国であるタイが、米の大生産国・輸出国であることと密接な関係がある。また、潮州人の中には農業や漁業に従事する者も多く、野菜、果実、卵、海産物など、生鮮食料品の取り引きでも活躍が目立つ。シンガポール、マレーシアでは、潮州人経営の雑貨店や中国料理店が各地で多数見られる。

海外在住潮州人が、僑郷《きょうきょう》の社会・文化的方面の発展に尽くしてきた役割も、きわめて大きい。とりわけ、僑郷における学校・病院・寺廟などの建設の多くは、海外在住潮州人の寄付によるものであった。潮州地方に限らず、僑郷における学校の建設・運営は、海外華僑に大きく依存していた。

1981年に設立された汕頭大学は、香港の著名な実業家、李嘉誠（Li Ka Shing, 1928年、現潮州市潮安区生まれ）の多額の寄付によって創設された総合大学である。汕頭大学内には、台湾・香港や海外華人の文学について研究する台港および海外華文文学研究センターが設けられている。

次に、僑郷でみられる文化的特色についてみると、当然のことではあるが、それらの多くは、今日東南アジアに在住する潮州人の生活の中にも、共通して認められる。

華人社会において、漁業や海産物の取り引きは潮州人の主要な職業の一つである。これは、潮州地方では古くから海産物が豊富であったことと密接な関係がある。潮州料理には魚、エビ、カニ、カキなど魚介類を豊富に用いたものが多い。前述したように日本国内では潮州料理はあまり知られていないが、東南アジア在住の日本人にとって、潮州人経営の海鮮料理店は人気がある。また、タイやシンガポール、マレーシアをはじめ、東南アジアにおいて、日常的な潮州料理になっている「粿条《クイティアオ》」と呼ばれる（シンガポール、マレーシアではKway Teowとも表記される）麺類、高菜漬けの一種である「鹹菜《シエンツァイ》」、「鹹魚《シエンイー》」（塩干魚）などは、庶民料理として、潮州人以外の華人からも親しまれている。

写真2　シンガポール、マックスウェル・フードセンターの潮州粥専門店

潮州人の食文化の特色として、日常的に粥《かゆ》を食することがあげられる。日本人にとって、「中華粥」と言えば、イカ、エビ、貝、牛モツなどの具が入った味のついた粥を思い浮かべるであろう。このような「中華粥」は広東式であり、広東人が多い横浜中華街の粥専門店で提供されている「中華粥」はこのスタイルのものである。

しかし、シンガポール、マレーシア、タイなどで粥といえば「潮州粥」（写真2）である。米だけの白粥で、日本の白粥よりも水分が多く、サラサラとした食感である。フードコートの潮州粥の店では、粥とともに、魚介、卵、豆腐、野菜などのおかずを選んで注文する。貧しい留学生であった私は、高い日本料理はめったに食べに行けなかったので、シンガポールのホーカーズセンター（第45章参照）で、あっさりした潮州粥を、焼き魚をおかずによく食べていた。

23

客家

★少数派ながら個性的な方言集団★

日本では「客家人《ハッカ》」よりも単に「客家」の呼称の方が一般的に多く用いられる。華人方言集団の中で、客家は少数派の集団に属するものの、客家に関する関心は高い。というのも、中国国内や海外の華人の歴史における重要な人物の中に、客家が多く含まれていたことにより、多くの人が客家へ興味を抱くようになったと思われる。

例えば、「滅満興漢《めつまんこうかん》」を掲げて清朝の打倒をめざした太平天国の創始者である洪秀全（1813～64年）、中国の近代文学・歴史学の開拓者で日本留学の経験をもち、日本と中国の架け橋としての役割も果たした郭沫若《かくまつじゃく》（1892～1978年）、中国共産党の幹部として中日友好協会会長や華僑工作の責任者などを務めた廖承志《りょうしょうし》（1908～83年）は客家である。中国の革命運動に果たした客家の役割は非常に大きく、辛亥《しんがい》革命の成功に至るまで、多数の客家の革命家が犠牲になった。

海外においては、マレーシアの錫《すず》採掘で大きな力をもち、クアラルンプールの都市建設で多大の貢献をした葉亜来《ヤップ・アーロイ》（Yap Ah Loy，1837～85年）（第10章参照）、有名な塗り薬である「虎標萬金油」（タイガーバーム）を開発するとともに、出版、銀行など

第23章
客家

事業の多角化を進め、シンガポールの『星洲日報』や香港の『星島日報』などの中国語新聞を発行し、国民政府の僑務委員会委員などを務めた胡文虎《こぶんこ》（Aw Boon Haw, 1882～1954年）（第41章参照）、シンガポールの初代首相でシンガポール建国の父ともいわれるリー・クアンユー（李光耀、1923～2015年）（第36章参照）などは、東南アジアを代表する客家である。

台湾では福建省南部から移住した閩南人《びんなん》が圧倒的多数を占める中で、第二次世界大戦後、台湾に移住した中国大陸出身の「外省人」ではなく、戦前から台湾に居住していた「本省人」として初の総統、中国国民党主席となった李登輝（1923～2020年）、そして2016年、初の女性総統となった（2020年に再選）民主進歩党（民進党）の蔡英文《さいえいぶん》も客家である。2023年には、台湾の桃園市で世界客家博覧会が開催予定であるが、このために建設される「2023年世界客家博覧会世界館」の起工式に蔡英文総統が出席し、「台湾を世界の客家にとっての文化的首都にしたい」と述べた。

客家の歴史的背景をみると、もともと黄河の中流域周辺に居住していたが、北方からの遊牧民の侵入などで、しだいに南下したといわれる。今日、客家の居住分布は広東省、福建省、江西省をはじめ、広西壮《チョワン》族自治区、四川省、さらには台湾など広い範囲に及ぶ。シンガポールのリー・クアンユーの曾祖父は広東省梅州市大埔《ダープー》県出身の客家であり、胡文虎や李登輝は、ともに大埔県の東に隣接する福建省竜岩市永定区籍の客家である。

客家が福建省や広東省に到着した時には、すでに平野部の農耕に適した土地は福建人や広東人などの先住者が生活しており、客家には内陸部の山がちな土地しか残されていなかった。「客而家焉」すなわち「客人にして家を構えた」という意味があった「客家」とは先住者からの他称であり、両者は

写真１　客家の円形土楼、承啓楼の入り口（福建省竜岩市永定区）
直径 63 メートルの円楼。盗賊から攻められた際には門を閉め、上部の窓から銃などで攻撃する。

しばしば武器を持って衝突（中国語では「械闘《かいとう》」という）した。

客家の居住地域の中心地は、広東省東部の旧嘉応州や旧恵州である。梅州市（旧梅県）を中心とする嘉応州地方（旧梅県および興寧、五華、平遠、蕉嶺の4県から構成され、「嘉応五属」とも呼ばれる）に居住する人びとは、潮州語とは大きく異なる客家語を話す。旧潮州府の中でも大埔、豊順の両県（現在では、梅州市に属する）の大部分、および掲陽市西部（現在の掲西県）の一部地域（河婆一帯）の住民も客家語を用いる。

旧嘉応州の東に隣接し、福建省西部（閩西地域と呼ばれる）に位置する旧汀州府も、客家の主要な僑郷《きょうきょう》である。旧汀州府は永定、上杭、帰化、長汀、寧化、清流、連城、武平の8県から構成されていた。東南アジアに居住する旧汀州府籍の客家の多くは、永定県や上杭県から移住した。

客家の居住形態の特色として、外敵からの防衛を意識した集団住居があげられる。よく知られている「客家土楼《どろう》」（円形のものは円楼、正方形など四角形のものは方楼）と呼ばれる独特の集合住宅は、客家全体の習俗ではなく、福建省の

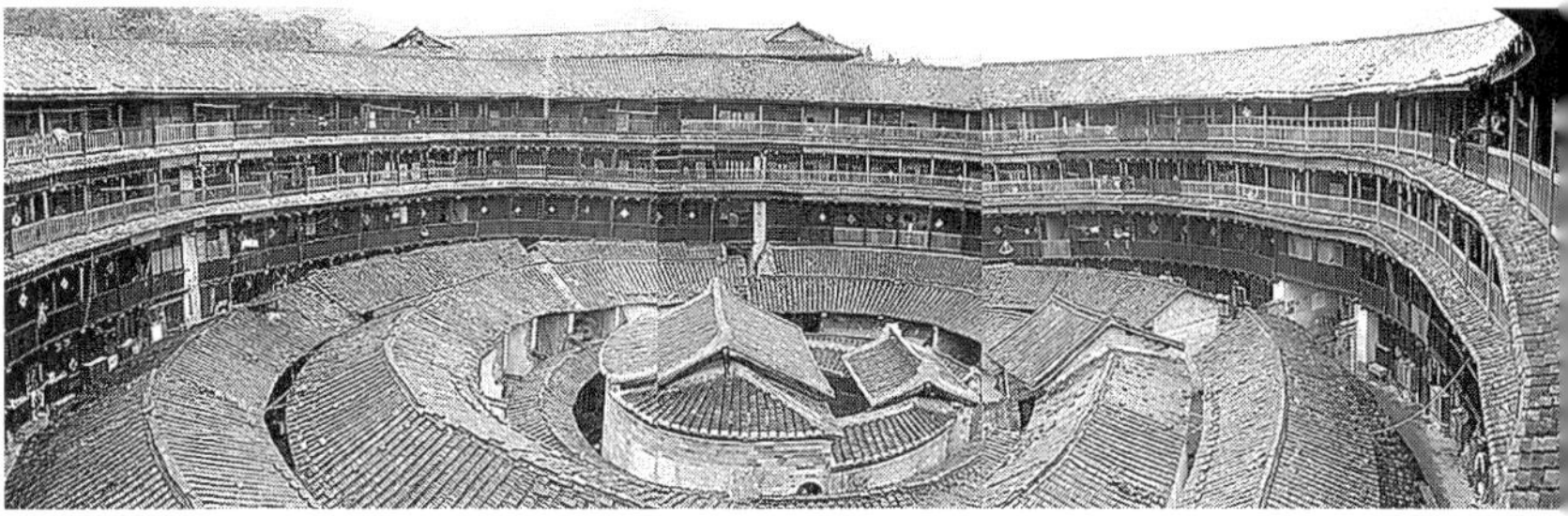

写真２　承啓楼（写真１）の内部
円楼（円形土楼）内側の中心には祖廟があり、その周りにも同心円状の円楼が設けられている。それぞれの円楼は、多数の部屋に分かれている。

一部山間部の客家に見られるものである。外部からの襲撃を防ぐために作られており、通常入り口は1か所しかなく、一族がまとまって居住している。福建の土楼は、２００８年、ユネスコの世界遺産に登録された（写真1、2）。

客家は、恵まれない境遇の中で刻苦奮闘し、子どもの教育に熱心に取り組み、すでに述べたように著名な人物を輩出してきた。さらに、高度な知識や技術を要する専門職、例えば医師、弁護士、政治家、学者、教師などに客家が多い。一方、質屋や漢方薬店、時計・宝石店の経営にも客家が多くたずさわっている。質屋は中国語で「當店《ダンディエン》」といい、看板に「當」の字を掲げている。

シンガポールの華人社会では、客家は全体の約8％を占める少数方言集団の一つであるが（第19章参照）、弁護士、政治家、大学教員などの分野では客家が非常に目立つ。

インドの華人社会では客家が多数派をなし、皮革業、歯科医、歯科技工士などに従事する者が多い。インドの人びととの間にも中国料理が浸透しており、なかでも焼きそば風のハッカヌードル（Hakka Noodle）の人気は高い（第47章参照）。

24

海南人、温州人、三江人、山東人

★固有の特色をもつ方言集団★

これまで、福建人、広東人、潮州人、客家《ハッカ》の主な方言集団について取り上げてきた。これらの方言集団のほかにも海外の華人社会においては、さまざまな特色をもつ方言集団がみられる。

海南島は「中国最南端に位置する中国唯一の熱帯の島」として、中国政府も国際的な観光地への発展に力を入れてきた。1988年に海南省として独立した省になるまでは、広東省の一部であった。海南島へは、福建の閩南《びんなん》人が海上航路で進出し、福建との交流が深かった。福建からの移民が多かったため、海南語は閩南語（いわゆる福建語）と類似点が多い。海南人の海外進出は、福建人や広東人より遅れ、19世紀中頃より盛んになっていった。

東南アジアにおいて、海南人と言えば、多くの華人は反射的に「咖啡店《カーフェイディエン》」の老板《ラオバン》（店主、経営者）を思い浮かべる。冷房の効いたコーヒーハウス（「咖啡座」と呼ばれる）とは違い、「咖啡店」（kopitiam とも呼ばれる）は街中でよく見られる大衆的な食堂である。店は吹き抜けのため、客は天井の扇風機の下の涼しいテーブルを選んで座る。

東南アジアの華人労働者は、このような海南人経営の咖啡店で、コーヒーやミルクティーを飲みながら、カヤトースト（ココナツミルクなどで作ったカヤジャムをぬったトースト）を食べ、重労働の疲れをいやした。同郷の友人たちと仕事や中国の故郷のことなどを方言で語り合った。咖啡店の経営は、労働時間が長い割には、もうけの少ない商売であった。これこそ、福建人、潮州人、広東人などの有力な方言集団ではなく、遅れて移住してきた少数華人方言集団に「残された」典型的な職業の一つであった。

また、シンガポールの海南人が多く従事した職業として、イギリス人家庭内のハウスキーパーやイギリス軍の食事係があげられる。そのような仕事の過程で西洋料理やパンの作り方などを学んだ海南人が、街中で少なかった西洋料理店やベーカリーを開業していったのである。

中国の伝統的な僑郷《きょうきょう》が多くみられる福建省、広東省、海南省と並んで、浙江《せっこう》省も海外移住者を多く送出してきた地域である。なかでも福建省の北に隣接する温州《おんしゅう》地方は重要な僑郷である。

浙江省出身者の中でも、世界の華人社会で非常に顕著な集団が、同省南部の港湾都市である温州およびその西に隣接する青田（行政的には麗水市青田県）の出身者である。青田人も含めて「温州人」と呼ばれ、中国および海外の華人社会では、非常に商才に長けた商人とみられている。と同時に、拝金主義的なイメージでとらえられ、時には「中国のユダヤ人」（中国的猶太人）と揶揄《やゆ》されることもある。

青田県と日本との関係は深い。第一次世界大戦後から１９２０年代初期まで、青田県および隣接する温州市の山村の出身者が地縁・血縁を頼って多数来日し、工場などで単純労働に従事するようになった。青田人は特に東京に多く居住したが、１９２３年の関東大震災直後の混乱時、日本人の自警団らによる虐殺で１２２人が犠牲となったと言われている。

写真１　青田県仁庄郷の「王公墓」
墓石には王貞治氏の名前も刻んである。

世界のホームラン王として知られ、日本最初の国民栄誉賞を受賞した王貞治氏の父、王仕福氏（１９０１〜85年）は、22歳の時、青田県から来日し、さまざまな肉体労働をして生計を立てた。関東大震災の後、一時帰国したが、３年後再来日し、工事現場などで働いた。やがて、日本人の妻を娶《めと》り、日本に定住した。第二次大戦後、夫婦でラーメン店「五十番」（東京都墨田区押上）を経営しながら、長男の王鉄城氏を医師に、そして次男の王貞治氏を野球の名選手に育て上げた。王仕福氏は青田県に６回帰郷し、水力発電設備の建設などさまざまな寄付を行っている。１９７８年には、青田県の生まれ故郷、仁庄郷に生前墓である「王公墓」を造成した（写真１）。本件については、山下清海編『改革開放後の中国僑郷——在日老華僑・新華僑の出身地の変容』（明石書店、２０１４年）をぜひ参照していただきたい。王貞治氏のコメントも紹介している。

華人社会の中で温州人が多数派を占めるのがフランスである。歴史的背景をみると、１９２６年から１９３３年にかけて、青田地方や湖北省天門地方からヨーロッパへの移住が盛んになった。彼らは行商人としてフランスを中心にヨーロッパ各地に分散していった。青田は、印章や玩具の材料として有名な「青田石」を産出する。青田出身者は、この地元特産の「青田石彫」（青田石に彫刻したもの）や小物を各地で売り歩いて生計を立てた。特にパリには、青田や温州の出身者が多く住み着き、１９２

9年には浙江省出身の華人は数千人になった。

1970年代以降、戦乱のインドシナから華人系難民が大量に流入するまで、フランスの華人社会においては温州人が主要な集団であった。中国の改革開放後は、フランスだけでなく、老華僑が少なかったイタリア、スペインなど南ヨーロッパにも進出している。1989年のベルリンの壁崩壊後は、ハンガリー、ポーランド、ルーマニアなど東ヨーロッパの旧社会主義国においても、安価な中国製品の輸入・販売に従事する温州人が、大規模なショッピングセンターを展開するようになった。

写真2　温州市に隣接する青田県阜山郷のキリスト教会
住民の多くは、フランス、イタリア、スペインなどヨーロッパに居住し、村の住人は彼らの高齢の両親が目立つ。海外からの送金で新改築の住宅が建ち並ぶ。

ヨーロッパの温州人の中には、現地でキリスト教に改宗する者も多く、僑郷の温州では、キリスト教会が設立され、キリスト教信者も増加している。また、温州ではワインを飲む習慣が庶民レベルで広く定着している。

浙江省の北に隣接するのが中国最大の都市、上海である。長江の下流に位置する浙江省、江蘇《こうそ》省、江西省の3省の出身者は、一般に三江人と呼ばれる。三江人の主要な僑郷として、上海のほかに、江蘇省の蘇州《そしゅう》、鎮江《ちんこう》、無錫《むしゃく》、浙江省の温州、杭州《こうしゅう》、寧波《ニンポー》などがあげられる。寧波は古くから商業港として栄え、商才に長けた寧波商人は日本を含む海外との貿易で活躍した。

三江人の多くは上海から海外に出て行ったので、「上海人」とも呼ばれた。主な職業をみると、家具製造業、洋服仕立業、洗濯業、古物業、書籍・文具業などの分野で三江人が目立った。

横浜中華街では、開港以来、洋服仕立業はもっぱら三江人の役割であった。アヘン戦争の講和条約である1842年の南京条約で上海が開港し、欧米人相手に洋服仕立ての技術を身に付けた中国人が増加した。このような「上海テーラー」は横浜の外国人居留地にも流入し、欧米人相手だけでなく日本の軍人や役人からも、軍服や制服などの注文を請け負った。また、理髪業は江蘇省の揚州出身者、ピアノ製造業は寧波出身者の専売特許的な職業であった。改革開放後、日本やアメリカをはじめ世界各地で増加した新華僑の中には、海外からの情報が入手しやすい上海とその周辺出身者も多く含まれている。

海外の華人の主要な出身地は長江以南であるが、山東は多くの華人を送出した地域である。黄河の下流に位置する山東、特に東部の山東半島は平地が少なく、比較的貧しい地帯であり、伝統的に出稼ぎ地帯であった。渤海《ぼっかい》や黄海を渡って、対岸に位置する遼東半島の大連や朝鮮半島の仁川《インチョン》に渡る者が多かった。そこからさらに中国東北地方や朝鮮半島各地に分散していった。韓国のソウルやその外港である仁川をはじめとする在韓華人社会の中心は山東人である。

日本では江戸幕末の開港により、大阪に1886年、川口外国人居留地（現在の大阪市西区川口）が造成された。そこに居住した華人の中には山東人が多く、その名残で大阪の老舗中国料理店には北京料理店が目立つ。歴史的にみると、中国四大料理の一つである北京料理の原形となったのが山東料理（中国では「魯菜《ろさい》」とも呼ばれる）である。

Ⅳ

経 済

25

華人経済の伝統的特色

★苦力から華商へ★

中国から海外に移り住んだ華人は、長い歴史の中でさまざまな経済活動に従事してきた。伝統的な華人の経済活動は、苦力《クーリー》型と華商型の大きく2つの類型に分けることができよう。

すでに本書「II 歴史」において説明したように、欧米列強の植民地開発においては、ラテンアメリカなどにおけるサトウキビ・プランテーション、マレー半島の錫《すず》、南アフリカの金・ダイヤモンドなどの鉱山開発、ペルーのグアノ（第11章参照）の採掘などで大量の低賃金単純労働者、いわゆる苦力が大量に必要となった。苦力という表現には蔑称の意味合いも含まれているため、「華工」（華人労働者）という表現も用いられる。

奴隷解放後は、アフリカ出身の黒人奴隷に代わる低賃金労働者として、福建や広東など中国南部から大量の労働者が海外へ連れ出されることになった。また、アメリカやカナダの大陸横断鉄道、ペルーの鉄道、シベリア鉄道などの鉄道建設工事において、華人苦力が果たした役割はきわめて大きかった（第11章参照）。

南アメリカ北部、現在のベネズエラの東に隣接するイギリス領ギアナ（現在のガイアナ）への華人苦力の導入経過の例をみてみよう。ギアナは17世紀初めにオランダ領となり、アフリカ黒人を奴隷として連れてきて、サトウキビのプランテーションで働かせていた。1814年にオランダ領からイギリス領ギアナとなり、奴隷制廃止後はインドから大量の労働力が移入された。1843年、ギアナのプランテーション経営者たちが、マラッカ海峡に面するイギリスの海峡植民地（第14章参照）のペナンを訪れた。その際、プランテーションの農園で炎天下にもかかわらず、インド人苦力よりも勤勉に働く華人苦力を目にしたのである。これがきっかけとなり、1852年、華人苦力が福建の厦門《アモイ》からイギリス領ギアナのサトウキビ・プランテーションへ送られることになった。

アメリカの大陸横断鉄道の建設でも、華人苦力は重要な貢献をした（第12章参照）。大陸横断鉄道は1863年に着工されたが、当初、アイルランド人やメキシコ人などが鉄道建設労働者として雇用された。しかし計画どおりに進まず、難工事でもあったため、脱落者が続出した。これに代わる労働者として華人が投入された。その後、工事は順調に進み、1869年、セントラル・パシフィック鉄道は完成した。

このような華人苦力の中から、しだいにさまざまな物品を販売したり、中国と移住先、さらには海外各地との貿易に従事したりする華人も出てきた。このように商業を中心にさまざまな経済活動に従事する華人は華商とも呼ばれた。

華人社会では、裸一貫から身を起こし、一家の財をなすことを「白手起家」という。貧しかった華人が、刻苦奮闘して財をなすという意味である。苦力として筋肉労働に従事する中で、節約して貯めたわずかな資金で小さな商売を始める。そして、苦労の末に中国の出身地に豪邸を建てるまでになる。

そのような「白手起家」の著名な華人富豪の成功者の噂を耳にしながら、海外の移住先で頑張る華人が多かった。

華人商人は先住民が生産したゴム、サトウキビなどの農産物や錫などの工業原料の1次産品を買い付け、華人の卸《おろし》・小売業者が市場で販売し、華人貿易商が海外へ輸出した。中でも貿易業は、華人経済において非常に重要な部門であった。中国と海外との間の貿易では、輸送船の所有や運営が必要であり、多くの船員を雇用することにもなり、華人富豪の多くは貿易業で成功した者であった。

一般の華人は資金がないために、まずは行商人、露天商などから始める者が少なくなかった。商店がないような僻地に赴いて、先住民相手に売れそうな商品を売り歩いたのである。その際、先住民と華人の言語は異なるため、華人は必要最小限の単語を口にして、一生懸命に販売に努めた。

日本においても、第二次世界大戦前、福建省の福清出身者は、日本で仕入れた反物を自転車に載せて、農村、山村、漁村などを回った。「私の祖父は日本語がうまくなかったので、『上等！　安い！』と繰り返しながら僻地を売り歩いたそうです」と、行商人であった福清人の孫から私は話を聞いた。ニシン漁で景気がよいという噂を聞いて北海道や樺太の漁村各地で反物行商を行った福清人も多かった。第二次世界大戦後は、時代の変化に応じて反物行商をやめ、日本各地に定着して反物と関連のある衣料品店を経営したり、中国料理店を始めたりするパターンが多く見られた。

植民地時代の東南アジアでは、先住民のほとんどは農業に従事していた。そのような中、華人は人びとが集まりやすい地点を選んで、露店を設けたり、商店を開いたりして、市場町をつくっていった。このような市場町が、都市の起源となっていったものが多い。このため、東南アジアでは都市の古くからの中心部にチャイナタウンが形成されている。あるいは第二次世界大戦前、都市全体が華人店舗の集中するチャイナタウンの様相を呈していたといっても過言ではない。

ヨーロッパ列強の植民地において、支配者側のヨーロッパ人と、底辺にいる先住民との中間で、華人は経済活動を行ってきた。ヨーロッパ人、華人、先住民の三者は、相互に融合しない社会、すなわち「複合社会」を形成していた（第16章参照）。

ヨーロッパ人からみると、華人は植民地経営にとって重要な役割を果たす存在であった。華人の中には、植民地宗主国の言語を習得して役人となり、植民地行政の執行において欠かせない人材となる者もいた。

植民地の多くの先住民は、「華人は支配者と先住民の間で甘い汁を吸っている歓迎されない存在」とみなしてきた。先住民のこのような対華人感情は、植民地の独立後も維持された。華人が政府と癒着して自分たちの利益だけを追求するために、一生懸命働いても貧しい生活から抜け出せないという先住民の反華人感情が、インドネシアの9・30事件（1965年発生）、マレーシアの5・13事件（1969年発生）のような反華人暴動の発生につながっていった（第34、35章参照）。

コラム8

タイ北部の山地民族の村でみた華商の原点

私は学生の時、華人以外の少数民族（マイノリティ）に興味を抱いていた。卒業論文では、一人旅で訪れたチェンマイ近郊のモン人（当時はメオ族と呼ばれていた）の村落での経験をもとに、タイ人や華人を含めてタイの民族地理的研究をテーマにした。

大学院生になってシンガポールに留学中の1979年11月にも、再びさまざまな山地民族が生活しているタイ北部を訪れた。チェンマイのバックパッカー用の安ホテルで紹介され、4日間の山地民族の村を巡るトレッキングツアーに参加した。10人足らずの参加者はすべて外国人旅行者で、日本人は私だけであった。手元に地図もないまま、ガイドの案内でチェンマイからビルマ（現ミャンマー）国境に近い町、ファン（Fang）に行き、さらにジープや徒歩で、夕方、シャン人の村に入り民泊した。

翌朝、シャン人の村を出発して山道を登っている時に、私は体調不良となり、ガイドに連れられてシャン人の村に戻った。「同じようなツアーが、明日か、明後日には来るだろうから、そのガイドに事情を話して参加させてもらえ」と言い残して、ガイドはすぐにツアーコースに戻っていった。

シャン人の家で休んでいる間に体調は回復した。言葉が全く通じないシャン人の村にただ一人残されてしまった私は、「これも貴重な経験だ」と自分に言い聞かせながら、小さな村の中をフィールドワークすることにした（写真1）。

夕方になると、民族衣装を着た少数民族アカ族の女性たちが、付近の山の中で採取した茶葉を買い取ってもらいに、このシャン人の村にやってきた。その時間だけ、台の上に雑貨、タバコ、飲料などの商品が置かれただけの商店が急遽「開店」した。アカ族の婦人たちは、茶葉を売って得たタイの通貨バーツを用いて買い物をした後、自分たちが住む村に帰っていった（写真2）。

その様子を観察していた私を見ていた青年と目が合った。服装から見て、村に住んでいるシャン人ではなさそうだった。「もしかしたら」と思いながら、思い切って「ニーハオ」と声をかけた。すると流暢な標準中国語が帰って来た。まさか、このような山奥の村で華人に出会うとは思ってもみなかった。この27歳の朱さんは、17歳の李さんを紹介してくれた。

二人の華人青年

写真1　タイ北部、ミャンマー国境に近いシャン人の村（1979年）

写真2　シャン人の村の華人に茶葉を売りに来たアカ族（1979年）

と話すうちに、村の概要がわかってきた。このシャン人の村には20戸あまりの家があり、そのうち3戸が華人のものである。うち2戸は小さな製茶工場を営んでおり、もう1戸は商店を経営しているそうだ。その一夜は李さんの家に泊めてもらい、3人で夜遅くまで、電気が通っていない暗い小屋の中で、横になりながら話し込んだ。

朱さんの話によると、7、8年前にビルマからここに移り住み、両親（雲南人）はビルマに残っているという。朱さんの父はビルマで衣服を作る仕事をしていたが、10年ほど前から商売がやりにくくなり、また治安も悪くなった。このため、朱さんの10人家族のうち、5人が国境を越えてタイのこのシャン人の村に来て、製茶や商店を営むようになった。製茶した後は、チェンマイへ運んで業者に買い取ってもらうそうだ。

李さんは、「毛沢東の乱」（国共内戦）のために中国からタイ北部へ逃れてきた国民党軍の残党らが集住する村にある学校で、「国語」（標準中国語）を学んだ。毎日、オーストラリア放送協会が運営するアジア・オーストラリアのラジオの中国語放送や元国民党軍兵士らの村から放送される「国語」のラジオ番組を聞いているという。このため、国際ニュースや流行している音楽や放送劇などの情報にも詳しく、私も大好きな「アジアの歌姫」テレサ・テン（鄧麗君）のことを、このような山奥の村で生活しながら彼らがよく知っているのには驚いた。

華人が新天地にやってきて、先住の人たちを相手に苦労しながら現金収入を得る方法を探って、家族と生活している姿を見ることができた。これこそ、華商（華人商人）の原点ではないだろうか。

26

華僑送金

★信局から銀行へ★

海外に出て行った中国人の多くは、当初から海外に定住するつもりではなく、出稼ぎの意味合いが強かった。このため、海外で稼いだ金を中国の郷里に残した家族・親類へ送金する必要があった。海外で生活する本人はめったに帰郷できないため、信頼できる友人・知人や「水客」と呼ばれる船員などに託して故郷へ送金していた時期もあった。東南アジアをはじめ海外から香港、マカオなど経由して、国境を越えて商品を中国各地に運ぶ水客の中には、海外の華人からの送金を請け負う者もいたのである。このような、いわゆる「華僑送金」は、中国語では僑匯《きょうかい》という。

清朝末期に郵便制度が確立される以前、「信局」（「民信局」とも呼ばれる）が手紙の配達を請け負っていた。この信局も華人からの送金業務を引き受けていた。信局では送金だけでなく、郵便業務、家族への手紙の代筆なども行っていたため、読み書きが不得手な華人にとっては貴重な存在であった。

東南アジアでは、マレー半島全域やオランダ領東インド（現・インドネシア）の一部から華人の主な出身地である福建や広東などへ送金する場合、集められた金は一旦シンガポールに

写真　シンガポールの海南人街の信局
ショップハウスの改修で保存された店舗名。現在はレストランになっている。

集積され、香港を経由し、中国各地に送られることが多かった。

シンガポールでは、中国への送金や物品の送付を取り扱う信局が、福建、潮州、広東など方言集団別に多数設立されていた。これらの信局の多くは、貿易業者や他の業務経営者などが兼業したものであった。多くは華僑の伝統的な共同出資形態である合股《ごうこ》によって成立していたが、信局業務を専業とする店は少なく、実際はほとんどが貿易業や商店など各種商業活動との兼業で営まれていた（写真）。

貿易商や各種商店などが信局業務を手掛けたのは、華人社会には中国南部への送金需要が大きかったにもかかわらず、遠隔地間金融を実行できる華人系金融機関が成立するための諸条件が整っていなかったためである。そこで、地元の華人社会で資本・信用力が比較的優位にあった規模の大きな商店などが、しだいに金融業にも参入していった。

東南アジア、香港をはじめ世界各地に支店を展開する漢方薬店「余仁生」（Eu Yan Sang）が、1879年、マレー半島で広東人によって創業された。マラヤ各地、香港、広州などに支店を開いていく中で、そのネットワークを活かして信局も営むようになった。

香港は華僑送金の中継基地であり、外貨から中国貨幣へ両替し、中国国内各地へ送付する重要な役割を果たしていた。汽船会社に在籍していたスコットランド国籍のトーマス・サザーランドは、香港と中国沿岸において地方金融機関に対する大きな需要があることに気づいた。そして1865年、香港上海銀行が香港に設立され、同年には上海支店も開設された。今日、世界各地のチャイナタウンには、香港上海銀行（HSBC）の支店が設けられている。

第二次世界大戦以前、華人の僑郷《きょうきょう》に残る留守家族の生計の大部分は、華僑送金によって支えられていた。中国の僑郷に住む華人の家族・親類は、華僑送金を元手に新たな土地を購入し、自宅の家を新改築し、墳墓を造成した。また、華僑送金には事業投資も含まれ、農業、工業、交通・運輸業、商業、金融業、サービス業などの発展にも活用された。そのほか、学校、病院・道路・橋梁・公共施設の建設など、住民の生活向上、社会福祉にも充てられた。

国家レベルでみても、華僑送金は、中国の貿易の赤字を埋める重要な役割を果たしてきた。1949年の中華人民共和国の成立後、経済的に貧しかった中国にとって、華僑送金は、重要な外貨獲得方法であった。このため、中国政府は華僑送金を促進し、華人を優遇する政策をとってきた。ただし、文化大革命期には、華人の家族・親類など海外の華人と関わりあいのある者を「海外関係《ハイワイグアンシ》」（外国のスパイの意味）として批判、虐待し、華人に対する差別、偏見が拡大した。華僑送金によって建てられた施設が、紅衛兵らによって破壊され、廟内の関帝、媽祖《まそ》（第50章参照）などの像も壊されたり、燃やされたりした。

1978年末の改革開放政策の実施決定以降、華僑送金は中国経済の発展、中国人の生活向上にとって重要な原動力となった。1989年の天安門事件以後、西側諸国からの中国への投資が停滞した際も海外の華人からの送金は継続され、中国の経済回復に大きな役割を果たした。

改革開放政策は、第17章でも説明したように、多くの新華僑を生み出した。東京・池袋チャイナタウンで行った私の調査によれば、1980年代、90年代の中国の生活水準は低かったため、新華僑が海外で働きながら、中国の実家に送金した。1995年に来日した中国人青年は、東京で日本語学校に籍を置きながら、ビル清掃や居酒屋のアルバイトで蓄え、来日1年後の春節(旧正月)前には、北京の両親に30万円の仕送りをしたという。実家への送金時期は決まっていないが、特に春節前には中国へ送金する新華僑が多く、大手町駅近くにあった中国工商銀行の東京支店前には長蛇の列ができたという。

1980年代後半および90年代は、日本に限らず、中国からアメリカやヨーロッパなどへ密航する中国人が増えた。不法就労や犯罪で入手した資金を中国に送金する場合、非合法の「地下銀行」を使う不正送金が多かった。正規の銀行を利用するよりも地下銀行の方が手数料が安く、送金の所要時間も短かった。

27

華人財閥

★華人の伝統継承、進む世代交代★

華人が多く居住する東南アジアでは、華人経営の企業がそれぞれの国において大きな経済力をもっている。総人口の4分の3を華人が占めるシンガポールはもちろんであるが、華人が少数集団に属するインドネシア、タイ、フィリピン、マレーシア、ミャンマーなどすべての東南アジア各国の経済において、華人企業は重要な役割を果たしている。このような華人企業が巨大な企業集団を構成し、国際的なビジネスにおいても存在感のある華人財閥が育成されてきた。

華人財閥の成功物語が紹介される際によく用いられる中国語の四字熟語に「白手起家《はくしゅきか》」がある（第25章参照）。「裸一貫から身を起こし、一代で事業を成功させる」という意味である。かつては貧しかった華人が、その後、刻苦奮闘して大富豪となったというよく聞かれる一般的なストーリーを、私なりに次のようにまとめてみた。

中国南部の貧しい村で育ち、十分な教育も受けられないまま、裸一貫で海を渡って海外に出た。これまでと全く異なる環境のもとで、都市や農村、鉱山などで低賃金の肉体労働者として刻苦奮闘した。節約して貯めたわずかな金で、行商をしたり、露店でものを売ったりして少しずつ稼いで、やっと小さな自分の店をもった。その後、いろいろな事業を試みていく中で、大きな企業に成長していった。そこには、家族・親類、同郷の人びとの助けがあった。自らの貧しかった体験を常に忘れず、中国の郷里や自分が生活している地域の発展のために多額の寄付を続けている。

長年、華人経済の研究に取り組んできた游仲勲《ゆうちゅうくん》は、華人企業が結合・集中して構成する企業集団を華人財閥と呼び、その特色を、組織形態と内容的特徴の二面からまとめている。これを参考にしながら、華人財閥とは、どのようなものであるかを整理してみよう。

まず、華人財閥を組織形態からみた場合、その特色は何であろうか。

華人財閥を構成する企業の中には、いろいろな個人企業が集まって大きな企業集団に成長していったというよりも、基本的に個人企業が成長して財閥となったという例が少なくない。

華人財閥は、同一産業部門の企業が集中するよりも、異業種部門にわたるコンツェルン（異種産業間にまたがる独占企業の結合体）の形態が多い。コンツェルンも工業企業よりも、金融・貿易の流通企業が多いのが大きな特色である。しかし、今日ではさまざまな形態の華人財閥がみられるようになり、多様化が非常に進んできている。また、外資系企業や土着・先住民族企業（政府系企業を含む）と結びつき、多国籍企業集団化するものが増加してきている。日本企業が東南アジアに進出する場合、現地の華人財閥の企業をパートナーとして選択する場合が多い。

次に、華人財閥の内容的特徴をみてみよう。華人財閥は、大企業であっても個人企業的性格をもつものが多い。ビジネス上の重要な事項においても創業家の意向が反映され、日本の一般的な企業と比べ決断が非常に早い。一般の財閥に比べると、華人財閥の創業家との人脈が重要視される傾向が強い。外資企業や政府系企業との関係も深い。このため、経済不況により非華人の生活が困窮した場合などには、華人が外国の企業や政財界と癒着しているとのホスト社会からの批判が高まり、反華人暴動に発展する危険性を有している。

華人財閥の中には、国境を越えて成長していくものが多い。人的ネットワークを活かしながら、華人財閥は国内に留まらず積極的に海外へ展開する。

では、華人財閥の形成過程を、インドネシアを例にみてみよう。世界最大のイスラム教徒人口を有するインドネシアでは、華人は総人口の4％ほどである（第5章参照）。しかし、この国の経済において華人財閥は非常に大きな力をもっている。

インドネシアの華人財閥といえば、サリム・グループ（沙林集団）がよく知られている。サリム・グループの創業者、スドノ・サリム（中国名：林紹良）は、1916年、福建省の福州の南に隣接する現在の福清市海口鎮牛宅村（写真）で、農家の3兄弟の次男として生まれた福清人である。

福清は多くの華僑を海外に送り出した福清人の僑郷《きょうきょう》である（第21章参照）。福清市の中心部、融城やスドノ・サリムの出身地である海口鎮、さらに漁渓鎮などは、インドネシアの福清人の主要な僑郷である。一方、それらより南東部の竜高半島（高山鎮、三山鎮、東瀚《とうかん》鎮など）からは、日本へ渡った華人が非常に多い。

写真　スドノ・サリムの出身地、福清市海口鎮牛宅村（2002年）
福清市は日本華人の主要な僑郷であるが、海口鎮はインドネシア華人の僑郷である。僑郷らしく裕福そうな住宅が建ち並んでいた。

１９３８年、林紹良が22歳の頃、兄に続いて叔父を頼りにインドネシアのジャワ島へ渡った。中部ジャワ州の州都スマラン近くのクドゥスで、タバコやコーヒー豆の商売を行った。第二次世界大戦後、オランダとの独立戦争を戦う軍への物資納入を通じて、後の大統領スハルトとの人脈を築いた。スハルトの30年あまりの長期政権中、さまざまな利権をもとに、サリム・グループはインドネシアを代表する財閥に成長していった。スドノ・サリムの三男、アンソニー・サリム（中国語名：林逢生）は、イギリスに留学し、ロンドン・ビジネススクールで経営学修士（ＭＢＡ）を取得後、サリム・グループに入社し、１９８５年に社長になり、現在は会長を務めている。

時の政権との関係が深い華人財閥は、反政府運動が高まった際に、攻撃の対象になることが少なくない。１９９７年に発生したアジア通貨危機は、インドネシア経済に大きな打撃を与えた。翌１９９８年、７期目の再選を果たしたスハルト大統領に対して、生活に苦しむ民衆の不満が高まり、過激なデモが発生し、ジャカルタのチャイナタウンは大きな被害を受けた。サリム・グループも最大の危機を迎えたが、アンソニー・サリムのもとで何とか乗り切り、復活を果たした。

次に、やはりインドネシアの華人企業の例としてリッポー・グループ（中国語名：力宝集団）をみてみよう。創業者のモフタル・リアディ（中国名：李文正）は、１９２９年、東ジャワ州の州都スラバヤの南90キロに位置するマランで生まれた。父親はバティック（ろうけつ染め布地）を販売していた。生後５か月で母とともに、インドネシアから父の実家がある福建省莆田《プーティエン》県に移った。莆田出身者は方言集団では興化人に属する。１９３５年、再び母とともにマランに戻った。

第二次世界大戦後、１９４８年にリッポーバンクを設立し、その後、次々に銀行を設立していった。１９７５年にはスドノ・サリムの声かけでＢＣＡ（Bank Central Asia）の共同経営者となり、その後１９９０年に引退するまで頭取を務め、インドネシア最大の民間銀行に育て上げた。リッポー・グループは、金融サービス業のほかに不動産開発、小売り、外食、ＩＴ関連など多方面へ進出している。

コラム9

タイの華人財閥、CPグループ

華人財閥の形成過程や実態を具体的に知るために、東南アジアの華人財閥としてよく知られている、タイのCP（チャロン・ポカパン）グループを例にみていこう。

CPグループの中国語名は「卜蜂集団《プゥーファン》」であるが、中国では「正大集団」と呼ばれる。創業者は謝易初（エークチョー・チェンワノン）と謝少飛（チョンチャルーン・チェンワノン）の謝兄弟である。タイの華人社会では潮州人が多数を占めるが、謝易初も現在の広東省汕頭《スワトウ》市澄海区蓬《ほう》中《ちゅう》郷出身の潮州人である。1922年、郷里の村は暴風雨に襲われ、家屋が破壊された。これを機に謝易初はタイに向かった。25、6歳であった。1924年、兄を追ってきた弟の謝少飛とともに、バンコクで種を販売する園芸店「正大荘行」を開いた。

1953年、謝易初の長男チャラン・チェンワノン（謝正民）が、家畜飼料の販売店「チャルーンポーカパン」を開店し、1959年、CP（チャロン・ポカパン）を設立した。その後、養鶏業を展開し、アグリビジネスを核としながら成長していった。

謝易初の死後、四男のタニン・チェンワノン（謝国民）が会長となり、設備の近代化、同族だけでなく外部からも人材を導入し、1971年には世界最大のブロイラーの原種生産会社、アーバーエーカー社と合弁でタイに東南アジア初のブロイラー工場を設立した。また、水産業界にも進出し、タイをエビ飼料生産高世界一にのし上げた。

CPグループは、さらにケンタッキーフライドチキン、ピザハット、セブンイレブンのフランチャイズ権を買収するとともに、ホテルやビルなどの不動産業、保険業、石油産業、インターネット部門などへも進出している。成長が評価される一方で、CPグループのような大企業がタイの富を独占しているという国民の批判を受けることもある。

CPグループはタイ国内だけでなく、中国をはじめアジア各国の市場を開拓し、事業拡大を続け、タイ随一のグローバル複合企業といわれている。特に中国へは積極的に進出しており、中国へ貢献する最大の外資系企業と中国側から評価されている。

写真　CPグループが開設した上海の浦東新区の大規模商業施設、正大広場

改革開放政策への転換が決まった直後の1979年、CPグループは、深圳《しんせん》に中国初の中外合弁会社を設立した。1989年の天安門事件後、アメリカをはじめ西側諸国は中国当局を厳しく非難し、経済制裁などを行った。そのような中で、1990年、CPグループのタニン・チェンワノン会長は、中国共産党や政府の要人などの住居がある北京の中南海で、中国の最高実力者、鄧小平《とうしょうへい》と面会している。

1990年、上海の浦東《ほとう》地区開発が決定され、大規模な工事が始まった。CPグループは4億5000万ドルを投じ、上海のシンボルである東方明珠テレビタワーに近い浦東新区の陸家《ルージャー》嘴《ズイ》に、2002年、大規模な商業施設「正大広場」を開業した。

2019年、逃亡犯条例をきっかけに香港で反政府デモが起きた時も、CPグループは、外資系では珍しく、早々に香港政府支持を示す全面広告を香港紙に出した。

CPグループは日本企業との関係も深く、2014年から日本の伊藤忠商事との業務提携を行い、同社の実質的な筆頭株主となった。

28

華人企業の中国投資

★改革開放後の華人企業の戦略変化★

第二次世界大戦前、多くの華人は「衣錦還郷（錦を着て故郷に帰る）」、すなわち海外で刻苦奮闘していずれは「故郷に錦を飾る」という思いで、住み慣れた中国の故郷を後にした。生まれ故郷に道路、病院、学校などを建設したり、さまざまなところに献金したりできた華人は、一握りの成功者にすぎなかった。中国語では、長期間会っていない親類などに会いに行くこと、帰省することを「探親」という。

1970年代、80年代、私が東南アジアで華人に聞き取りすると、中国の出身地へ探親したい気持ちもあるが、貧しい親類縁者からは、「おみやげ」と称してテレビ、冷蔵庫、オートバイなどの要求が多く、また、故郷では親類縁者だけでなく、郷里の人たちを含めた大規模な宴会（血縁者でもない人も集まる）の費用も支出しなければならない状況が待っているから、中国へ探親できる人は経済的に余裕がある成功者に限られる、という話をよく耳にした。

1949年、毛沢東《もうたくとう》率いる中国共産党が、蔣介石《しょうかいせき》率いる中国国民党との内戦に勝利し、中華人民共和国が成立した。しかし、毛沢東の主導で1958年に始まった農工業の増産運動である大躍進運動の失敗、中ソ対立、文化大革命（1966～77年）などを経て、自力更生で経済成長に努めてきた中国経済は、世界から大きく遅れてしまった。失脚・復活を繰り返しながら実権を握った鄧小平《とうしょうへい》の下で、1978年12月の中国共産党第11期中央委員会第3回全体会議（3中全会）で改革開放政策が決定された。それまでの社会主義的な経済システムを変更し、対外的には開放政策を推進することになったのである。

この改革開放政策に則って、1980年、広東省の深圳《しんせん》、珠海《しゅかい》、汕頭《スワトウ》、福建省の厦門《アモイ》の4経済特区が選定され、1988年に海南島も加えられた（それまで海南島は広東省に属していたが、海南省になった）。経済特区に進出する華人資本を含む外国資本に対しては、税制や土地利用などの面で優遇措置がとられた。

深圳および珠海は広東人の、汕頭は潮州人の、厦門は福建人（閩南人《びんなん》）の主要な僑郷《きょうきょう》であり、海南島とりわけ北部の海口周辺は海南人の僑郷である。また、これら5つの経済特区は中国南部の沿海都市であり、海外華人資本の中国への中継地の役割を果たしてきた香港にも近接している。経済特区の位置には、改革開放政策の実施において中国政府が海外の華人資本を重視してきたことがよく反映されている。

経済特区に続いて、先端技術産業の誘致、先端技術の国内への波及効果などを目指して、1986年までに14の経済技術開発区が選定された。中国の改革開放は、南部沿海地域の経済特区から始まったが、さらにその勢いを北方へ展開することを期待したものであった。

14の経済技術開発区の中には、省と同格の直轄市に指定されている上海と天津も含まれている。その他の12の経済技術開発区を南からみていくと、広西チワン族自治区の北海、広東省の広州と湛江《たんこう》、福建省の福州、浙江《せっこう》省の温州《おんしゅう》と寧波《ニンポー》、江蘇《こうそ》省の南通《なんつう》と連雲港《れんうんこう》、山東省の青島《チンタオ》と煙台《えんたい》、河北省の秦皇島《しんこうとう》、そして遼寧《りょうねい》省の大連である。

改革開放路線の推進で、東南アジアをはじめ世界各地の華人が中国に投資する場合、初期には、自分自身あるいは父祖の出身地やその周辺に投資する例が少なくなかった。例えば福建人であれば厦門周辺に、潮州人であれば汕頭周辺に投資するといった具合であった。

第27章でも紹介したインドネシアの華人財閥、サリム・グループの創業者、スドノ・サリム（中国名：林紹良）の出身地の福清県（１９９０年に福清市に昇格）は半農半漁の貧しい地区であった。スドノ・サリムの寄付は、水道、道路、橋、学校、テレビ受信設備、幼稚園、養老院、ホール、奨学金など多岐にわたった。１９８７年、スドノ・サリムは、県人民政府と協力して1平方キロの融僑開発区を作った（「融」は福清の略称）。

１９９２年には、28平方キロの国家レベルの福清融僑経済技術開発区となった。華人企業だけでなく、エレクトロニクス、自動車部品、プラスチック、食品、建材などのイギリス、韓国、日本など外国企業も多数進出し、福清経済の発展で重要な役割を果たすようになった。

このように華人企業の創業者には、愛郷心にもとづいて出身地の僑郷周辺へ投資する傾向がみられた。しかし、新世代の華人の僑郷に対する意識はしだいに希薄化している。愛郷心にもとづいて僑郷へ投資するというより、投資先はビジネス優先で決定するようになってきている。

スドノ・サリムは、１９９０年のインドネシアと中国との国交回復後、僑郷以外の中国各地への投

第28章

華人企業の中国投資

資を積極的に推し進めた。北京、天津では即席麵の生産、上海ではパームオイルの精製などを手掛けた。インドネシア国内では、スドノ・サリムの中国への投資に反感も生まれたが、イギリスで教育を受けた後継者、アンソニー・サリムは、中国への投資は中国への親近感からではなく、あくまでもビジネス上の投資であることを強調した。

１９７８年末の改革開放政策の決定以降、中国経済は順調に発展を続けた。しかし、１９８９年、学生や市民による民主化運動を軍が武力で制圧した天安門事件が発生した。アメリカ、イギリス、フランス、西ドイツ（１９９０年10月、東西ドイツ統一）など欧米諸国は中国へ抗議し、経済的交流は停止した。

中国が進めてきた改革開放政策にとって、危機的な状況を迎えた。この時期に、鄧小平は「わが国は海外に数千万の愛国同胞をもつ」と豪語し、欧米諸国による経済制裁に断固として立ち向かう意思を表明した。実際に、タイの華人財閥、ＣＰグループなど海外の華人企業による中国への投資は継続、拡大を続けた。

１９９２年、鄧小平は、湖北省、広東省、上海市を約１か月かけて視察し、各地で改革開放の加速を呼びかけた。この「南巡講話」を契機に外国資本の中国進出が急増し、中国への投資ブームが再来した。１９９０年代後半になると、中国と香港、台湾、そして東南アジアの華人企業との間の経済関係がさらに深まり、これらの地域は華人経済圏とも呼ばれるようになった。

29

グローバル化する華人経済

★世界華商大会の開催★

改革開放政策の進展に伴い、欧米などの外国企業の中国進出が増加していった。このような外国企業の中国進出の際に、中国事情に精通している東南アジアの華人企業への協力が求められた。

　アメリカ企業の象徴ともいえるコカ・コーラの中国進出の場合をみてみよう。コカ・コーラは、1991年、マレーシアの華人財閥、クオック・グループ（郭氏集団）の創業者、郭鶴《クオク・ホク》年《ニェン》（ロバート・クオック、1923年生）と合弁で中国での飲料事業を展開することで合意した。なお、シンガポールを訪問した世界の要人が宿泊する高級ホテル、シャングリ・ラ・ホテルも、1971年にクオック・グループが開業したもので、中国を含め世界各地でホテルを展開している。

　1978年末からの改革開放政策の実施以降、2008年のリーマン・ショックまでの約30年間で、中国経済は平均約10％に近い成長を遂げてきた。その大きな要因としては、外資系企業、特に製造業を誘致し、豊富な安い労働力を活用した製品を海外へ輸出することができたからである。このような外資系企業の中にも華人企業が多く含まれていた。中国の経済成長は、国内の労働者の賃金をしだいに上昇させ、製品の高価格化につながり、中国製品の競争力を弱めるという成長の限界につながっていく。

外資系企業に労働力を提供し「世界の工場」と呼ばれた中国経済も、成長の限界を克服するために、国内から、レノボ（聯想集団）、ファーウェイ（華為）、アリババグループ（阿里巴巴集団）などの世界経済に大きな影響力をもつ企業が多く誕生していった。このような企業は、華人や台湾、香港などの企業を含むグローバルな資本や技術と深い関わりの上で成立したものである。

世界一の人口を抱える発展途上国であった中国の経済は、先進国に大きく後れをとっていたが、2010年、中国は国内総生産（GDP）で日本を抜いてアメリカに次ぐ世界第2位の経済大国へと成長した。中国の所得水準の向上により、中国は「世界の工場」に代わって「世界の市場」に変身を遂げた。

ここからは、資本や労働力が国境を越えて活発に移動し、貿易や海外への投資が増大する経済のグローバル化進展の中で、中国企業と海外の華人企業との関係を、世界華商大会を通してみていくことにしよう。世界華商大会とは、世界の華人財界人の重要な交流の場である。シンガポール中華総商会が提案し、リー・クアンユー（李光耀）首相（1990年11月、首相を退任し、上級相へ）が支持し、香港中華総商会とタイ中華総商会も加わり、3つの中華総商会が幹事役となった。1991年、第1回大会がシンガポールで開かれ、以後、2年に1度、各地で開催されてきた（表）。

世界華商大会開催の重要な目的は、世界各国の華人財界人の親睦を増進し、情報交換を図ることである。商品展示会、商談会の場も設けられており、共同事業を模索している華人企業にとって、グ

表　世界華商大会の開催

回	開催年	開催地
第1回	1991年	シンガポール
第2回	1993年	香港
第3回	1995年	バンコク（タイ）
第4回	1997年	バンクーバー（カナダ）
第5回	1999年	メルボルン（オーストラリア）
第6回	2001年	南京（中国）
第7回	2003年	クアラルンプール（マレーシア）
第8回	2005年	ソウル（韓国）
第9回	2007年	神戸・大阪（日本）
第10回	2009年	マニラ（フィリピン）
第11回	2011年	シンガポール
第12回	2013年	成都（中国）
第13回	2015年	バリ島（インドネシア）
第14回	2017年	ヤンゴン（ミャンマー）
第15回	2019年	ロンドン（イギリス）
第16回	2023年（予定）	バンコク（タイ）
第17回	2024年（予定）	クアラルンプール（マレーシア）

注　当初2021年にクアラルンプールで開催が予定されていた第16回大会は、コロナ禍の影響で延期され、2024年に開催される予定。

出典　シンガポール中華総商会、香港中華総商会、各地の華字紙などのウェブサイトにより筆者作成

ローバルな経済ネットワークの樹立の貴重な機会を提供している。また、世界における華人経済の影響力の増大を反映して、華人企業だけでなくさまざまな外国企業の参加も増加している。

世界華商大会は、東南アジアや香港だけでなく、バンクーバー（第4回）、メルボルン（第5回）、ロンドン（第15回）でも開催されている。中国の経済成長に伴い、第３回のバンコク大会から中国企業も参加し、その後、増加している。中国では南京（第6回）と成都（第12回）で大会が開催された。

２００７年に神戸と大阪で開催された第９回大会では、世界33か国・地域から約３６００人が集まり、医療や産官学連携など11の分科会で論議が深められ、会場の内外で地元企業も交えた経済交流が進んだ。百貨店の大丸神戸店は営業時間終了後に大会参加者向けに店を開いたが、約７００人が訪れ、１時間半で１２００万円の売り上げがあった。

２０１１年の南京大会では、77か国・地域から４７３５人の参加者が集まった。しだいに中国の影響力が増大するのに伴い、一部では世界華商大会の中国化に対する警戒もみられるという。

30

シリコンバレーで活躍する華人

★ヤフー、ユーチューブ、そしてZoomも★

今日、ＩＴ（Information Technology）産業といえば、だれでもインターネットを中心とする最新の情報技術をイメージする。インターネットが普及する１９８０年代以前は、ＩＴ産業ではなくＩＣ（Integrated Circuit）産業という言い方が普及していた。ＩＣとは主に半導体で構成された集積回路を意味した。カリフォルニアのサンフランシスコ南郊のサンタクララやサンノゼなどを含む地域は、半導体、集積回路などの先端技術産業が集積し、シリコンバレーとして有名である。シリコンバレーのシリコンは、半導体にもっとも多く使われている素材である。

私は、１９９４〜95年、客員研究員としてカリフォルニア大学バークリー校に滞在していた。その際に、幾度もシリコンバレーを訪れた。当時、よく耳にしたジョークが「ＩＣとはIndianとChineseの意味だよ」であった。確かにシリコンバレーには、有能なインド人と華人の技術者が集まっていた。「シリコンバレーの首都」とも呼ばれるサンノゼのショッピングモールを週末訪れると、実際に華人とインド人が非常に目立ち、白人の少なさに驚いた。

サンノゼの西に隣接するクパチーノには、ＧＡＦＡの一角を占めるアップルの本社がある。クパチーノの２０１０年の人口センサスによると、総人口５万８３０２人のうち、白人は31・３％、華人は28・１％、インド人は22・６％であった。華人とインド人を合計すると、クパチーノの総人口の50・７％を占め、白人人口の１・６倍となる。シリコンバレーはまさにジョークの通り「ＩＣ産業」の中心である。

私がシンガポールの南洋大学（第43章参照）に留学していた１９７８～80年、最初の１年間、学生宿舎のルームメイトは物理学を専攻する華人の学生であった。成績優秀であった彼は卒業後、奨学金を得てアメリカの大学院に留学し、博士号を取得した。大学院修了後、ＩＢＭに就職した。

１９８８年、出張で東京に来た際、久しぶりに再会した。彼が宿泊していた東京のホテルニューオータニに出向いて朝食をとりながら話をした。南洋大学時代、彼とは華語（標準中国語）で会話していた。「アメリカでの生活も長いから、英語ばかりで華語を使うことが少なくなったのではないか」と私が聞くと、「とんでもない。職場の同僚には台湾人や中国大陸出身者が非常に多く、頻繁に華語を話しているよ。南洋大学時代よりも、私の華語はうまくなったのではないかなあ」との答え。以前のややシンガポールなまりの華語が、ＩＢＭの職場で、ブラッシュアップされたようだ。朝食を終えた彼は、忙しく次の出張先の北京に向かった。現在は、台北でＩＴ関連会社の社長を務めている。

なおＩＢＭは、２００５年、同社のパソコン部門を、中国のレノボ（聯想集団）に売却した。レノボは、１９８４年に中国科学院の計算機研究所員らによって設立された電子機器メーカーである。

次に、シリコンバレーのＩＴ企業の華人創設者、３人を取り上げよう。

各種の世界大学ランキングでトップクラスに位置するスタンフォード大学は、シリコンバレーのＩ

T企業の人材を多数育成してきた。ジェリー・ヤン（楊致遠）は、スタンフォード大学の大学院博士課程に在籍中、友人のデビッド・ファイロと二人で1995年、IT企業を設立した。それがヤフーである。ヤンは1968年、台湾の台北で生まれ、1978年、10歳の頃、サンノゼに移住した。成績優秀であったヤンは、難関のスタンフォード大学に入学し電気工学を学んだ。ヤフーは世界的に非常に人気のあるウェブサイトとなった。しかし、しだいにグーグルにシェアを奪われた。2008年、ヤフーは、マイクロソフトからの買収提案に抵抗し、グーグルとの提携を模索したものの、株価が下落し投資家からの批判が高まった。これらの責任をとる形で、2012年、ヤンはヤフーのCEOを退任し、ヤフーは2017年、ベライゾングループに買収された。

次に、ユーチューブをみてよう。オンライン動画配信サービスの先駆であるユーチューブも、シリコンバレーで誕生した。サンフランシスコ空港近くのサンブルーノで、チャド・ハーリー、ジョード・カリム、そしてスティーブ・チェン（陳士駿）の3人が、2005年、インターネット上で動画共有サービスを行うユーチューブを共同で設立した。

スティーブ・チェンは、1978年、台北で生まれ、8歳の時に家族とともにアメリカに移住し、イリノイ大学でコンピュータ・サイエンスを学んだ。3人共同で設立したユーチューブは、2006年、グーグルが買収し、チェンは2008年、ユーチューブを退社した。その後、投資家として多くの企業に投資してきた。2019年には、家族といっしょに台湾に移住し、ベンチャー企業の育成などに尽力している。

最後に取り上げるのも、読者にとって、非常になじみのある世界的企業である。しかしながら、その創設者が華人であることはあまり知られていないのではないだろうか。

新型コロナウイルスの感染拡大に伴い、在宅勤務や遠隔授業などの普及で利用が急速に広がったのが、ビデオ会議システム「Ｚｏｏｍ」である。このＺｏｏｍを開発したアメリカのズーム・ビデオ・コミュニケーションズもシリコンバレーの企業で、創業者兼ＣＥＯは華人のエリック・ユアン（袁征）である。ユアンは１９７０年、山東省泰安市で生まれ、山東科技大学で応用数学を学び、中国鉱業大学の大学院で鉱山工学の修士号を取得した。

ユアンは勤めていた会社の研修プログラムで4か月間、日本に滞在したことがある。１９９９年、ちょうどその時、来日したビル・ゲイツが日本で行ったデジタルナーバスシステム、すなわちインターネットをベースにしたメッセージングシステムに関するテーマの講演を会場で聞いたユアンは、大いに触発されアメリカ行きを決断した。

しかし、英語が得意ではなかったこともあり、アメリカ行きのビザを繰り返し申請したが取得できず、９回目でやっと発給された。27歳で渡米し、ビデオコミュニケーションシステムを開発するＷｅｂＥｘ（現 Cisco Webex）に入社した。２００６年にスタンフォード大学でＭＢＡを、２００７年にはアメリカ国籍を取得した。

２０１１年、Cisco Webex を辞めたユアンは、ズーム・ビデオ・コミュニケーションズを設立し、本社をサンノゼにおいて、使いやすい新たなビデオ会議システム「Ｚｏｏｍ」のサービスを開始した。２０１９年にはアメリカのナスダック市場への上場を果たし、ユアンは億万長者となったのである。

31

新華僑の海外進出

★新たなチャンスを求めて新天地へ★

２００９〜10年、私は浙江省《せっこうしょう》温州市《おんしゅうし》の西に隣接する青田県の調査を行った。第24章でも述べたように、青田県は有名な僑郷《きょうきょう》の一つである。青田県の中央郵便局の国際郵便小包を扱う窓口には、海外にいる家族や親類に荷物を送る人たちの長い行列ができていた。窓口の横には海外19か国の国際郵便料金表が貼られていた。それらを国別にみると、ヨーロッパが16か国で圧倒的に多く、そのほかにアメリカ、ブラジル、日本が掲載されていた。

第二次世界大戦前、青田県からはフランスと日本への移住者が多かった。老華僑の僑郷であった青田県は、改革開放の進展に伴い、新華僑の渡航先は多様化した。ヨーロッパでは、もっとも多かったフランスとともに、華人が少なかったイタリア、スペインなどに移住する者が増加し、ブラジルも重要な行き先となった。青田県のような伝統的な僑郷に限らず、改革開放後は、中国全域から新華僑が世界各地に進出していった。

第二次世界大戦前、ヨーロッパの華人の分布をみると、イギリス、オランダ、フランスの西ヨーロッパに偏っていた。しかし、改革開放後、新華僑はヨーロッパ全域に広く進出するようになった。特に1989年のベルリンの壁崩壊に伴う東ヨーロッパの社会主義国の民主化は、新華僑に新たなビジネスチャンスをもたらした。

経済的に成熟した西ヨーロッパに比べると、旧社会主義の東ヨーロッパでは、流通システムの整備が遅れ、そこに新華僑が新たに進出するニッチが存在した。安価な中国製品を大量に持ち込み、闇《やみ》市《いち》的なバザールや中国資本によって新設されたチャイナモール（中国商場）と呼ばれるショッピングモールで、さまざまな中国商品を販売するようになった。顧客は現地人であるため、チャイナモールの内部では中国語の表記はほとんど見られず、通訳役の現地人が従業員として雇用されている。

ルーマニアは、長く続いたチャウシェスクの独裁政権が1989年のルーマニア革命によって打倒され、民主化された。首都ブカレストの郊外に、2011年にドラゴン・ロシュと呼ばれる大規模なチャイナモールが建設された（写真1、2）。ハンガリーの首都ブダペスト北郊に設立されたチャイナモール「アジアセンター」の入り口には、牌楼《パイロウ》も建てられている。

ポーランドのワルシャワ南郊のブルカ・コソフスカには、“GD Poland Distribution Centre”と呼ばれるチャイナモールが、1994年に建設された。2012年の私の現地調査では、体育館のような9棟の商業施設が建てられ、衣類、靴、バッグ、電気製品、雑貨など多種多様な中国製品が販売されていた。このチャイナモールの周囲にも、中国製品を取り扱う店舗が多く入ったショッピングセンターがあり、そのほか、チャイナモールで働く新華僑の生活を支える中国料理店、美容院、理髪店、マッサージ店などが多数みられ、この地区全体がチャイナタウンとなっていた（第8章参照）。

次に、日系人が多いブラジルのサンパウロをみてみよう。1949年の中華人民共和国の成立により、中国の資本家、国民党の軍・政府関係者などが、台湾へ逃れた。1971年の国連からの台湾追放は、台湾の将来に不安を抱く台湾人（共産党との内戦に敗れ、国民党とともに大陸から台湾に渡った「外省人」も含む）の海外への移住を促した。その渡航先の一つに、ブラジルも含まれていた。

サンパウロはブラジルの最大都市で、日系人の集中地域である。中心部のリベルダーデ地区のガル

写真1　ルーマニアの首都ブカレスト郊外のチャイナモール「ドラゴン・ロシュ」

写真2　ルーマニア人ばかりが目立つ「ドラゴン・ロシュ」の内部
客相手の従業員はルーマニア人で、店主の華人は店舗の奥のレジに座っている。

ボン・ブエノ街一帯では、1950年代に日系人街が形成された。ブラジルへ移住してきた台湾人の中には、日本統治時代に日本語教育を受けた者が多く、サンパウロの日系人街はブラジルへのゲートウェイであった。台湾人の中には客家《ハッカ》が多く、日系人街には立派なブラジル客家活動センター（巴西客家活動中心）も設立された。

ブラジルは、1974年、中国と国交を締結した。1978年末からの中国の改革開放政策進展に伴い、中国からブラジルへ流入する華人が増加した。改革開放後、中国からサンパウロにやって来た華人も、日系人街にサンパウロ中華会館、ブラジル広東同郷会などを設立し、中国料理店を開業した。また、日系人街では、新たに韓国からの移民も増え、焼き肉などの韓国料理店が増加した。このような状況の変化に伴い、日系人街は日系人だけの街ではなくなり、「東洋街」と呼ばれるようになった。

サンパウロ市内では、東洋街とは異なる地区に新しいチャイナタウンが形成された。サンパウロの中心地であるセー広場の北、市営マーケットのメルカード・ムニシパル（「旧市場」とも呼ばれる）の西側の「3月25日通り」と呼ばれる地区は、もともとサンパウロにおける卸売業《おろしうり》の中心地であった。「カメロー」と呼ばれる露天商が、歩道の上にビニルシートや布を広げ、その上に玩具、カバン、化粧品、ティッシュ、菓子、飲料、雑貨などの小物を置いて売る姿が多数見られた。

改革開放政策以降、中国大陸からブラジルへ移住して来た新華僑の商業活動の中心は、東洋街ではなく3月25日通り地区であった。この地区は、強盗や発砲事件などがたびたび発生する治安が悪い地区で、防弾チョッキを身に着けた警官の姿が多く見られる。

1990年代に入り、3月25日通り地区に新華僑が多数流入してくるようになった。1993年、ある新華僑がスタンドショップと呼ばれる小規模な店舗が64軒入ったチャイナモールを開設した。新華僑は安価な電気製品、衣類、化粧品、工具、玩具などさまざまな中国製品を大量に仕入れて、薄利多売の経営を展開するようになった（写真3）。このようなビジネスは、資金力に乏しい零細な新華僑に歓迎され、新華僑経営の店舗が増加し、付近には新たなチャイナモールが開設されていった。

写真3　3月25日通り地区のチャイナモール内にある華人経営のスタンドショップ（化粧品専門店）
客の対応はブラジル人店員（中央）の役割。

しかし、これらのショッピングセンターの外観には、中国語の看板はなく、内部の店舗にも中国語はほとんど見られない。3月25日通り地区を訪れる顧客のほとんどはブラジル人であるからだ。ただし、チャイナモールの一部の目立たないコーナーには、新華僑同胞を対象とした中国料理店、新華僑の子ども向けの中国語教室、会計事務所、旅行社、診療所、ネットカフェ、コンピュータ修理店、美容院・理容院などのエスニック・ビジネスが集中している。

このような新華僑の店舗が集中するチャイナモールを中心に新たなチャイナタウンが形成されるというパターンは、今日、東ヨーロッパ、アフリカ、ラテンアメリカなど世界各地でみられるようになってきている。

コラム10

南アフリカ、ヨハネスブルグのチャイナモール

今日、世界の中で新華僑の急増が著しいのはアフリカである。改革開放後、中国政府のアフリカ重視政策に伴って、いわば華人空白地帯であったアフリカ各地に、多数の新華僑がビジネスチャンスを求めて移り住んで来ている。

ここでは、治安のよくない南アフリカ共和国（以下、南ア）のヨハネスブルグで刻苦奮闘している新華僑の具体例をみてみよう。

1976年、南アは台湾と外交関係を樹立した。それ以降、台湾からの来住者が増加した。南アに来た台湾人は、1980〜89年には935人、1990年には1年間だけで1442人になった。1994年に南アに来た869人の華人のうち、7割近くの596人が台湾人で、中国大陸出身者は252人、香港人は21人であった。

1998年、南アが台湾との外交関係を放棄し、中国との国交を樹立して以降、中国からの新華僑が急増した。南アの入国管理当局によれば、2000年代に入り、南ア在住華人は20〜22万人前後に増加し、その中で福建人（5〜6万人）がもっとも多かった。2006年当時、合法的に南アに在留する華人は約10万人、そのほかに華人の不法移民が10万人ほどいると推定されていた。

南アや周辺のジンバブエ、マラウイ、ボツワナ、モザンビークなどアフリカ各国でチャイナモールが多くつくられた。南アの最大都市、ヨハネスブルグには、規模の大きさには違いがあるが20近くのチャイナモールがあるといわれている。治安が悪い南アでは、チャイナモールで働いている新華僑の多くが敷地内にある宿舎に居住している。

南アフリカ、ヨハネスブルグのチャイナモール

写真１　チャイナモール「百家商城」の内部の店舗
写真は衣料品店。客は現地の人たち。

チャイナモールでは、中国から輸入した多種多様な商品が販売されている。例えば、衣類、手工芸品、靴、帽子、家具、カーテン、カーペット、玩具、文具、電気製品、時計、大工道具、各種工具、調理具などがみられる。チャイナモールの顧客は現地人であるため、華人店舗では、現地人を従業員として雇用している（写真1）。

ヨハネスブルグのCBD（中心業務地区）の西南約2キロにクラウンシティと呼ばれる地区がある。ここには、百家商城（China Mart）、中国商貿城（China Shopping Centre）、華夏商城（Everbest Mall）などのチャイナモールが集中している（写真2）。いずれのチャイナモールも高い塀で囲まれ、入り口には車止めのゲートがあり、自動小銃を手に構えた多くの警備員（非華人）が厳しく監視している。各地のチャイナモールでは、武装した強盗集団にたびたび襲われたことがあり、厳重警戒を行っている。私が

写真2　チャイナモール「中国商貿城」
防犯のために高い塀に囲まれた内部に商業施設があり、常時、自動小銃を構えた警備員が巡回している。

百家商城の入り口の写真を撮っていると（第8章写真4）、警備員が自動小銃を私に向けて大声で「撮影するな！」と叫んだ。下手に逃げたりすると危ないので、私の方から警備員に近寄り、英語で怪しい者ではないと話したが、警備員は私を警備責任者のところへ連行した。警備責任者は新華僑であったので、中国語で「私は日本から来た旅行者です」と説明すると、すぐに理解してくれた。「ヨハネスブルグは治安が悪いから気を付けろ。お前の恰好《かっこう》は、すぐによそ者とわかるので狙われるぞ」と注意してくれた。

V

政　治

32

海外の華人に支援を求めた孫文

「革命いまだ成らず」

日清戦争（1894〜95年）で敗北した清に対して、日本およびロシア、フランス、ドイツなどの列強の勢力拡大が進んだ。清の国内では、日清戦争敗北を契機に、日本の明治維新にならい、変法《へんぽう》と呼ばれる根本的な制度改革を主張する意見が高まった。国会の開設、憲法の制定などにより、立憲君主制に向けた内政改革によって、中国の近代化を目指す保皇派の中心となったのが康有為《こうゆうい》であった。康有為の出身地は、広東人の主要な僑《きょう》郷《きょう》の一つである珠江《しゅこう》デルタの旧南海県（現在の広東省仏山市南海区）であった。

1898年、西太后《せいたいごう》ら保守派によるクーデター、戊戌《ぼじゅつ》の政変で失脚した康有為やその弟子、梁啓超《りょうけいちょう》らは日本に亡命し、日本の政治家ら有力者に支援を求めた。梁啓超の出身地も珠江デルタの新会県（現在の広東省江門市新会区）であった。

清朝の改革を図ろうとした保皇派に対して、清朝の打倒を目指したのが孫文《そんぶん》率いる革命派であった。日本では孫文と呼ばれるが、中国や海外の華人社会では、号を用いた「孫中山《ちゅうざん》先生」という呼称が一般的である。中国では高名な学者、知識人などを呼び捨てにせず、男性の場合には「先生」を、女性の場合には「女士」をつける。孫文は、欧米ではSun Yat Senと表記されることが多いが、これは孫文の別号である孫逸仙《いっせん》の広東語のローマ字表記である。

孫文の出身地も、珠江デルタの珠海の北に隣接する香山県（現在の広東省中山市）翠亨《すいきょう》村であった。香港、広州を含む珠江デルタはアメリカ、カナダ、イギリスなどに渡った広東人の主要な出身地であり、欧米流の思想、文化の影響をいち早く受けた地域であった。

孫文の号「中山」にちなみ、１９２５年、香山県は中山県に改称された。この「中山」は、孫文が亡命で東京滞在中、日本人の「中山」という姓を気に入って、自らを「中山《なかやま》樵《きこり》」と名乗ったことに由来するという。孫文は中山を自らの号に加え、孫中山を多用するようになった。

中国では、各地で孫文を記念した「中山」を冠する名称が多く使われている。中国大陸だけでなく台湾においても、都市の中心部には「中山公園」があり、メインストリートの名称として、「中山路」「中山北路」「中山南路」などが多く用いられている。台北を代表する繁華街は、地下鉄のＭＲＴ中山駅付近の中山北路界隈である。南京にある孫文の陵墓《りょうぼ》は「中山陵」と呼ばれている。

孫文の生い立ちを、華人と関連させながらみてみよう。１８６６年、多くの華人を送出した広東の香山県に生まれた孫文は、１８７８年、ハワイで財をなした兄を頼ってハワイに渡った。ホノルルのキリスト教系の学校に通い、そこでアメリカの民主主義を知ることになった（写真1）。

広東に戻った孫文は、１８９２年、香港西医書院（香港大学の前身）で西洋医学を学んだ。在学中に革命を志し、卒業後、マカオ、広州で開業しながら、清朝を打倒する運動に入った。１８９４年の日清戦争に際して、再びハワイに渡り、清朝を打倒する秘密結社「興中会」を結成した。

写真１　ホノルルのチャイナタウンにある「国父孫中山先生」の像

ハワイで華人などから資金を集めた孫文は、１８９５年、広州で最初の挙兵を試みたが、その計画が事前に清朝側に漏れ、蜂起は失敗に終わった。孫文は日本に亡命し、犬養毅をはじめ日本の有力政治家や中国革命の援助者である宮崎滔天《とうてん》などに支援を求めた。拙著『横浜中華街』（筑摩書房、２０２１年）で詳細に論じたように、孫文の革命思想に共鳴した横浜の華人は、孫文の住まいを用意し、彼の亡命生活を支えた。孫文は１８９５年の初来日から都合10回あまり、総計６年あまりを横浜で過ごした。孫文が国外でもっとも長く革命運動の拠点としたのは横浜であった。

孫文は、革命運動への支援を求めながら世界各地を巡った。１９００年には、義和団事件の混乱に乗じて広東省の恵州で蜂起したが再び失敗した（恵州義起）。日露戦争中の１９０５年、孫文は東京で、清国の留学生３００名あまりを結集して反清革命の秘密結社、中国同盟会を結成した。

革命運動を開始した当初、日本在住華人の革命への呼応に対して、孫文は不満を抱いていたという。横浜での長い亡命生活にもかかわらず、孫文と地元華人との関わりは限定的であった。一方、１８９８年、戊戌の政変で日本に亡命した康有為、梁啓超ら保皇派は、横浜の華人社会で支持基盤を広げていき、孫文らを支持する革命派は、窮地に追い込まれていった。横浜の華人が孫文を熱狂的に支持するようになったのは、辛亥《しんがい》革命により中華民国が成立し、孫文が臨時総統になって以後なのである。

1911（辛亥）年10月10日、武昌（湖北省武漢）の軍隊の中の革命派が蜂起し、辛亥革命が始まった。蜂起はたちまち中国各地に広がった。1912年1月、孫文を臨時大総統とする中華民国臨時政府が南京で成立した。しかし、同年3月、孫文に代わって北洋軍閥の巨頭、袁世凱《えんせいがい》が中華民国臨時大総統の地位に就き、1913年には中華民国の大総統に正式に就任した。袁世凱は孫文らの国民党（後代の中国国民党とは別）を弾圧し、党は解散に追い込まれた。

1913年、孫文は国賓として来日した。国民党横浜支部による歓迎会が開催され、孫文は横浜の華人から大歓迎を受けた。孫文の来日の真意は、袁世凱に対抗するための資金援助を得ることであった。翌1914年、孫文は東京で、中華革命党を結成し、袁世凱政府に対抗した。1919年、反日救国の五・四運動の後、秘密結社的であった中華革命党を大衆的政党にすることを目指して中国国民党に

写真2　神戸市垂水区舞子の孫文記念館（移情閣）
神戸の華人貿易商、呉錦堂が建てた別荘を前身とする。孫文が1913年に神戸を訪れた際、呉錦堂の別荘を会場に、神戸の華人や政財界の有志らが歓迎昼食会を開催した。

改組した。

1924年1月、中国国民党と中国共産党の第1次国共合作が行われ、孫文らは労働者、農民の結集を図って、国民革命の推進を目指した。同年11月、神戸において孫文は、辛亥革命を支援し、大アジア主義を唱えて中国大陸への日本の進出を目指した頭山満と会談した。その後、有名な「大アジア主義」の講演を神戸で行った（写真2）。

孫文は、この講演で「日本が世界の文化に対し、西洋覇道の犬となるか、あるいは東洋王道の干《かん》城《じょう》〔注　国や君主を守る楯《たて》と城〕となるか、それは日本国民の慎重に考慮すべきこと」と訴えた。これは中国語での講演を日本語に通訳したものであったため、孫文がもっとも伝えたかった真意については、いくつかの異なる見解があるようだ。翌1925年3月、孫文は「革命尚未成功」（革命いまだ成らず）という有名な言葉を遺してがんのため北京で死去した。享年59歳であった。

33

中国と華人の政治的関係

★僑務委員会と華人の抗日ゲリラ★

清朝は民間貿易や海外渡航を禁止する海禁令を幾度も出してきた。そのような状況下でも、多くの中国人が東南アジアをはじめ海外各地に進出していた。アヘン戦争（1840～42年）でイギリスが清朝に勝利し結ばれた南京条約の締結により、清朝は開国を余儀なくされた。

1880年代以降、清朝は海外の華人との関わりを深めるようになった。海外の華人社会では、地縁血縁的関係が重視され、多くの同郷・同姓会館が形成されてきた。清朝は、1903年、中国内外に商務総会を設立させ、国内だけでなく海外の華人による商業活動の把握・統制を目指した。その結果、東南アジア各地で華人の商務総会が設立された。

1906年にはシンガポール総務商会が設立された。それまで出身地や方言にもとづいて形成されたさまざまな会館があり、華人社会全体が分断され「幇派《ばんぱ》」構造となっていたが、シンガポール総務商会を中心として連帯・協力するようになった。シンガポール総務商会は、1914年にシンガポール中華総商会に改称され現在に至っている（写真1）。

1927年、蔣介石《しょうかいせき》が主席となった南京国民政府は、海外の

写真１　シンガポール中華総商会

華人に関わる業務を行う僑務委員会を設立し、1932年には行政院の直属機関とした。中華人民共和国の成立で、中華民国の僑務委員会は台湾に移動し、海外の華人を中国共産党と戦う主力軍と位置づけ、僑務を重視した。また、海外各地の華人の教育に力を入れ、台湾の教育機関への「帰国進学」を奨励した。

一方、中華人民共和国では、1949年、政務院に華僑事務委員会が設置され、新中国建設のために海外の中国人留学生や知識人の帰国促進活動が展開された。この呼びかけに応じて、横浜や神戸などの華人青年も新たな社会主義国家建設に貢献するために帰国した。しかし、文化大革命期には、彼らは「海外関係《ハイワイグアンシ》」（外国のスパイ）とみなされ、紅衛兵らから批判、糾弾された（第15章参照）。

1959年、廖承志《りょうしょうし》が華僑事務委員会の主任に就任し、文化大革命期の一時期を除き、1983年に死去するまで、中国の僑務政策の責任者を務めた。1978年には、国務院僑務弁公室が設置され、廖承志はその主任に就任した。

廖承志は、1908年、東京の新宿区大久保で生まれ、少年時代を日本で過ごした。一旦帰国した後、1925年、再来日して早稲田大学附属第一高等学院で学んだ。1928年、帰国後、中国共産党員として活躍し、周恩来首相の外交補佐役として信頼された。１９７２年の日中国交正常化の際には、毛沢東主席や周恩来首相の通訳を手助けした。この頃から、日本のテレビや新聞でも、流暢な日本語を話す廖承志がたびたび紹介されるようになった。

次に、海外の華人と中国との政治的関係を、日本との関わりを含めて具体的にみていきたい。ここでは、マラヤ（マレー半島）およびシンガポールの事例を取り上げる。

中国と日本との関係は、１９３１年９月の満洲事変、そして１９３７年７月の盧溝橋事件により全面戦争の状態に陥った。祖国の危機的状況に対応して、マラヤでのゴムの栽培・製造で財をなした華人の陳嘉庚《ちんかこう》（タン・カーキー）が中心となって、南洋華僑籌賑《ちゅうしん》祖国難民総会（略称：南僑総会）を１９３８年にシンガポールに設立し、陳嘉庚はその主席に就任した。南僑総会は、中国への義援金の募集、帰国しての参戦、日本製品ボイコットなどを華人に呼びかけた。

１９４１年12月８日、日本軍がマレー半島に上陸し、シンガポール攻略のためにマレー半島南下作戦を始めた。イギリスの植民地政府の要求を受けて、陳嘉庚が中心となりシンガポール華僑抗敵動員総会を設立し、その下に日本軍と戦う華人のゲリラ組織、華僑抗敵義勇軍が組織された。また、中国共産党の影響を受けて、１９３０年に結成されたマラヤ共産党は、マラヤ人民抗日軍を結成し、華人の支援を受け抗日ゲリラ活動を展開した。

マラヤにおいて日本軍は華人ゲリラの激しい抵抗に遭い、各地で華人虐殺を行いながら、イギリス軍の最重要拠点であったシンガポールを目指した。１９４２年２月15日、シンガポールは陥落した。

日本軍占領後、シンガポールは「昭南島《しょうなんとう》」と改称されるとともに、日本軍により抗日分子とみなさ

写真２　シンガポールの日本占領時期死難人民紀念碑

高さ約68メートルの4本の塔は、多民族国家シンガポールの華人、マレー人、インド人、ユーラシアン（欧亜混血）を象徴している。イギリス軍が日本に降伏したのは1942年2月15日であるが、毎年2月15日、この場所で追悼式が行われる。

れた華人の大虐殺（シンガポールでは「大検証」と呼ばれる）が行われた。当時から、シンガポールの人口の4分の3は華人であった。日本軍占領時期に虐殺されたとされるシンガポール人は、日本側の発表では約5000〜6000人、シンガポール側の発表では4〜5万人ともいわれる。

1961〜62年にかけて、日本軍が虐殺した犠牲者の遺骨が大量に発見された。募金により遺骨を埋葬して慰霊碑「日本占領時期死難人民紀念碑」（「紀念」は日本語の「記念」と同じ意味）が1967年に建立された（写真2）。この慰霊碑は、多くの日本人観光客が訪れるシンガポール中心部の大型ショッピングセンター、ラッフルズシティの近くにあるが、ここを訪れる日本人の姿を見かけることはほとんどない。

第33章
中国と華人の政治的関係

第二次世界大戦が終わり、マラヤは再びイギリス植民地に戻った。1948年、マラヤ共産党は、英領マラヤの独立を求めて武装闘争を開始した。イギリス植民地政府はマラヤ全土で、マラヤ共産党の活動禁止令を発出し、関係者を多数逮捕し、その一部を中国に強制送還した。また、マラヤ共産党を支持した華人が多く住む農村を焼き払い、「華人新村」と呼ばれる隔離された地区に強制移住させた。マラヤ共産党のゲリラ活動は、しだいにマレーシアとタイの国境地帯に追い込まれていった。1983年にマラヤ共産党から改称したマレーシア共産党は、1989年、マレーシア政府と武装闘争放棄の平和協議を結び、その活動を停止した。日本占領下から書記長としてマラヤ共産党を率いてきたチン・ペン（陳平、本名：王文華）は、2013年、タイのバンコクの病院で死去した（享年88歳）。

34

インドネシアの華人政策の変遷

★華人排斥から対中関係重視へ★

世界各地の植民地において、華人は土着の人びとと支配者との中間的な位置で、経済活動で重要な役割を果たしてきた。植民地の独立後、華人は新しい政治経済的な環境への適応を迫られることになった。

植民地支配から独立した国々はさまざまな民族から構成され、複数の民族が共存しながら繁栄する国家を築き上げていかねばならなかった。このような状況下で、多民族国家の一員として華人を認めず、国の発展の障害として、華人を排斥しようとする動きもあった。また、第二次世界大戦後の東西冷戦下において、中華人民共和国の成立により、「華人は中国共産党の手先」とみなされ、華人を排斥するとともに、新たな華人の流入への警戒感も見られた。

植民地独立後の華人の具体的な状況について、インドネシアの事例を中心にみてみよう。

インドネシアでは、1945年8月17日、スカルノを指導者にして独立が宣言されたが、宗主国のオランダは、これを認めず武力介入した。1949年、インドネシアは独立を達成し、スカルノが初代大統領となった。スカルノは、1955年にバンドンで開催された第1回アジア・アフリカ会議を主催し、中国、インド、エジプトなどの新興独立国とも協力関係を結び、第三世界のリーダーの一人とみなされるようになった。

　華人を取り巻く状況は、政治状況の変化を大きく受けてきた。１９６５年９月30日、スカルノ大統領の政権転覆を「インドネシア共産党が企て」、軍将校ら7人が暗殺された。この9・30事件（9月30日事件）と呼ばれる「クーデター未遂事件」の実態については、いまだに多くの疑念に包まれたままである。共産党関係者とみなされた数十万の市民が殺されたが、その中には華人が多く含まれていた。１９６７年、スカルノ大統領は退陣し、翌１９６８年、スハルトが大統領に就任し、以後、30年あまり続く長期政権となった。

　スハルト政権下で、インドネシアは中国と断交するとともに、華人に対する厳しい政策がとられた。華人の呼称を「チナ」（インドネシア語でCina）と規定し、中国語の使用が禁止された。チャイナタウンにおいても、中国語の看板は見られなくなった（写真1）。中国語新聞も政府系の『印度尼西亜《インドネシア》日報』

写真1　中国語の看板がないジャカルタのチャイナタウン（1979年）
グロドック地区のパンチョラン通りのショップハウス。インドネシア語の"TOKO"は「店」の意味。

を除き発行禁止となった。同郷会館などの華人団体は解散させられ、中国語で授業を行っていた華文学校も閉鎖された。華人の姓名もインドネシア名への改名が奨励された。その一方でスハルトは、第27章でも言及した華人のスドノ・サリム（林紹良）と緊密な人脈を形成し、サリム・グループ（沙林集団）は、スハルトの30年あまりの長期政権中、インドネシアを代表する華人財閥に成長していった。

9・30事件から9年後、またも反華人暴動が発生した。1974年、田中角栄首相がジャカルタを訪問した際、日本企業などが独裁的なスハルト政権と癒着し利益をむさぼっているとして、反日暴動が発生した。デモ隊は日本大使館に侵入し、街頭では日本車が破壊された。マラリ事件と呼ばれる。暴徒の矛先はチャイナタウンに向かい、華人商店が襲撃され、略奪、暴行などが行われた。プリブミと呼ばれる土着のインドネシア人が貧しいのは、ノンプリブミである華人が経済を牛耳っているからだという日頃抱いている華人排斥の感情が爆発したのである。このように華人がスケープゴートにされることは、インドネシアに限らずさまざまな国で、幾度となく繰り返されてきたことである。インドネシアの華人店舗は、治安が悪くなる夜は早く閉店し、頑丈な鉄製の格子シャッターで守られている。

同様の反華人暴動は、幾度も繰り返されてきた。1997年に発生したアジア通貨危機は、インドネシア経済に大きな打撃を与えた。翌1998年、連続7期目の大統領となったスハルトに対して、生活に苦しむ民衆の反政府集会・デモが連日行われた。このテレビニュースを見ながら、私は嫌な予感がした。私の危惧は的中し、暴徒化した民衆は、チャイナタウンなどの華人店舗で略奪、放火を繰り返し、さらに華人の殺害、華人女性への強姦などが多数発生した。そして、華人財閥サリム・

グループの創始者スドノ・サリムの邸宅も焼き討ちされた。

スハルト大統領の退任後、就任した各大統領は、低迷するインドネシア経済の活性化のためには、華人の協力が必要という観点から、それまでの華人排斥の政策を転換していった。

２０００年には華人文化禁止の法律が撤廃され、ジャカルタのコタ地区のチャイナタウンにも、しだいに中国語の表記が復活してきた。また、２００２年には、春節（インドネシア語では「イムレック」）がインドネシアの国民の祝日として認められるようになった。ジャカルタ南郊のチブプールでは、テーマパークと一体化した住宅団地「コタ・ウィサタ」で、華人富裕層を主なターゲットに住宅販売が開始され、２００２年には、そこにチャイナタウン的ショッピング街「カンプン・チナ」が開設された。２０２０年には、グロドックから北西約10キロの新興商業地区、パンタイ・インダ・カプックには、赤い大きな牌楼《パイロウ》、孔子廟などのチャイナタウンを模したレジャー施設が開業した。

グロドックの南東、約20キロに位置するタマン・ミニ・インドネシア・インダは、多様なインドネシア文化を伝えるテーマパークである。そこに、２０１２年、インドネシア華人文化公園（The Tionhoa-Indonesia Cultural Park）が開設されたことは、華人がインドネシア社会の一員であることが認められたことを意味する（写真2）。２０１４年には、その一角にインドネシア客家《ハッカ》博物館もオープンした。２０１４年に就任したユドヨノ大統領は、多民族・多文化社会の実現、差別の完全撤廃を目指して、華人への差別的呼称「チナ」を廃止した。

近年、インドネシアは中国との関係を深めている。インドネシアは中国の一帯一路政策の支持を表明し、ジャカルタとバンドンを結ぶ高速鉄道計画も、期待していた日本側は中国側に契約を奪われて

写真２　タマン・ミニ・インドネシア・インダの中に設立されたインドネシア華人文化公園

しまった。貿易をみても、インドネシアの輸出相手国、輸入相手国の第1位はともに中国で、日本はいずれも3位である（2021年）。計画されているカリマンタン島東部の新首都建設の資金も、中国の影響が強いアジアインフラ投資銀行（AIIB）からの資金調達が期待されている。

チャイナタウンの変遷を長年見てきた私にとっては、近年、順調に発展してきたインドネシア経済が、何らかの状況変化によって行き詰まった時、華人がスケープゴートになるような暴動が繰り返されないことを祈るばかりである。

35

マレー人優先政策下のマレーシアの華人社会

★5・13事件からブミプトラ政策へ★

マレーシアは典型的な多民族国家の一つである。2020年のマレーシアの民族別構成をみると、総人口3270万のうち、ブミプトラ69・6％、華人22・6％、インド人6・8％、その他1・0％であった。ブミプトラとは、マレー語で「土地の子」を意味し、インドネシアではプリブミと呼ばれる。ブミプトラには、その大部分を占めるマレー人のほかに、マレー半島の先住民であるオラン・アスリ、ボルネオ（カリマンタン）島のダヤク人やカダサン人などの少数の先住民も含まれる。

多産により増加を続けるマレー人と比べ、華人はしだいに少子化が進み、1970年代、マレーシアの総人口の約3分の1を占めていた華人人口は、上述したように2割強にまで低下した。これは、選挙を通しての華人の政治的発言力が弱小化していることを意味する。

まず、マレーシアにおける華人の政治的状況を、マレーシアの第二次世界大戦後の歴史的推移を通してみていくことにしよう。

マレー人はマレー語を用いるイスラム教徒であり、イギリス植民地時代から、多くが農村部のカンポンと呼ばれる村落に居住し、主に農業に従事してきた。これに対して、華人の多くは都市部で金融、貿易、商業を営み、富裕層が多く、両者の経済格差は大きかった。華人の多くは仏教、一部はキリスト教を信仰し、文化面でもマレー人と華人の差異は大きかった。1957年、マレー半島の地域はマラヤ連邦としてイギリスから独立した。その後、1963年、マラヤ連邦は、シンガポールおよびイギリス保護国であった北ボルネオ（サバ）、イギリス領サラワクと統合され、マレーシア連邦が誕生した。

マレーシア連邦の政治は、各民族を代表する政党、すなわち統一マレー国民組織（UMNO）、マレーシア華人協会（MCA）、マレーシア・インド人会議（MIC）の3者による与党連合、国民戦線（NF）によって運営されるようになった。しかし、連立政権の実権は、人口の過半数を占めるマレー人のUMNOが有していた。一方、マレーシア連邦の一州となったシンガポールは、イギリス植民地時代から中継貿易の港湾都市として大きな経済力を有し、人口の4分の3は華人であった。マレー人中心のマレーシア連邦の中央政府とシンガポールとの対立がしだいに深まっていった結果、わずか2年後の1965年、シンガポールはマレーシア連邦から分離独立することになった。

その後、マレーシア史上最悪の民族衝突事件がクアラルンプールで発生した。1969年5月10日、総選挙が実施され、マレー人を中心とする与党が議席を大幅に減らし、華人を中心とする野党が大きく躍進した。選挙の結果が判明した5月13日、野党の勝利を祝う一部の華人青年と、華人勢力の拡大に危機感を抱くマレー人青年が、首都クアラルンプールで街頭デモを行い、両者が衝突して200人近くが死亡する大きな流血事件に発展した。これが5・13事件（5月13日事件）である。

この5・13事件を契機に、華人に比べ社会経済的な地位が低かったマレー人を優遇するブミプトラ政策が実施されることになった。ブミプトラ政策とは、華人やインド人に比べて経済力の劣るマレー人を教育、就職、公営住宅への入居、住宅取得などで優遇し、民族間の格差是正を目指した政策である。しかし、華人からみれば、マレー人中心の国づくりを目指そうとする反華人政策と映る。

イギリス植民地時代、公務員の中には華人が多く、英語能力の高い華人は民間企業の就職に有利であった。しかし、ブミプトラ政策下では、公務員の採用枠でマレー人が優遇され、華人の公務員は少ない。また、民間企業を設立する際には、民族別の資本額、役員の構成を記した申請書を役所に提出し許可を受ける必要がある。このため、マレー人の名義だけを「借用」する例もみられる。雇用面でもマレー人を多く採用することが企業側に求められている。

ブミプトラ政策は経済面だけでなく教育面への影響も非常に大きく、華人青少年にとっても身近で深刻な問題となっている。

マレーシアの公立小学校は、国民小学校と国民型小学校に分かれる。国民小学校では授業はマレー語で行うが、国民型小学校では華人は華語（標準中国語）、インド人はタミル語、そして英語で授業を行う学校に分かれ、いずれの国民型小学校でもマレー語の授業がある。中学校では国民型中学と独立中学の2つに分かれる。華語系の国民型中学では公費で運営されるため、基本的な授業はマレー語で行われ、華語は語学の授業科目として設けられる。これに対して、公費に依存せず学費や寄付金によって運営される華語の独立中学では授業料が高く、基本的な授業は華語で行われる（写真）。経済的に余裕があり、能力が高い華人生徒の中には独立中学に進み、卒業後、海外の大学への留学を目指す者が多い。

写真　クアラルンプールの華人の独立中学、尊孔独立中学

1906年に設立されたマレーシアでもっとも長い歴史をもつ華人の私立中学で、孔子の教えを重視した教育理念を掲げている。クアラルンプールのチャイナタウン近くにあり、生徒数2100名あまり(2018年)。

大学進学の際に受ける共通テストではマレー語が必須であるため、華人にとっては不利である。さらに国立大学への入学においても、マレー人の優先枠があるため、華人にとっては非常に不公平だと感じられる。このため、華人は早い段階から大学進学では、シンガポール、オーストラリアをはじめ海外の大学を目指す者が多い。

また、奨学金の取得や公費による海外留学の選別においても、マレー人が優遇されている。日本の大学におけるマレーシアからの留学をみると、公費による留学生のほとんどはマレー人であるのに対し、華人留学生のほとんどは私費留学生であるという傾向がみられる。海外の大学に留学した華人の中には、マレー人優先のマレーシアに帰国して就職する際のデメリットを感じ、海外に留まる例も少なくない。このような高度な技術者や専門職の人材の流出は、華人社会だけでなく、マレーシアの将来にとっても大きな問題といえよう。

36

マレーの大海に浮かぶ華人国家、シンガポール

★リー・クアンユーの政治手法★

２００７年、１人当たりの国民総所得で、日本はシンガポールに追い抜かれた。その差は年々広がり、シンガポールの１人当たりの国民総所得（２０２０年）が５万５０１０ドルであるのに対し、日本は４万８１０ドルにすぎない。シンガポールをこのような優等生国家に育て上げてきたのは、リー・クアンユー（李光耀）首相であった（写真）。

リー・クアンユーは「国父」（建国の父）として、多くのシンガポール国民から尊敬されている。しかし、リーがシンガポールとともに歩んできた道については、日本ではあまり知られていない。シンガポールの若い人たちも、国内で厳しい言論抑制があったため、過去のことについてはあまり知らされていない。

リー・クアンユーは１９２３年、イギリス植民地下のシンガポールで生まれた。リーの曾祖父、李沐文《リー・ボクブーン》は、広東省東北部に位置し、福建省に隣接する山間部の大埔《ダープー》地方（現在の梅州市大埔県）から、１８６２年、シンガポールに移住した。大埔は客家《ハッカ》の主要な僑郷《きょうきょう》の一つである。

リー・クアンユーは幼い時から英文教育を受け、シンガポールの英文教育のエリート校であるラッフルズ・カレッジ（シン

写真　リー・クアンユー首相（1966年）
シンガポール国立博物館の展示から。

ガポール国立大学の前身の一つ）に進学した。第二次世界大戦戦後、奨学金を獲得してイギリスに留学し、ケンブリッジ大学で法律学を学んだ。

シンガポールに帰国後、リーは弁護士となり、イギリスからの独立運動や労働組合などの指導者などを弁護する中で、政治家を目指すようになった。１９５４年、華人の社会主義者らとともに人民行動党（ＰＡＰ）を創設し書記長に就任した。イギリスの帝国主義や植民地主義を激しく批判し、当時、「リー・クアンユーは共産主義者だ」とみなす者もいたという。のちにリーは、自らを批判するリベラル派を徹底的に取り締まるようになったのである。

シンガポールがイギリス連邦内の自治州であった１９５９年、リー・クアンユーは35歳の若さで首相となった。前章でも言及したように、１９６３年、マラヤ連邦、北ボルネオ（サバ）、イギリス領サラワク、そしてシンガポールが統合され、シンガポールはマレーシア連邦の一州となった。総人口の4分の3を華人が占め、かつ大きな経済力をもつシンガポールは、マレーシア連邦の中央政府にとって、連邦国家の足並みを乱す一州であった。１９６４年7月と9月には、シンガポールでマレー人と華人が激突し、死傷者が出る暴動が起こった。

連邦結成からわずか2年後、淡路島と同じくらいの面積で、人口２００万足らずのシンガポールは、中央政府と対立し、マレーシア連邦から事実上、追放された。マレーシアとインドネシアというマレー系イスラム教徒が多い地域に囲まれた小国、シンガポールは、「アラブの大海に浮かぶユダヤ人国家イスラエル」と類似した地政学的な位置関係にある。1965年8月、「マレーの大海に浮かぶ華人国家シンガポール」が期せずして誕生してしまったのである。

リー・クアンユーは、マレーシア連邦からの分離独立に関する記者会見のテレビの生放送中に泣き崩れ、会見は15分間中断された。後の1978年から2年間シンガポールの南洋大学（第43章参照）に留学し、いつも自信にあふれて強気な発言をするリーをみてきた私としては、その記者会見のビデオを見るたびに、「あのリー・クアンユーが涙を流すとは……」と思ってしまう。

マレーシア連邦からの分離独立後、リー・クアンユーは首相として、シンガポールの国家存続の危機を克服するために、それまで以上に強硬な手段に打って出ることになった。リー率いる人民行動党内の政敵を徹底的に排除し、独裁化を強め、言論の自由を大幅に制限した。1987年には、合法的な野党、労働者党の幹部さえ共産主義革命の陰謀を企てたとして逮捕した。

分離独立以来、シンガポールでは実質的に二言語教育政策が行われ、華人の場合、英文教育と華文教育の二つの組み合わせであった。しかし、しだいに英語重視の教育政策がとられるようになってきた。1971年、シンガポールの有力な華字紙『南洋商報』の3人の幹部が、「共産主義を賛美」し、「政府は英文教育ばかりに力を入れるのではなく、華文教育にももっと力を入れるべきだ」と繰り返し主張したなどとして逮捕された。その後、シンガポールの華字紙、英字紙、テレビ局などは民間企業の形態をとりながらも、政府系企業の傘下に置かれ、自由な報道ができない状況にある。

表　国境なき記者団による報道の自由度ランキング（2022年）

順位	国名・地域	グローバルスコア
1位	ノルウェー	92.65
2位	デンマーク	90.27
3位	スウェーデン	88.84
38位	台湾	74.08
42位	アメリカ	72.74
43位	韓国	72.11
71位	日本	64.37
113位	マレーシア	51.55
115位	タイ	50.15
117位	インドネシア	49.27
139位	シンガポール	44.23
142位	カンボジア	43.48
147位	フィリピン	41.84
148位	香港	41.64
174位	ベトナム	26.11
175位	中国	25.17
176位	ミャンマー	25.03
180位	北朝鮮	13.92

出典　https://rsf.org/en/index

言論の自由などを守る活動をしている非政府組織「国境なき記者団」の２００４年の「報道の自由度ランキング」によれば、世界最下位は北朝鮮の１６７位だったが、シンガポールは１４７位にランクされた。２０２２年度の報道の自由度ランキングにおいても、シンガポールは、マレーシア、タイ、インドネシアよりも下位にある（表）。

リー・クアンユーは、１９９０年、ゴー・チョクトン（呉作棟）に首相の座を譲った。その当時、ゴー・チョクトンは、リーの長男でまだ若かったリー・シェンロン（李顕龍）に首相を引き継ぐまでのワンポイント・リリーフであることを、シンガポール人のだれもが認識していた。２００４年、リー・シェンロンは、52歳で第３代首相に就任した。

リー・シェンロン政権下でも、シンガポールの民主化は制限された。２００６年には、民主化を求める野党、シンガポール民主党のチー・スンジュアン書記長の活動を紹介した香港の英字誌『ファーイースタン・エコノミック・レビュー』が国内販売禁止になり、当局の許可を受けずに街頭演説したとして、チー書記長は投獄された。

人民行動党独裁政権下のシンガポールでは、政治体制が安定し、労働者のストライキもなく、英語が通用するということで、これらは海外企業のシンガポール進出にとって大きなプラス要因となった。経済発展しても民主化が進まなかったシンガポールの政治的背景について、もっと理解される必要があるのではないだろうか。

37

「莫談国事」から政治参加へ

★アメリカ大統領予備選挙へも★

中国では、古くから茶館（茶と点心〔軽食〕などを提供する中国伝統の飲食店）などの壁に「莫談国事《もうだんこくじ》」という四字熟語が貼ってあったという。「国事（政治に関わること）の話をしないでください」という意味である。政治の話をした客は面倒なことになりかねないし、店の方も厄介なことに巻き込まれたくないからだ。公の場で政治の話をしても何の得にもならない、政治にはあまり関与しない方がよい、という自己保身の伝統的教訓は、現代の中国でも生きているのではないだろうか。特に北京の天安門事件や香港の民主化運動への弾圧は、「莫談国事」の教訓を伝えているように思える。

海外の華人社会においても、「莫談国事」の教訓は継承されてきた。東南アジアやラテンアメリカなど、華人が居住していた地域が独立した後も、その国の政治に華人が深く関わっていくことは、ほとんどなかった。

第27章、第34章でも言及したインドネシアの華人財閥、サリム・グループの総帥、スドノ・サリム（林紹良）の場合も、スハルト大統領と密接な関係を築いたものの、表に出ることを控え、裏で実利を得ていた。しかし、32年にもわたるスハルト大統領の長期政権で陰の立役者であったスドノ・サリムの存在は、多くのインドネシア人が認知することになった。１９９８年のジャカルタで発生した反スハルトの暴動では、スドノ・サリムの邸宅は放火され、サリム・グループは経済的に莫大な損失を負った。「莫談国事」の教訓を再認識した華人も多かったのではないだろうか。

東南アジアの中でもタイの華人は、文化的にも差異が小さいタイ社会への同化、タイ人との通婚、そして政治進出も進んできた。２００１～06年、首相を務めたタクシン・チナワット（中国名：丘達新）は華人4世である。１９４９年、チェンマイで生まれ、祖籍は現在の広東省潮州府豊順県で、潮州人の末裔である。これまでにも述べてきたとおり、タイの華人社会は、伝統的に潮州人が中心になって構成されてきた。

１９８６～92年、フィリピン大統領を務めたコラソン・アキノ（中国名：許娜桑）は、アジアで最初の女性大統領であった。彼女の曾祖父は、１８６１年、福建（現在の福建省漳州《しょうしゅう》市龍海区）からフィリピンのルソン島に移住し、フィリピン人女性と結婚しカトリック教徒になった。フィリピンの華人の多くは、福建省南部出身のいわゆる福建人（閩南《びんなん》人）である。コラソンは、政治家のベニグノ・アキノと結婚したが、１９８３年、マニラ空港で夫は暗殺された。マルコス大統領失脚の政変後、野党の統一候補として大統領選に出馬し当選した。コラソン・アキノの息子、ベニグノ・アキノ3世も、２０１０～16年、大統領を務めた。

第二次世界大戦後、世界各地の多くの華人は居住地の国籍を取得した。国内の大学や海外への留学などで西洋的な学問、思想を学んだ華人の中には、「莫談国事」の中国の伝統的な教訓にとらわれず、積極的に居住国の政治に参加しようとする者も増加している。特に欧米で育った華人は、積極的に自分の意見を表明する教育を受け、政治参加への関心も高い。

欧米でもっとも多くの華人人口を有するのはアメリカである（2010年の人口センサスではアメリカの華人人口は約380万人）。華人が集住するチャイナタウンは、選挙の際には重要な票田となる。ロサンゼルスの東郊にあるモントレーパークは、もともと白人中産階級の住宅地であったが、1980年代半ば以降、比較的豊かな台湾人、のちには中国大陸出身者などが多く住むようになり、アメリカ最初の郊外型のニューチャイナタウンに発展した。

モントレーパークで市長を務めたジュディ・チュー（中国名：趙美心）は、その後、カリフォルニア州下院議員などを歴任し、2009年、連邦下院補選にカリフォルニア州の選挙区から出馬して当選。華人女性として初の連邦下院議員（民主党）となった。1953年、アメリカ生まれの父（祖籍、現在の広東省江門市新会区）と広東出身の母との間にロサンゼルスで生まれたチューは、アジア系を中心とする少数派の権利保護に重点を置いた活動を行っている。2022年11月の連邦下院議員選挙でも再選された。

2020年アメリカ大統領選挙では、台湾からの移民2世として1975年にニューヨーク州で生まれた華人のIT起業家、アンドリュー・ヤン（中国名：楊安澤）が民主党予備選挙に出馬し、第2回討論会まで進んだ（最終的には、民主党予備選挙を勝ち抜いたジョー・バイデンが、本選で共和党のドナルド・トランプ現職大統領を破った）。その後ヤンは、2021年ニューヨーク市長選挙の民主党予備選挙にも進出した。当初、世論調査でリードしていたが、最終的には4位に終わった。

アメリカ同様、カナダでも華人議員が増加している。カナダの華人社会には、香港出身者を含めて広東人が多かったが、改革開放後、中国大陸出身者の新華僑が増加した。2015年に行われた総選挙で、トロントのドン・バレー北選挙区から選出されたゲン・タン（譚耕）は中国大陸出身初の連邦議会議員となった。1963年生まれ、北京出身のタンは、湖南大学を卒業した後、トロント大学に留学、博士号を取得した。議員当選後、中国関係のロビー活動を行った中国企業家との交流が指摘され、2019年の総選挙に出馬せずに引退した。

イギリスでは、2007年、香港出身のアンナ・ロー（中国名：盧曼華）が、「グレートブリテン及び北アイルランド連合王国」の構成国の一つ北アイルランドの地方選挙で当選し、イギリス初の華人「国会」議員となった。オーストラリアでは、1946年香港生まれのジョン・ソー（蘇震西）が、2001年、メルボルン市長に当選し、オーストラリア初の華人市長となった。ソーは17歳でメルボルンに移住し、メルボルン大学で学んだ。メルボルンのチャイナタウンで広東料理店を経営しながら、ビジネスを拡大していった。

世界各地で華人の政治参加が活発化している。その過程で問題化してきているのは、「二つの中国」である。台湾海峡両岸で向かい合う中国大陸と台湾の政治対立、さらには中国の経済発展と政治的影響力の拡大が、海外での華人の政治参加にも大きな影響を及ぼしている。

38

中国の「一帯一路」の推進と華人

★ミャンマー、スリランカ、インドネシアなど★

習近平《しゅうきんぺい》が前任の胡錦濤《こきんとう》の後、中国の国家主席に就任したのは２０１２年である。習近平は国家主席就任以来、中国人民に対して、「中華民族の偉大な復興」という中国の夢を実現させるために頑張ろう、と何度も呼びかけてきた。清朝末期、中国は欧米列強や日本から侵略を受け、一部の国土を支配された。この屈辱的な歴史を跳ね返し、偉大な中華民族の姿を世界に示そうというのが「中華民族の偉大な復興」である。

国家主席就任の翌年、２０１３年、習近平は中国主導の新たな経済圏構想「一帯一路」を提唱した。「中華民族の偉大なる復興」のためには、「一帯一路」の実現が重要であることを中国人民に説いた。

「一帯一路」とは、中国を起点にアジア、ヨーロッパ、アフリカ大陸や南太平洋を結ぶ経済圏構想である。アジアとヨーロッパをつなぐ陸路と海路の両方の物流ルートをつくることによって、貿易を活発化させ、中国の経済成長につなげようというものである。「一帯一路」の「一帯」はシルクロード経済ベルト、「一路」は21世紀の海上シルクロードを指す。この「一帯一路」のルートには、多くの発展途上国が位置しており、中国はこれらの国々に対して鉄道や港湾などのインフラ整備を進めてきた。

なかでも中国は、雲南省とミャンマーのベンガル湾沿岸を結ぶ「中国・ミャンマー経済回廊」を推進してきた。中国とミャンマーを結ぶパイプラインを建設すれば、万一、マラッカ海峡を通るタンカーの航路が海上封鎖された場合でも、ミャンマー経由のパイプラインで原油などを中国へ運ぶことができるからである。

図　中国・ミャンマー経済回廊

出所＝石田正美「ミャンマー貫く〝援習ルート〟クーデター後の対中関係の行方」Wedge ONLINE（2021年3月24日）掲載図を基に作成。

ミャンマー西部、ベンガル湾に面する深海港、チャオピューでは、中国がミャンマーとの共同開発で港湾を整備し、雲南省の省都、昆明に向けた原油・天然ガスのパイプライン（全長約800キロ）の敷設工事が行われた。チャオピューの沖合では天然ガスが産出される。天然ガスパイプラインは2013年に、原油パイプラインは2017年に完成した。また、中国・ミャンマー経済回廊のうち、中国側の高速道路は、2015年、昆明からミャンマーとの国境の瑞麗まで完成した（図）。

また、ミャンマー国内の二つのルートの高

写真　マンダレーの雲南会館
ミャンマーでは、最大都市ヤンゴンの華人社会では海路で移住してきた福建人と広東人が多いが、マンダレーでは陸路で国境を越えて来た雲南人が多数を占める。

速道路建設計画も進められている。首都ネピドーとチャオピューを結ぶルート（全長350キロ）、および中部のマンダレーと中国との国境に近いナムカム（全長460キロ）を結ぶルートである。すでに、雲南省側からは瑞麗を通りマンダレーに大量の中国製品が運ばれて来ている。一方、ミャンマー側からはミャンマーの農産品を積んだトラックが中国国境に向かう。

　ミャンマー第2の都市マンダレーは、ビルマ最後の王朝の首都で、最大都市ヤンゴン（旧ラングーン）と比べると、伝統文化が残る落ち着きのある古都であった。イギリス植民地時代から住み続ける老華僑、そして国共内戦後、国境を越えて逃れてきた中国人、いずれもマンダレーでは雲南人が多かった（写真）。しかし、今日、マンダレーは昆明経由の中国製品の集積地となり、不動産価格が高騰し、新華僑の流入が著しい。マンダレー市民の中には、自分たちの故郷が新華僑に乗っ取られそうだという不安感が高まっているという。

　東南アジアだけでなく、南アジアにおいても、「一帯一路」は進められている。中国は、パキスタン南西部のグワダル港から新疆《しんきょう》ウイグル自治区までを結ぶ中国・パキスタン経済回廊の建設に取り組んでいる。新疆ウイグル自治区西部のカシュガルからパキスタンの北部、南部を縦断し、アラビア海に面したグワダル港までをつなぐ全長約２０００キロの計画である。グワダル港からは、原油を積んだタンカーの主要な交通路であるホルムズ海峡まで約４００キロの距離である。

「一帯一路」の要衝であるスリランカ。その国名はシンハリ語で「光り輝く島」を意味する。その島国の南部に位置するハンバントタ港は、中国から建設資金を借りる形で、２００８年から建設が始まった。中国の「一帯一路」の中で、南シナ海からマラッカ海峡を経てインド洋、ペルシャ湾に至る海上交通路は「真珠の首飾り」と呼ばれる。中印国境問題を抱える中国にとって、対インド有事の際には、ハンバントタ港の建設は軍事的にも非常に重要である。スリランカ政府の資金難で、ハンバントタ港の運営権は２０１７年から向こう99年間、中国側に貸し出されることになった。これは、インフラ建設などを通じて発展途上国に多額の借金を負わせて支配を強める「債務の罠《わな》」に陥った事例の一つだという報道も少なくない。

東南アジア、インドシナ半島の中心部にある内陸国、ラオス。東はベトナム、西はタイ、南はカンボジア、北西部はミャンマー、そして北は中国と国境を接する。２０２１年末、中国の雲南省からラオスの首都ビエンチャンまで中国・ラオス鉄道が開通した。中国側は「一帯一路」の重要なプロジェクトと位置づけている。その鉄道建設の事業費の大半は、中国側からの借り入れである。経済発展が遅れているラオスが、「債務の罠」に陥らないか、開通早々から心配する声があがっている。

世界最多の華人人口を有するインドネシアは、「一帯一路」の実現のために中国にとって重要な国の一つである。インドネシアも「一帯一路」政策の支持を表明している。第34章でも若干触れたが、ジャカルタとバンドンを結ぶ高速鉄道計画（全長約150キロ）は、中国と日本の官民をあげた受注競争の結果、2015年、中国側が受注した。3〜5時間かかっていた両都市間が、約35分で結ばれる計画で2018年完成予定であった。しかし、工事計画は遅れ、2022年現在も未開通のままである。懸案であった新首都建設計画は、2022年、ジャカルタからカリマンタン島東部への移転が国会で承認された。新首都名は「ヌサンタラ」（インドネシア語で「群島」を意味）とし、2045年の移転完了を目指す。大きな課題は新首都建設の資金である。インドネシア政府は財政難に悩んでいるが、中国が提唱して2015年に発足したアジアインフラ投資銀行（AIIB）からの資金調達も期待されているようだ。

「一帯一路」の推進で中国側は、海外の華人に対して中国との仲介者としての役割に期待している。進出する中国企業と現地の華人企業との共同事業も増加している。その一方で、中国の影響力の高まりにより、現地の人びとの多くが長年抱いてきた華人と中国を同一視するようなステレオタイプの回帰が心配される。習近平国家主席は「一帯一路」の目的は「持続可能な発展」と「世界の平和・安定」を掲げるが、国際社会の中には中国の覇権主義の表れと警戒する国も少なくない。2022年10月の第20回中国共産党大会で、習主席の3期目続投が決定された。

Ⅵ

社会・教育

39

華人社会の伝統的組織

★地縁・血縁・業縁から学縁へ★

横浜中華街の大通りを歩くと、中国料理店が軒を連ねている。世界のチャイナタウンもたぶん同じような景観がみられると思い込んでしまっている日本人は少なくないだろう。世界的に見れば、日本の三大中華街的なチャイナタウンは一類型にすぎない（第6、7章参照）。

世界各地のチャイナタウンを歩くと、華僑総会、中華公所、福建同郷会、広東会館、陳氏総会、王氏公会、建築同業公会、華人理髪公会などの看板を掲げた建物がよく目につく。横浜中華街の中でも、横浜華僑総会、留日広東会館、福建平潭《へいたん》同郷会（写真）、京浜華厨《かちゅう》会所（「華厨」は中国料理コック）などの団体がみられる。

このような華人団体は一般に会館と呼ばれ、会館の建物（会所とも呼ばれる）は、さまざまな行事の開催場所となったり、会員が麻雀をしたり、新聞・雑誌を読んだりするクラブ的施設としても利用されてきた。校舎の一角に学校を運営する会館が事務所を設けている例も少なくない。会館がもっている機能の中で、会員子弟の教育を行う学校の運営が、きわめて重要であったことを物語っている。

華人会館は、海外の華人社会に特有の組織ではない。中国国内において、故郷を離れて異郷で生活する同郷、同族、同業者などが相互活動の便を図る目的で、中国各地に会館が設置されてきた。海外に移住した華人社会の中でも、このような国内の会館の伝統が継承されたのである。

「Ⅲ　出身地と方言集団」でも述べたとおり、華人社会では、地縁・血縁的結びつきがきわめて重要であった。共通の出身地、姓、職業などをもとに華人の相互扶助団体である会館が組織されてきた。会館は、一般に同郷会館、同姓会館（姓氏会館、宗親会とも呼ばれる）、同業会館（「行会」とも呼ばれる）の3つに大きく分類される。そのほかに、娯楽、慈善、学校同窓（校友）などの団体も、華人社会の相互扶助や伝統文化の継承にとって重要な役割を果たしている。

団体の事務所である会館の中には、関帝、媽祖《まそ》（第50章参照）などを祀った廟を兼ねたものもある。アメリカやカナダの華人会館には、このような例が多くみられる。サンフランシスコやニューヨークのチャイナタウンを訪れ、関帝廟を探しても、なかなか見つからない。ビルの中の会館の中に廟があるからだ。さまざまな会館の中で中心的な役割をもつのが、中華会館、中華公所、中華聯合《れんごう》会、中華総会、華僑総会などの名前で呼ばれるものである。

写真　横浜中華街の北門通りにある福建平潭同郷会

正式名称は「日本福建平潭同郷会」、2012年成立。平潭は福建省の省都、福州市に属する県。平潭県の言語は、福州語よりも隣接する福清市の方言（福清語）に近い。

次に会館の伝統的機能についてみてみよう。

「生老病死」——これは、伝統的な華人会館の役割を語る際に重要な四字熟語である。すなわち会館は、会員に対して出産、養老、病気治療、そして葬式まで生活全般にわたって面倒をみる、ということを意味する。第二次世界大戦前、華人は居住地の政府や中国政府から十分な保護や援助を受けられる状況にはなかった。また、居住地において、華人に対する差別や偏見も強く、このため華人は相互扶助機関として各種の会館を結成した。会館は、会員やその家族のために、学校、病院、養老院、共同墓地なども設けた。また、生活困窮者には経済的援助を実施し、就職の斡旋、争いごとの調停なども行ってきた。

華人社会の中で非常に重要な役割を果たしてきた会館の機能は、第二次世界大戦後、植民地の独立や華人の居住地社会への定着化の過程で変容を迫られることになった。すなわち、教育や社会福祉などに関しては、居住国の政府や公的な諸機関がより積極的な役割を果たすようになってきた。その一方で、若い華人青年の「華人としての意識」もしだいに希薄化しつつある。

このように華人のホスト社会（いわゆる現地社会）への同化が進みつつある中で、多くの華人会館では、今日、華人青年の「会館離れ」や会館の「高齢化」現象が問題化しつつある。会館の活動に興味を示す若い華人が少なくなり、会館に対して、「老人クラブ」的イメージをもつ者も増えている。シンガポールやマレーシアの多くの華人会館がもっとも重視している活動の一つとして、会員子弟への奨学金の貸与・支給や青年団組織の活動があげられる。そこには、会館の活性化や次代を担う後継者の育成という狙いが含まれている。

改革開放後、多くの新華僑が中国からやってきた。これら新華僑に対して、老華僑の受け止め方は、素直に歓迎ばかりとは言えない。各国によって地域差はあるが、長い時間をかけてホスト社会との交流を重ねてきた老華僑からみると、新華僑は、中国スタイルをそのままホスト社会に持ち込み、金儲け優先にも見えるようだ。

老華僑が苦労を重ねながら作り上げ、維持してきた会館に多くの新華僑が加入し、役員選出の選挙で重要なポストを占めるようになる。つまり「乗っ取られる」ことを危惧する老華僑も少なくない。各種の会館は、会館の建物のほかに資金や不動産なども所有しており、それらが新華僑の手に渡ってしまうことも心配されている。

そのような中、新華僑自ら組織したさまざまな相互扶助団体も増加している。各地で華人社会の調査をしている際に、私が名刺交換をすると、知らない団体の会長という肩書きを目にすることがしばしばある。このような団体の事務所は会長の会社のオフィスで、多くが友人・知人である会員との連絡・情報交換などはインターネットで行う。状況をよく知らない相手には、「会長」という肩書きが有効であるとの「戦略」もあるようだ。

老華僑の間では地縁・血縁・業縁が重視され、同郷・同姓・同業会館が形成されてきたことはすでに述べた。新華僑の間でも、同じような団体が結成されているが、それらとは別の新しい「縁」（結びつき）によるネットワークも重要視されている。なかでも重要なのは「学縁」である。新華僑は初対面でも、中国のどこの大学の卒業生なのか、あるいは留学した大学はどこなのかを尋ねることが多い。もし、同じ大学の卒業生であることがわかると、それだけですぐに信頼関係ができ、ビジネス関係の構築にもつながることも少なくない。中国の方言が重要視されてきた老華僑と異なり、だれでも標準中国語を巧みに使える新華僑にとっては、老華僑に比べ広東人、福建人など、中国のどこの出身かという地縁の重要性はしだいに薄れてきている。

40

海外の華人社会における秘密結社

★歴史と今日的問題★

中国から海外に出て行った華人は、郷里とは全く異なる環境のもとで暮らしていかなければならなかった。そのような条件下では、第39章で述べたように、血縁・地縁的なネットワークが重要であり、相互扶助を求めて、華人は同郷・同姓・同業会館などの会員となった。

これら華人の伝統的な会館組織とともに、華人社会ではさまざまな秘密結社が存在した。東南アジアの華人社会では、このような秘密結社は「私会党」とも呼ばれた。ここでは、中国における秘密結社、そして海外の華人社会への展開の歴史を中心にみていくことにしよう。

中国では、古くからさまざまな民間信仰があり、信者を組織するさまざまな秘密結社が結成された。信者の大半は貧しい農民であった。秘密結社はこのような民衆を組織し、平時には相互扶助に尽力した。しかし、凶作、飢饉などの非常時や圧政に対する不満が蓄積された際には、秘密結社を起点に暴動が発生した。

非宗教的な反体制秘密結社を、中国では一般に「会党」と呼ぶ。代表的な会党の一つとして「洪門《こうもん》」をあげることができる。

第40章

海外の華人社会における秘密結社

洪門は明朝末期から清朝初期に興った会党で、「反清復明」（清を倒し、明を復活させる）を旗印に勢力を伸ばしていった。天地会、三合会、致公堂、あるいは紅幇《ホンパン》などさまざまな名称の秘密結社の総称が洪門である。対外的には天地会、内部では洪門と呼ばれることが多かった。太平天国の乱（1851～64年）で、洪門は太平天国を援助した。また洪門は、革命派の孫文を支援するなど、中国近現代史にも大きな影響を与えた。

洪門の主な活動地域は、多数の華人を海外に送出した僑郷《きょうきょう》が多く分布する福建、広東、広西、湖北など中国南部であった。反清復明を掲げた秘密結社の会員は、清朝の取り締まりを避け、しだいに華人が多い東南アジア、北アメリカ、ヨーロッパ、オーストラリアなどにも広がっていった。

海外の華人社会では、中国から波及したもののほかに、居住地においても新たな秘密結社が結成された。イギリスの海峡植民地（第14章参照）の一つ、ペナンでは、1820年、「海山会」が結成され、各支部がマラッカ、シンガポール、クアラルンプールなどにも広がっていった。現在のマレーシアのペラ州のイポーやタイピン周辺は、錫《すず》鉱山地帯としてよく知られている。この地域で、多数の華人労働者が海山会へ加入した。海山会の成員は広東、福建出身の客家《ハッカ》人の錫鉱山労働者が多かった。一方で、海山会に対抗する有力な秘密結社として、「義興会」があった。1790年にペナンで結成された義興会は、海山会と同様にマラッカ、シンガポール、クアラルンプールなどに広がっていた。タイピンの義興会の成員の多くは広東人の錫鉱山労働者であった。

1861～73年、海山会と義興会の間で、10年あまりにわたる長期の大規模な械闘《かいとう》（武器をもっての闘争）が発生し、多数の死傷者が出た。錫産出量の減少を危惧したイギリス植民地政府が械闘の鎮圧

写真１　イギリス、リバプールのチャイナタウンの英国致公総堂（Chinese Freemason U.K.）

のため軍隊を出動し、１８７４年、械闘は停止した。現在タイピン（太平）と呼ばれている地域の旧名はラルートであったが、将来の平和を祈ってこの時改称されたものである。

華人指導者としてクアラルンプールの都市建設に多大な貢献をした葉亜来《ヤップ・アーロイ》（第10章参照）も、客家で海山会のリーダーであった。イギリス植民地政府もクアラルンプールを含むスランゴール地域の秩序維持、経済発展のために葉亜来を重用した。葉亜来も反対勢力に対抗するために、イギリス植民地政府に接近したと考えられている。

１８４８年、カリフォルニアのシエラネバダ山麓で金鉱が発見され、一攫千金の夢を抱いて、広東人がアメリカに渡っていった。と同時に、アメリカへの上陸地点で「金山」と呼ばれたサンフランシスコにおいて、洪門が「致公堂」（英語名はChinese Freemason）の名称で組織され、アメリカ、カナダの各地の華人社会に拡散していった。カナダにおける致公堂の中心は、バンクーバーのチャイナタウンであった。イギリスにおいても、１８９０年代、貿易港として栄えていたリバプールにおいて最初の致公堂が設立された（写真１）。リバプールでは華人船員の会員が多く、職業の斡旋や互助組織の運営などが活発に行われた。

１８５１年に金鉱が発見されたオーストラリアでも、中国から、特に広東人が多数移住してきた。白人中心の白豪主義は、華人の愛国心を鼓舞し、秘密結社「義興会」への加入を促した。中華人民共

写真2　カナダ、モントリオールのチャイナタウンにおける法輪功の会員たち

「法輪大法」（法輪功のこと）の紹介ポスターを掲げ、公園で気功を行う華人たち。

和国成立後、伝統的な秘密結社の活動は、しだいに衰退していった。

その一方で、政治的な活動に重点を置いた現代的な秘密結社が、海外において活動を積極化している。その典型例が「法輪功《ほうりんこう》」である。伝統的な身体鍛錬法である気功を実践しながら宗教活動を行う法輪功は、１９９２年、中国国内で創立された。会員は８０００万人という推測もある。１９９９年7月、中国当局の弾圧に抗議して、会員1万人以上が政府の要人などが住む北京の中南海一帯に座り込み、法輪功は世界的にも注目を集めた。中国国内では厳しく活動を制限されているため、海外において中国共産党の批判活動を行っている（写真2）。世界各地の多くのチャイナタウンでは、中国共産党を批判した記事を掲載した機関紙『大紀元時報（*Epoch Times*）』を、法輪功の信者が配布している姿がよくみられる。東京の池袋チャイナタウンにおいても同様である。

海外における華人の増加の影響で、中国国内でもキリスト教信者が多くなっている（第24章参照）。キリスト教信者が多く「中国のエルサレム」とも称される浙江《せっこう》省温州《おんしゅう》市では、当局によるキリスト教会への弾圧が強まっている。中国では、外国の影響を受ける宗教組織の活動は認めない方針がとられている。新たな組織が反共産主義に向かうことが警戒されているようだ。このため、当局の認可を受けられないキリスト教会は、「地下教会」として秘かに活動している。現代的秘密結社のようでもある。

41

世界各地で発行される華字紙

★華人社会の地域的特色を反映★

サンフランシスコやロサンゼルスのチャイナタウンの調査をしていると、いつも同じ光景に出会った。比較的高齢の華人が、バス停のベンチに座っている。互いに会話するでもなく、バスが来るのを待っているのである。

彼らは、チャイナタウンから離れた地域に住んでいる。アメリカの永住権を取得した子どもたちに、アメリカでいっしょに暮らそうと呼ばれてアメリカにやって来た。子ども夫婦は共働きで日中は家にいない。アメリカに来た時にはすでに高齢で、自動車免許をとるのも容易ではない。英語を話せなくとも、乗り方を覚えたバスで、チャイナタウンに通ってくるのが日課になった。チャイナタウンのあちこちで売られている華字紙（中国語新聞）を読むのが、いちばんの楽しみなのだ。英字紙のように自宅に毎朝、配達してくれる華字紙はない。華字紙には、中国、香港、台湾のニュースページもある。

チャイナタウンに着くと、いつもの好みの華字紙を買って、なじみのレストランへ行き、毎日同じ席で、飲茶《ヤムチャ》を味わいながら華字紙を読むのである。チャイナタウンでは多くの華人と会うが、東南アジア、香港、台湾、中国大陸など出身が異なる華人同士では、東南アジア各国の言語や広東語、福建語などさまざまな方言があり、互いには通じないことが多い。同じ漢字でも、方言が異なると発音は大きく違い、共通言語がなければ会話は成り立たない。さまざまな方言を母語とする高齢の華人にとっては、共通言語としての標準中国語で話すのはある程度できても、やはり面倒なのである。

しかし、華字紙は、出身地や方言が異なっても、読んで理解できる。海外の華人社会では、華字紙は重要な情報源であり、娯楽であり、華人として意識を保つ上で重要な役割を果たしてきた。若い華人にとっても、出身地や居住地の華人社会に関する情報を知る上で、華字紙の存在は大きい。

歴史的にみると、華字紙の発行・経営者は、当該地域の華人財閥の創業者が多かった。シンガポール、マレーシアの主要な華字紙『南洋商報』は、1923年、陳嘉庚《ちんかこう》によりシンガポールで創刊された。陳嘉庚はマレー半島のゴム栽培・輸出業で成功し、孫文を支援し、厦門《アモイ》大学を設立するなど福建の僑郷《きょうきょう》の発展にも大きな貢献をした人物である（コラム7参照）。シンガポールのリー・クアンユー率いる人民行動党政府は『南洋商報』に対して厳しく対応してきたが、同紙はマレーシアでは今日でも継続発行されている。

1929年、胡文虎《こぶんこ》、胡文豹《こぶんひょう》兄弟がシンガポールで創刊した『星洲日報』も、『南洋商報』と並んでシンガポール、マレーシアを代表する華字紙であった。胡兄弟は、客家《ハッカ》の僑郷である現在の福建省汀州府永定区出身の父が、ビルマのラングーン（現ヤンゴン）で開業した薬局を引き継ぎ、外用消炎鎮痛剤として有名なタイガーバーム（中国語で虎標萬金油）を開発したことで知られている。胡文虎は1938年にも香港で『星島日報』を創刊し、アメリカ、カナダ、オーストラリアでも現地版が発行されている。

シンガポールで発行されていた『南洋商報』と『星洲日報』は、1983年、政府により合併させられて共同で『南洋・星洲聯合早報《れんごう》』（略称『聯合早報』）を刊行するようになった。ライバルの両紙が自ら進んで合併するはずはない。さらにシンガポールでは、新聞11紙と雑誌16誌をまとめて「シンガポール報業」（英語名 Singapore Press Holdings）が設立され、新聞等の発行が1社に統合された。これは、シンガポール政府のメディアへの統制をさらに強化したい意向が反映したものであろう。

海外の華字紙の掲載内容をみると、次のような共通パターンがみられる。現地のニュースの後に、中国本土、香港、台湾のニュースが続く。その3つの地域の順序は、各紙の主要な購読者を反映している。台湾系の新聞であれば、台湾のニュースが先にくる。その後、国際ニュース、地元の華人関係（同郷会館からの通知など）、スポーツなどが続く。また、旅行、娯楽、求人・不動産広告のページもある。

初めて訪れた地域でも、その地域の主要な華字紙をみれば、当該地域の華人社会の概要を把握することができる。アメリカの華字紙の不動産広告をみると、人気の郊外住宅地や家賃相場がわかる。「あの成績優秀な公立の○○学区の住宅地」といった広告がみられる。華人の親は非常に教育熱心で、早くから子どもの受験勉強に力を入れている。広告に掲載されている学習塾の場所から華人が集住する地区がわかる。ビザ更新、帰化申請などの法務事務所の広告も多い。問い合わせの電話番号も、標準中国語、広東語、英語などに分けて掲載されている。中には、中国に居住している女性の顔写真付きの「徴婚」（結婚相手募集）の広告も。メッセージをみると、求める対象はアメリカ国籍を持ち、高

写真　アメリカの華字紙（ロサンゼルスのチャイナタウンの書店にて）
上段右側から『世界日報』『星島日報』『僑報』『国際日報』。中段右側から『台湾時報』『台湾日報』『中国日報』。下段右側から『新民晩報』『多維時報』。

収入の男性が望ましいようだ。

アメリカは、華字紙の主戦場といえる。さまざまな華字紙が読者獲得にしのぎを削っている（写真）。ゴールドラッシュ以来、アメリカの華人社会の中で最大多数を占めてきた広東人、第二次世界大戦後に増加した台湾人や香港人、改革開放後に華人社会の主流派となってきた中国本土出身の新華僑などが、華字紙の重要な読者ターゲットとなっている。

アメリカの主な華字紙をみてみよう。『星島日報』は、前述したように1938年に香港で創刊された。第二次世界大戦後、アメリカ、カナダ、イギリスなどでも各国版が発行されるようになった。『星島日報』のライバルが『世界日報』である（日本・韓国で発行されている同名紙とは無関係）。台湾の『聯合《れんごう》報』の系列で、1976年、ニューヨークとサンフランシスコで創刊され、その後、全米各地、さらにはカナダのトロントやバンクーバーなどでも発行されている。

『国際日報』は、1981年にロサンゼルスの東に位置し、アメリカ最初の郊外型ニューチャイナタウンとして有名なモントレーパーク（第8、37章参照）で、インドネシア華人の熊徳龍（客家人）によって創刊された。2001年には出身地のインドネシアでも発行されるようになった。中国大陸系の華字紙としては、新華僑が急増する中で、1990年、『僑報』が創刊された。『僑報』のセールスポイントは、「全米唯一の簡体字の華字紙」である。

次にヨーロッパの華字紙をみると、イギリス最大の華字紙は、2003年に創刊された『英中時報』である。フランスでは、1983年に『欧洲時報』が創刊され、2011年には『欧洲時報・英国版』も発行された。紙媒体のほか、フランス、イギリス、イタリア、ドイツ、オーストリア・中欧・東欧の「電子報」（デジタル版）も運営している。中国寄りの記事が多いようだ。

華人人口が増加しているオーストラリアでは、『澳洲新報』『澳洲新快報』『澳洲日報』などの華字紙が発行されている。

インターネットの普及でさまざまな情報が速やかに発信されるようになり、紙媒体の華字紙の販売数も減少傾向にある。このため、華字紙のデジタル版移行も進んできている。

コラム11

日本の中国語フリーペーパー

日本には、2021年12月末時点で76万7797人の中国人（台湾人5万1191人を含む）が在留している。日本においても華字紙が発行されているが、日刊紙はなく、週刊紙または隔週刊紙である。

『中文導報』は1992年に創刊され、「国内最大の発行部数を誇る週刊総合中国語新聞」とホームページで自己PRしている。毎週木曜に発行され、年間購読料金は9800円、年間購読は4万5000部という。一部の中国書店やホテルなどでは、250円で販売されている。

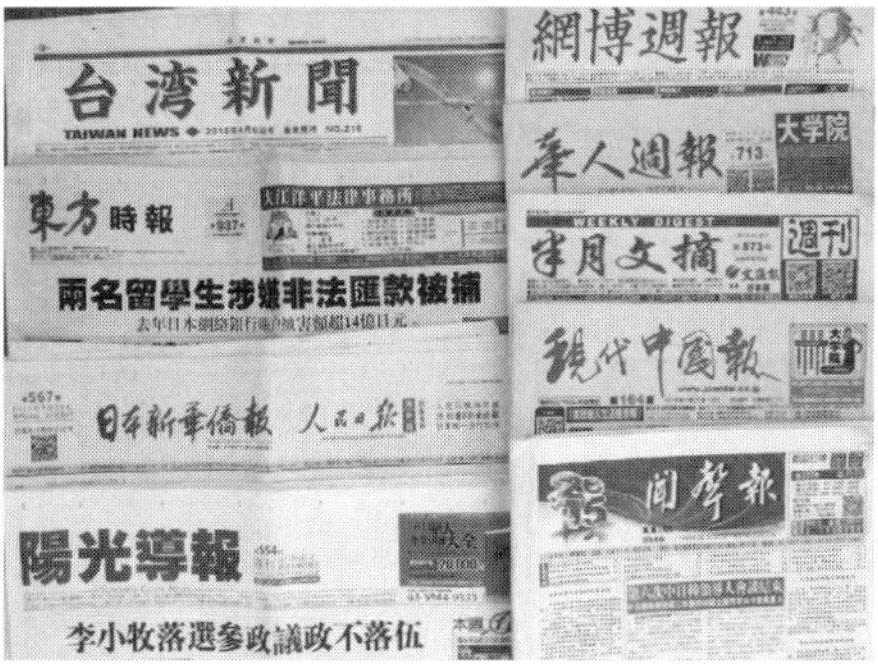

写真　池袋チャイナタウンで入手可能な中国語フリーペーパー

もう一つの老舗華字紙、『東方時報』は1995年に創刊され、こちらも週刊の華字紙である。『東方時報』は日本、中国、世界各地のニュースの報道に力を入れてきた。その一方で、在日中国人がより興味を持っているニュースに焦点を当てた『東方新報』を2011年に創刊した。

日刊の華字紙が販売されている海外の国々と比べると、日本は華人人口もあまり多くなく、日刊の華字紙の発行はビジネスとして成立する環境にはなかった。ただし、広告料収入を主たる目的としたタブロイド判の中国語フリーペーパーの「華字紙」（以下、中国語フリーペーパーと呼ぶ）がさまざま発行されてきた（写真）。

中国語フリーペーパーは日本各地の中国物産店、新華僑経営の中国料理店などに置いてあり、無料で入手できる。東京・池袋駅西口（北）、通称池袋駅北口周辺の池袋チャイナタウン（コラム3参照）を歩けば、新華僑経営の店舗の店頭に複数の中国語フリーペーパーが置かれている。中国語フリーペーパーに広告を出している中国料理店などでは、自分の店の広告が掲載されたものを入り口付近に並べている。

『陽光導報』は、2002年に創刊された週刊の中国語フリーペーパーである。池袋チャイナタウンのシンボル的な中国物産店「陽光城」（年中無休、24時間営業）の親会社が発行している。

中国語フリーペーパーの1面には時事ニュースが掲載されているが、日刊でなく週刊の発行であるために、掲載されているニュースの鮮度もやや落ちてしまう。中国語フリーペーパーを手に取る読者の関心は、広告の方にある。新しい店の開店、中国物産店の安売り、求人などの情報である。中には、高収入をPRした性風俗店と思われる求人情報が、多数掲載されている。そのような広告に共通するのは、店舗名も住所も全く記載されておらず、固定電話ではなく携帯電話の番号のみが書かれていることである。中国語フリーペーパーの発行会社にとって、これらの広告収入は大きいために、広告掲載を断りにくい状況にあるのではないだろうか。

1980年代後半から急増した在日新華僑は貧しく、一生懸命働く中で、さまざまな情報に接する機会も限られていた。しかし、世紀が変わり、急速に経済発展した中国から来日する新華僑は、従来の新華僑とは異なる「新新華僑」である。彼らは豊かで最新の多様な情報を、インターネットを通して容易に入手するようになった。華字紙や中国語フリーペーパーのように紙に印刷された情報を求める者は大幅に減少している。これに応じて、華字紙や中国語フリーペーパーは、しだいにインターネットサービスの運営への転換が進んでいる。その方が、広告収入も得やすいからである。

42

華文教育と華文学校

★華人社会の「三宝」の一つとして★

ニューヨークやサンフランシスコなどのチャイナタウンには標準中国語で授業を行う全日制の華文学校がある。下校時間が近づくと、子どもを迎えに来た親たちが学校の前に群がり、交通渋滞を起こす。アメリカに住んでいても、家の近くの公立学校に通わせるのではなく、子どもには標準中国語を学ばせたいという華人の親たちの強い思いが窺える。

中国から海外に移住した華人は、子どもの教育に熱心な者が多かった。生活が苦しかったので自らは十分な教育を受けられなかったからである。華人の親たちは、一生懸命働いて子どもたちには十分な教育を受けさせたいと考えた。このような子どもの教育を重視する移民としては、日本人移民や韓国人移民にも共通性がみられる。

華人の教育を歴史的にみていこう。移住先において、華人の親は子どもたちに中国語の能力を維持してほしいと願う。家庭内の共通語は、広東語、福建語、潮州語などの僑郷《きょうきょう》の方言であった。同郷会館には会員の子どものために中国語で授業を行う華文学校を付設している例も少なくなかった。それらの華文学校では、中国語方言が用いられる場合が多かった。華文

写真１　マレーシア、ジョホール州の華文小学校の生徒たちと筆者（1979年）

学校は、華人社会の「三宝」の一つとして重視されてきた。「三宝」とは、僑団（華人会館）、僑校（華文学校）、僑報（華字紙）のことである。

中国の標準中国語（中国では「普通話」という）や台湾の「国語」のことを、東南アジアでは「華語」あるいは「華文」と呼んでいる。シンガポールやマレーシアなどでは、華文教育の伝統が維持されてきた（写真1）。しかし、インドネシア、ミャンマー（旧ビルマ）など東南アジアの多くの国では、植民地からの独立後、居住国の対華人政策により、華文教育に制限が加えられたり、禁止されたりした。インドネシアでは、インドネシア共産党のクーデター未遂事件と言われる、１９６５年の９・30事件以後、華文学校は閉鎖されてしまった（第34章参照）。インドネシアの裕福な華人の中には、子どもに華語を学ばせるために、幼い段階からシンガポールや台湾に留学させる例も少なくなかった。

今日、シンガポールとマレーシアを除く東南アジア各国の華人で、華語の会話や読み書きができる者は例外的存在である。シンガポールやマレーシアにおいても、イギリス植民地時代には英文教育を受けた華人も多かった。このような英文教育の学校卒業の華人の多くは、家庭の中や居住地周辺で使われている福建語や広東語などを話せたとしても、漢字の読み書きができない者が少なくなかった。英文教育で育ってきた華人の中には、自分の名前さえ漢字でうまく書けない者もいた。

めざましい経済発展を遂げたシンガポールでは、リー・クアンユー首相をはじめ、人民行動党のリーダーの中には、英文教育を受けた者が多かった。1965年のマレーシアからの分離独立以後、シンガポールでは、実質的に英語優先の教育政策が進められてきた。このような状況下で、華人にとっても英語が第一言語で、華語は第二言語の地位になってしまった。華文教育の最高学府であった南洋大学も、政府の方針で1975年には中文系（中国語・中国文学科）を除きすべての講義は英語で行われるようになった。シンガポールの経済発展のためには、華語よりも英語の方が重要だとのリー・クアンユー首相の強い意向があった。そして1980年、南洋大学と英文教育のシンガポール大学が合併され、シンガポール国立大学となった（第43章参照）。

シンガポールではその一方、1979年からリー首相が先頭に立って、「多講華語、少説方言」（華語をもっと話し、中国語方言を話すのを控えよう）のスローガンを掲げて、「全国推広華語運動」（全国華語普及運動）が始まった。華人は学校で華語を学習するのに、家庭や日常生活では福建語や広東語などの方言を用いているのはよくない、もっと華語を使うようにしよう、というキャンペーンである。ちょうどこの時期に私は南洋大学に留学中であったが、フードコートやバスの中で切符を買う際の会話では、華人人口の4割あまりを占める福建人の福建語（閩南《びんなん》語）が、華語と並んで共通語の役割を果たしていた。60セントのバスの切符を買う時、福建語で「ラッカ」（「六角」）と言ったら、マレー人やインド人の車掌にも通じた。

次に日本の場合をみてみよう。日本では中国語で授業を行う学校は、一般に中華学校と呼ばれる。横浜の華人社会は、広東人を中心に構成されていた。1898（明治31）年、横浜大同学校が開校し、授業は広東語によって行われた。現在の横浜山手中華学校や横浜中華学院の前身である。その後、関東大震災や太平洋戦争末期の横浜大空襲で壊滅した。1946年に再建され、校名を横浜中華小学校と改め、以後、授業は標準中国語で行われるようになった。

日本においては、1948年時点で、北海道中華学校、東京中華学校、横浜中華学校、静岡中華学校、京都中華学校、大阪中華学校、神戸中華同文学校、島根中華学校、長崎華僑時中小学校の9校の中華学校があった。当時、在留華人の児童の約7割が中華学校に通っていたという。長崎華僑時中小学校は、1905（明治38）年、日本唯一の清朝政府公認の中華学校として、長崎市の孔子廟内に設立された。しかし、入学者の減少により1984年、閉校となった。1949年の中華人民共和国の成立以降、在日華人社会は中華人民共和国支持派と中華民国（台湾）支持派に分裂した。中華学校も、この政治的分裂の影響を受けた。

横浜中華小学校は、1948年、幼稚園と中学部を開設し横浜中華学校となった。横浜の華人社会の中でも、いわゆる大陸派と台湾派の対立が激しくなり、1952年、横浜中華学校はついに分裂した。元の場所に残った台湾派の横浜中華学院と、追い出された形となった大陸派の横浜山手中華学校に分かれたまま現在に至る。

今日、日本には5校の中華学校が存在する。横浜中華学院（写真2）、横浜山手中華学校（写真3）、東京中華学校、大阪中華学校、神戸中華同文学校である。このうち横浜中華学院、東京中華学校、大阪中華学校の3校では、基本的に台湾の教科書が使われ、中国語、日本語、そして英語の教育にも力を入れている。大阪中華学校は小学部と中学部からなるが、横浜中華学院と東京中華学校は小中高一貫校である。横浜山手中華学校も小学部と中学部からなり、中国の教科書が用いられている。神戸中華同文学校は、1899年に創立された。小学部と中学部からなり、中国で編纂された教科書、同校が独自に編纂した教科書、神戸市立中学校で採用されている教科書などが用いられている。卒業生のほとんどは日本の高校に進学し、神戸有数の進学校としても知られている。

写真2　横浜中華街の関帝廟の隣にある、横浜中華学院

写真3　横浜中華街の最寄り駅、JR石川町駅近くの横浜山手中華学校

43

南洋大学の設立と「閉校」

★英語重視政策下の華文教育最高学府の命運★

インターネットの検索サイトで「南洋大学」を検索すると、「南洋理工大学」ばかりがヒットし、「南洋大学」は全くと言ってよいほど何も出てこなくなった。日本ではシンガポールに存在した南洋大学は忘れ去られてしまったようである。しかし、「華僑・華人を知るため」には、「南洋大学」は重要なキーワードの一つなのである。

1949年の中華人民共和国成立後、マラヤ（マレー半島やシンガポール）を支配していたイギリス植民地政府は、華文教育を制限し英語を優先した。華人社会と中国共産党が支配する中国本土との関係を断ち切るためである。しかし、第二次世界大戦後、世界の植民地が独立していく中で、華人の民族意識も高まっていった。

1953年、シンガポールの華人団体でもっとも有力な福建会館の主席であった陳六使（Tan Lark Sye, 1897〜1972年）は、華人文化を維持するために、華語で授業を行う華文大学の設立が必要であると訴え、500万ドルの寄付を申し出た。陳六使は福建人（現・福建省厦門《アモイ》市同安区の出身）で、少年期にシンガポールに移住した。同郷の華人財閥、陳嘉庚《ちんかこう》（コラム7参照）

のもとで働き、後に自分自身もゴム業で成功した。

この華文大学の設立は、マラヤ全土の華人社会から支持され、輪タク車夫をはじめ幅広い層から献金が寄せられた。福建会館は、シンガポール西部のジュロン・ウエスト地区の500エーカー（202ヘクタール）の所有地を大学用地として提供すると発表した。しかし、イギリス植民地政府は大学設立の許可を与えなかった。このため、1953年、会社法のもとで「南洋大学有限公司」として登録せざるを得なかった。

シンガポール、クアラルンプール、ペナンで実施された入試は662名が受験し、330名が合格した。1949年にシンガポールに設立されたマラヤ大学（独立後、シンガポール大学になる）が、イギリスの大学と同じ3年制であったのに対し、南洋大学は4年制を採用した。

1959年、シンガポールはイギリスから自治権（外交と国防を除く）を獲得し、シンガポール自治州となった。同年、自治州政府は南洋大学の学位を承認しないと宣言し、南洋大学関係者との間で対立が深刻化した。1963年、政府は軍警察を南洋大学に派遣し、多くの学生が負傷し、逮捕された。

1963年、マレーシア連邦の独立に際して、シンガポールはその一州として加わった。直後、シンガポール州政府は、南洋大学理事会主席の陳六使の市民権を剝奪した。1965年、シンガポールはマレーシア連邦から分離独立した。人民行動党政権のシンガポール政府の中には、リー・クアンユー首相をはじめ英文教育を受けた者が多かった。華文教育を受け、政府の政策に異を唱える関係者が多い南洋大学を共産主義者の拠点とみなした政府は、南洋大学の変革を強制していった。1966年、イギリス式の3年制へ変更させるなどして、シンガポール政府はようやく南洋大学の卒業生の学位を承認した。

1975年には、一部の学科の講義を除き、大半の講義は英語で行われるようになった。1978年になると、華文学校出身者が多い南洋大学の学生をシンガポール大学のブキティマ・キャンパスに移転させ、英語での講義を受講させるというジョイント・キャンパス制を政府は実施した。これにより、南洋大学の学生や教員の英語能力向上につながるという政府の表向きの考えがあった。しかし、その本音は、華文教育の最高学府として設立された南洋大学の設立意義の否定であった。

当時の南洋大学学長、呉徳耀《ウー・テーヤオ》は、今後数十年の変化を考えれば、シンガポールに西洋的な大学が一つしかないよりは、文化的なバランスを考えて、もう一つ東洋的な大学があってもよいのではないかと述べている。

私が文部省アジア諸国等派遣留学生として南洋大学に留学したのは、1978年11月から1980年11月までの2年間であった。まさか南洋大学の終焉をその場で体験することになろうとは……。

ジョイント・キャンパスの実施は、南洋大学の学生がシンガポール大学の学生より成績が劣るというレッテルを貼り付けた。華文学校の卒業生が多い南洋大学の学生と、大多数が英文学校の卒業生であるシンガポール大学の学生が、同じ英語での講義、試験を受ければ、シンガポール大学の学生の方が有利であることは自明である。この制度は、「成績が劣る学生が多い南洋大学を救う方法」はシンガポール大学への吸収（実質的な「閉校」）しかない、というシナリオの前段階であることを、南洋大学関係者の多くが認識していた。

1979年10月、リー・クアンユー首相の招きで、イギリスのシェフィールド大学の名誉副学長であったフレデリック・デイントンがシンガポールを訪れた。南洋大学とシンガポール大学の関係者と、シンガポールの大学教育について議論し、その結果を「シンガポールの大学教育に関する報告書」にまとめて、リー首相に提出した。わずか3日間のシンガポール滞在でまとめられた報告書の結論は、「シンガポールには大学は2つもいらない、1つで十分である」というものであった。

当時、南洋大学理事会の黄祖耀《ウイー・チョーヤウ》理事長は、以下のような主旨の意見を述べている。

> 南洋大学は、人口の4分の3を華人が占めるシンガポールに適合した教育ができる。日本が経済大国として台頭し、中国も今世紀末には政治・経済大国となりそうな中、南洋大学は将来のニーズに応える卒業生を送り出すことができる。

シンガポールの華字紙『星洲日報』は、１９８０年3月31日、マレーシアのペナンの南洋大学校友会（同窓会）の声明について報じた。南洋大学とシンガポール大学の合併に同会は絶対反対であり、デイントン報告書は南洋大学に「死刑」を下した、という内容であった。シンガポール政府の厳しい言論統制下にある華字紙としては、シンガポールではなくマレーシアの情報として記事を掲載するのが精いっぱいの報道であったと思われる。

１９８０年4月5日、南洋大学理事会は、南洋大学とシンガポール大学の合併というリー首相の提案を受け入れることを発表した。同年7月、両大学は合併され、シンガポール国立大学となった。

南洋大学のキャンパスは、学生寮などを除いて閉鎖され、教職員も旧シンガポール大学のキャンパスに移動した。対等合併ではなく、南洋大学はシンガポール大学へ吸収合併されたのである。その実態は、華文教育最高学府として華人自らが設立した南洋大学の「閉校」であった。合併後、旧シンガポール大学側からみると、旧南洋大学の教職員は「招かれざる客」であった。旧南洋大学の教員の中には、通常の講義担当を外され、図書館や公開講座などの業務に配置換えとなる者もみられた。

1980年8月、南洋大学では最後の卒業式が華やかに行われた（写真1、2）。閉鎖された旧南洋大学の跡地には、翌1981年、南洋理工学院が設立された。南洋理工学院は、1992年に国立教育研究所（NIE）と合併し、南洋理工大学となった。校名に「南洋」が含まれているが、旧南洋大学とは無関係である。

写真１　南洋大学最後の卒業式当日の行政楼（本部棟）前（1980年8月16日）
華人の伝統文化を反映した行政楼は、福建省の厦門大学の建物を思い浮かばせる（コラム７の写真参照）。

写真２　南洋大学の卒業生と家族たち（1980年8月16日）
同年齢の５％前後しか大学に進学できないシンガポールでは、大学卒業生は超エリートである。父母のみならず、家族・親類が卒業を祝福する。

南洋大学学生会緊急会員大会

　大学理事会がシンガポール大学との合併案受け入れを表明する10日前の１９８０年3月26日、夜7時半から理学院（理学部）の講堂で南洋大学学生会緊急会員大会が開かれ、留学中であった私も参加した。熱気漂う会場は満員であった。休暇期間中にもかかわらず、２００人あまりの学生が集まった。南洋大学の全学生の一部にすぎないが、参加した学生は、南洋大学の将来に強い関心と不安を抱いていた。

　会員大会が始まると、まず、学生会名で前日発表された声明への批判意見が続出した。南洋大学とシンガポール大学の合併を容認するかのような声明をだれが出したのかと追及された学生会会長は、歯切れの悪い返答しかできなかった。

　言論の自由が大幅に制限されてきたシンガポールでは、大学構内でも、教員も学生も、リー・クアンユー首相率いる人民行動党に関するセンシティブな問題について、常に無言を貫く処世術が身についていた。学生会会長が「所属と氏名を言ってから、意見を述べるように」と発言すると、会場から一斉に「反対！」との声が沸き起こった。だれが、どんな意見を述べたかを記録されれば後でどんなことになるか、シンガポール人ならだれもが知っているからである。結局、発表者は所属のみで、氏名を言う必要はないことになった。

　意見を述べる学生の使用言語は、華語と英語の両方であった。結局、華文学校出身の学生は華語で、英文学校出身の学生は英語で発言する傾向であった。華文学校出身の学生にとって、表現に非常に気を使わなければいけない内容の意見を英語で発表するのはやや困難があった。参加していたマレー人学生が、「華語では理解できないので、英語に通訳してほしい」と発言し、学生会の副会長が、英語で通訳をするようになった。

　学生の意見の中には、シンガポール政府、リー・クアンユー首相、南洋大学当局、南洋大学出身の議員などに対する批判が多く出された。英文学校出身の学生は、「merger（合併）はmurder（人殺し）と同じだ」と述べ、さらに両大学の合併は政府のコントロールを意味すると締めくくった。集会は両大学の合併に反対する意見をまとめた南洋大学学生会の声明を採択して、夜11時すぎに閉幕し、学生たちはキャンパス内の学生宿舎に戻っていった。

　シンガポールの華字紙『南洋商報』は、１９８０年４月４日、この緊急大会について報じた。両大学の合併に対し、学生２７３名のうち、反対76・9％、賛成12・5％、棄権10・6％であった。同時に合併に反対する学生会の長文の声明を掲載した。

　両大学の合併問題は、設立以来の学位の未認定、華文教育の否定などの問題に限らず、シンガポール政府の教育政策、さらにはリー・クアンユー首相の独裁体制への批判につながる問題である。南洋大学の学生は普段はおとなしくし、「莫談国事《もうだんこくじ》」（第37章参照）の伝統にならい、政治的なことはほとんど口にしない者ばかりと、私は思っていた。政府批判が自分の将来にとってマイナスになるかもしれない恐れを顧みず、リー首相の両大学の合併案に断固反対を表明する学生がこれほど多いとは思っていなかった。私自身のシンガポール理解の甘さを痛感した一日であった。

44

華人および中国人の海外留学

★帰国するか、留学先に留まるか★

留学は、本来、外国に行って学問や技術などを学ぶことを意味する。中国人や海外に居住する華人の場合、留学で得られた新たな知識を中国や居住国の発展のために役立てることが期待される。しかしながら、留学を終えて、そのまま留学先に定住したり、母国や居住国でない第三国へ移住したりしてしまう例も少なくない。

第二次世界大戦前、海外で生活する多くの華人にとって、祖先の地である中国で、中国語を学びながら専門的な知識を高めていくのが「留学」であった。海外から中国へ「帰国」した華人に対して、十分な教育を行う代表的な大学が「華僑最高学府」とも呼ばれた広州の暨南《きなん》大学である。暨南大学の前身、暨南学堂が1906年、広州に設立され、1927年、上海に移転して暨南大学に改称された。1958年には創立の地である広州に戻って来た。暨南大学は今日においても、海外の華人のほか香港、マカオ、台湾、世界各地からの留学生を、中国でもっとも多く受け入れている大学である。

中華人民共和国成立後、東南アジアをはじめ海外各地から多くの華人青年が中国政府の帰国促進事業に応じて中国へ帰国し

写真　中国人・華人留学生が多いカリフォルニア大学バークリー校
サンフランシスコ近郊に位置する1868年創立の名門大学。卒業生には、東南アジアの華人財閥関係者や政治家が多い。同州の名門私立大学、スタンフォード大学の年度学費は約5万3000ドル（2021年度）であるが、州立大学のバークリー校は約4万2000ドル（州外学生）である。

た。これら多くの華人青年が学ぶ大学として、著名な僑郷《きょうきょう》である福建省泉州市に１９６０年に創設されたのが華僑大学である。

台湾に逃れた中華民国政府は、世界各地の華人学生に「台湾留学」を奨励し、大学入試において華人枠が設けられた。マレーシアでは華文小学校卒業後、授業が華語中心の独立中学（第35章参照）に進学した者は、台湾の大学に留学する者が多かった。

第二次世界大戦後の東西冷戦、ベトナム戦争、中国の文化大革命、天安門事件などに伴い、華人だけでなく、中国本土や台湾からも留学先としてアメリカの人気が高まっていった（写真）。アメリカ留学は学費も生活費も高く、留学ビザの取得も難しかった。このため、ハードルの高いアメリカ留学を第一志望としながらも、カナダやオーストラリアなどへ留学し、その後、アメリカの大学院などへ留学するチャンスを窺う者も少なくなかった。

一方、旧イギリス植民地であったマレーシア、シンガポールなど英連邦諸国（コモンウェルス）の華人は、イギリスやカナダ、オーストラリアなど英連邦諸国へ留学する者が多かった。英連邦諸国間の留学では、入学や奨学金などで優遇措置を受けることができるからである。

経済発展する英語圏への華人留学生の増加に伴い、留学期間が終わっても母国に帰らず、現地で就職して定住する者も増えてきた。中国人および華人の先進国への留学は、「新華僑」を生み出し、また華人の「再移民」を促す結果となった（第4章参照）。

一方、中国政府は改革開放後、中国の発展のために優秀な学生を選んで、公費により先進国に留学生を派遣した。1980年代半ばより私費留学も認めるようになった。

中国では海外の先進的な科学技術、学問などを修得して帰国した留学生は「海帰《ハイグィ》」と呼ばれた。砂浜の卵から生まれた海亀《ハイグィ》が、大きくなって生誕地に戻って来ることになぞらえ、中国語の発音が似ている「海帰」が広く用いられるようになったものである。「海帰」は中国国内の産業育成・向上に大きな貢献を期待され、給与、税金、研究費などで優遇された。

改革開放が始まった1978年から2018年までの40年間で、中国人の海外留学生総数は586万人にのぼり、このうち365万人が帰国した（中国教育部の発表）。単純計算ではあるが、差し引き221万人が中国へ帰国しないままということになる。4割近くが海外に定住し、「華人」になったと考えられる。

中国国内において、最近、海外留学経験者に対する見方が変わってきている。中国政府の推計によれば、海外の学校を卒業後、外国で就職せずに帰国した留学生は、2021年に初めて年間100万人を超えたという。海外留学する者が増加する一方、中国国内での科学技術レベルの急速な向上に伴い、外国において、国内の学校を卒業した者に対する優位性がしだいに低下してきているのである。海外留学が大衆化するにつれて、成績があまりふるわない留学生は、留学先での就職が難しくなり、結果的に、中国へ帰国する者も増えている。

２００８年のリーマン・ショックの影響で、中国経済の成長が一時的に鈍化したため、大学生の就職難が深刻化した。優遇されるはずの「海帰」も影響を被り、条件のよい就職先を求めて昆布（中国語で「海帯《ハイダイ》」）のように漂うことから「海待《ハイダイ》」と呼ばれるようになった。

日本でも、「留学生10万人計画」（１９８３年開始）や「留学生30万人計画」（２００８年開始）で、中国人就学生・留学生が急増した（第３章参照）。これら中国人就学生・留学生の中には、日本で就職したり中国料理店などを開業したりして日本に定着し、「新華僑」となる者も多数見られ、東京・池袋には池袋チャイナタウンが形成された（コラム３参照）。

Ⅶ

食文化と生活

45

生業としての食文化

★屋台からフードコートへ★

世界各地を歩いていると、その土地特有のおいしい料理に出会うことができる。しかし、数日滞在すると、やはり少し飽きてくる。そのような時に、たまたま見つけた日本料理店に入ってみると、「これが日本料理か？」とがっかりすることが少なくない。一方、各地で日本料理店よりもよくみられる中国料理店に入ってみると、自分は日本人なのに、「なつかしい味」に出会って、ほっとすることがよくある。もしチャイナタウンがあれば、多彩なメニューから好みの料理を選んで味わうことができ、海外でのホームシックも解消されるかもしれない。チャイナタウンの外に住み、たとえ中国語を話せなくなった華人でも、週末にはチャイナタウンのレストランで、家族や友人たちと中国料理を楽しそうに味わっている光景をよく目にする。

ニューヨークの黒人街のど真ん中、南アフリカ共和国・ヨハネスブルグの治安の悪い旧都心、インド・コルカタのスラム街、旧社会主義国のハンガリー・ブダペストの街中など、「こんなところにも中国料理店があるんだ」とびっくりする。世界中、どこへ行っても、中国料理店に出会うことができるのだ。

世界各地に出て行った華人にとって、中国料理店の経営は、

写真１　クアラルンプールのチャイナタウンの夜

夕方から道路にテーブルが並べられ、中国料理を味わう外国人観光客などでにぎわう。

華人同胞へ郷里の味を提供するだけでなく、生活を支える重要な生業であった。料理人、従業員、野菜・肉・魚介類など食材の卸《おろし》、調理器具の販売など、中国料理業は華人に多くの職場を提供してきた。異国の地で貧しい生活を送っていた多くの華人にとって、安くておいしい中国料理を味わえる屋台や大衆食堂は、同郷人との交流の場でもあった。華人は出身地によって方言の違いが大きいのと同様、食の好みもかなり異なるため、ある地方の中国料理を提供する店には自然と同郷人が集まるのである。

１９７０年、東京西部の国立市に、日本最初のファミリーレストランとして「すかいらーく」が開店した。それ以後、ファミリーレストランが全国各地に展開していった。それまで日本では、外食というとぜいたくなイメージでとらえられていた。一方、多数の華人が移住した東南アジアでは、華人が多く住む地区には安く食事ができるさまざまな屋台が見られた。朝早くから働き始める華人のために、うす暗い早朝から営業している屋台もある。現在のシンガポールでも、出勤前に屋台で朝食をとる人、テイクアウトする人が多い。華人社会では宵《シアオ》夜《イエ》と呼ばれる夜食の習慣があるが、その時間帯になると屋台は再び忙しくなる。

中国料理店が建ち並ぶチャイナタウンでも、屋台が連なる路地があり、華人の素朴な日常生活が展開されている。バンコクやクアラルンプールのチャイナタウンは、夕方から屋台が建ち並び、外国人観光客にも人気のグルメ街となる（写真1）。

写真２　シンガポールの広東人街、牛車水の屋台（1980年）
開店前に料理で用いる魚の準備作業をしているところ。

総人口の4分の3を華人が占めるシンガポールでは、旧市街地全体がチャイナタウンの様相を呈していた。チャイナタウンの街路には、さまざまな食事を提供する屋台が並んでいた（写真2）。また、衣類、音楽テープ、靴、果物、野菜、肉などを安く売り出す屋台も多く見られた。1960年代頃から大規模な都市再開発事業が進められた過程で、路上でにぎわっていた屋台は衛生や交通上の問題などで撤去され、高層の公共住宅（HDBフラットと呼ばれる。第49章参照）や大規模な複合ビルが新しく建設された。屋台は、それらの建物の中にできたホーカーズセンター（howkers centre、中国語では「小販中心」）に集められた（写真3）。ホーカーとはもともと行商人のことである。

ホーカーズセンター内の店舗はそれぞれ専門の料理を提供しており、華人のさまざまな郷里の料理を味わうことができる。飲料については飲料専門の店がある。料金も安価で味も満足でき、当局が衛生管理も規制している。客は食べたい料理の店の店頭で注文し、料金を払って商品を受け取る。それを各店舗共通のテーブルで食べる仕組みは、日本で見られるフードコートと同じである。しかし一般にシンガポールでフードコートというと、近代的なショッピングセンターにある冷房の効いた飲食店街を指し、ホーカーズセンターとはタイプ分けされている。

東南アジアの華人社会の多様な食文化に満足する日本人は少なくない。しかし、ふと、「そうだ、

写真３　シンガポールのホーカーズセンター
（Albert Centre）
客はそれぞれの店で料理を注文、受け取ってから、自分のテーブルまで運ぶ。

餃子はまだ食べていない」と気づく。ところが餃子を食べようと思っても、ホーカーズセンターやフードコートに餃子専門店はあまり見られない。というのも、餃子は中国北部の小麦地帯の食文化であるのに対し、東南アジアの華人のほとんどは主食を米飯とする中国南部の稲作地帯の出身者だからである。私がシンガポール留学中に、牛車水《ニューチャーシュイ》のホーカーズセンター内で見つけた餃子専門店に日本人留学生や駐在員などを案内すると、「久しぶりに餃子を食べることができた」と非常に喜ばれた。

ラオスの首都、ビエンチャンで日本人に人気の中国料理店があった。「遼寧《りょうねい》餃子」と書かれた看板を掲げる店の経営者は、中国東北地方の遼寧省瀋陽《しんよう》近く出身の新華僑であった。

　このように、華人の食文化といっても、移住先による地域差も大きく、さらに、華人の方言集団ごとに特色がみられる。異なる方言集団や他のエスニック集団との交流がしだいに活発化していく中で、華人の伝統的な食文化も変化していったのである。食文化に限らず、中国から東南アジアなど海外に移住すれば、華人の伝統文化もホスト社会の文化と交流する過程で、オリジナルな形態がしだいに文化変容していく。

　次章以降では、世界の華人の7割から8割が集中する東南アジアをはじめ世界各地における華人の食文化の特色を、文化変容の視点を重視しながらみていこう。

46

多様な食文化

★東南アジアの華人社会を中心に★

華人の食文化は非常に多様性に富んでいる。第14章で述べたように、イギリス海峡植民地で先住のマレー人女性と結婚した華人の間に生まれた女性は、ニョニャと呼ばれた。ニョニャが作るニョニャ料理は、福建人の伝統料理にココナツミルクや多数の香辛料を加えたカレー風の料理で、味はスパイシーである。ここでは、代表的なニョニャ料理の一つであるラクサ（叻沙、Laksa）をみてみよう。魚やエビからとった出汁《だし》に香辛料の効いたココナツミルクやカレーの入ったスープ麺である。ラクサは豚肉を用いないため、イスラム教徒のマレー人にも好まれている（写真1）。

写真1　ラクサ（叻沙 Laksa）
シンガポールのフードコートにて。エビ入りで、スープはカレー色、味は少し辛め。

福建人や潮州人が多い東南アジアの華人社会でも、広東料理は非常に人気が高い。日本人もよく知っている飲茶《ヤムチャ》（広東語の発音、英語ではyumchaと表記）とは、中国茶を飲みながら、点心を食べる広東料理のスタイルである。

飲茶レストランで席に着くと、店員からまず尋ねられるのは、中国茶の種類の選択である。日本では、1980年代にウーロン（烏龍）茶ブームが起こるまで、中国茶といえば多くの日本人はジャスミン（茉莉花《モーリーフア》）茶をイメージした。しかし海外では、飲茶の際にジャスミン茶を選ぶ客は少なく、一般的にはウーロン茶かプーアル（普洱）茶を選ぶ。ウーロン茶はおもに福建省で生産される「半発酵の青茶」であるのに対し、プーアル茶は雲南省で生産される「後発酵の黒茶」に属する。

海外の英語圏の飲茶レストランでは、広東語で点心を意味する“dim sum”と書かれた表示が目立つ。点心には、非常にさまざまなものがある。中華せいろに入った肉まん、あんまん、小籠包《ショーロンポー》、蒸し餃子、シューマイ、春巻、大根もち、肉ちまき、そして鶏脚・レバーなどの肉料理など、種類が非常に豊富である。また、ごま団子、中国式カステラ（馬拉糕）、杏仁豆腐《アンニン》などデザート類も多種多様である。さまざまな料理をのせたワゴンを押した従業員がテーブルの間を巡回するので、中国語がわからない外国人でも自分の目で見て、好きなものを選んで指をさすだけですむところが、飲茶の人気の要因の一つにもなっている（第47章写真3参照）。

大衆的な広東料理の一つに雲呑麺《ワンタンミー》がある。ワンタン入りのスープ麺である。私がシンガポール留学中（1978〜80年）、シンガポールにまだ日本のラーメン店がなかった時、現地の屋台で食べることができるスープ麺の中でもっとも好きだったものだ。雲呑麺を注文する時には、必ず「干《ガン》」か「湯《タン》」を指定しなければならない。中国語で「湯」はスープの意味で、英語で言えば“dry or soup”となる。ワンタン入りのスープの中に麺が入っているのが「湯」で、麺とは別にスープが出てくる形式が

写真2　バクテー（肉骨茶）
シンガポールのフードコートのメニューから。

「干」である。シンガポールやマレーシアでは、「干」（ドライ）を注文する人の方が多い。麺とスープが別々に出てくるといっても、つけ麺のようにスープにつけて食べる形式ではない。麺自体に味付けがされており、麺を食べながら時折スープを飲むのである。

日本では、福建料理はあまり耳にしないかもしれないが、福建人が多い東南アジアでは各地で味わうことができる。華人の約4割が福建人であるシンガポールにおいて、庶民的な福建料理の代表は、福建麺《ホッケンミー》と呼ばれる、麺がやや太めの焼きそばである。台湾の漢族の多くは、明・清代に福建省南部から移住した者の子孫であるため、食文化の面でも台湾と福建は親類関係にある。最近、日本では、台湾の屋台料理、小皿料理などが知られるようになってきた。ビーフン（米粉）や肉ちまき（肉粽子）は、福建・台湾料理である。

マレーシア、シンガポールおよびその周辺で福建人や潮州人によって生み出された料理として、肉骨茶（bah kut teh, 福建語読みでバクテー）がある（写真2）。名前にあるような茶ではなく、豚ばら肉などを、漢方薬に用いる生薬と中国醤油などで煮込んだ料理をご飯といっしょに食べる。クアラルンプール近郊の港町クランが発祥の地といわれる。熱帯の炎天下で働く華人の肉体労働者は、早朝から栄養価の高い肉骨茶を食べたおかげで一日頑張って働けたのだと言い伝えられている。

東南アジアの華人社会で海鮮料理といえば潮州料理を思い浮かべる。漁業や水産物販売関係の分野には、潮州人が多く従事している。広東省東部沿岸に位置する潮州地方は海産物が豊富で、潮州料理にも魚介類を多く使った海鮮料理が多い。味付けもあっさりしており、日本人の口によく合う。中国では珍しく、生魚をさしみ風にして食べる習慣もある。スティームボートと呼ばれるしゃぶしゃぶ風の海鮮鍋料理（東南アジアで一般に「火鍋」といえば、この海鮮鍋をさす）も、もともと潮州料理である。

潮州人は粥《かゆ》をよく食べる。粥といっても、横浜中華街の中華粥専門店で出されるような肉や魚が入った広東式の粥ではなく、具の入らない白粥である。潮州人は普段の食事の際にも、白飯の代わりに白粥をよく食べる。潮州料理の麺といえば、粿条《クイティアオ》（kway teow）である。粿条は、米粉から作られた幅の広い麺で、名古屋のきしめんにやや似ている。粿条の汁は、日本で言えば関西風の薄味である。粿条の焼きそばも、庶民的なメニューになっている。東南アジアでは気候が小麦の生産に適さないため、米粉を原料にした麺が多く用いられている。

フカヒレ料理や海ツバメの巣のスープ（燕窩湯）も潮州料理である。潮州人が多いタイのバンコクのチャイナタウンには、フカヒレ料理専門のレストランが目立つ。インドシナにも潮州人が多く、アメリカ、フランス、オーストラリアなどに渡ったベトナム系、カンボジア系、そしてタイ系の華人が経営する中国料理店のメニューをみると、潮州料理が多く含まれている。

中国における客家《ハッカ》の主要な居住地は、福建省や広東省などの内陸部の山地である。この風土を反映して、客家料理には、乾物を多く用いた料理や漬け物類が多い。マレーシアやシンガポール、インドネシアなど東南アジア各地の屋台料理として有名なのが醸豆腐《ヨンドウフ》（yong tau foo）である。醸豆腐は豆腐、野菜、魚のすり身などが入ったおでん風の料理である。好みの具材を選ぶと、店の料理人が具材を温

写真３　海南鶏飯（Hainanese chicken rice）
シンガポールのホーカーズセンターにて。

めてくれる。

海南料理としては海南鶏飯《ハイナンジーファン》《かいなんけいはん》がよく知られている（写真3）。まだ『地球の歩き方』（1979年創刊）もなかった1973年、私は学生時代、42日間一人旅で東南アジアを歩いた。最初の訪問地がシンガポールであった。到着2日目、不安いっぱいで食欲もない時、思い切ってレストランに入った。英語のメニューの中にあった「チキンライス」を見つけて、これなら大丈夫だと思って注文した。ところが、日本で食べるチキンライスとは似ても似つかぬものが出てきて、「こんなもの注文した覚えはない」と店員に文句を言った。これこそが海南鶏飯（Hainanese Chicken Rice）であった。

海外に出て行った海南人の主な僑郷《きょうきょう》は海南島の北部であった。そこに位置する文昌地方の家庭料理として食べられていた鶏肉と米飯の料理、文昌鶏《ウエンチャンジー》を、シンガポールに移住した海南人がアレンジして生まれた料理が海南鶏飯である。茹《ゆ》でた鶏肉をショウガ汁、醤油、チリソースにつけ、鶏がらスープを入れて炊いたご飯といっしょに食べる。海南鶏飯は、シンガポール、マレーシア、タイなどでは専門店だけでなく、屋台やフードコートでも食べることができる庶民的な定食の一つである。今日では、シンガポールの人気料理となり、シンガポール風チキンライスとしてシンガポール航空などの機内食としても提供されている。有名なタイ料理の一つとしてカオマンガイがあるが、タイ語でカオはご飯、マンは油、ガイは鶏肉を意味する。カオマンガイはタイ式海南鶏飯である。

47

中国料理のグローバル化

★世界における華人社会の拡大とともに★

世界中に華人が移住して行く中で、中国料理は世界各地に広がっていった。同時に、それぞれの地域社会との接触で伝統的な中国料理はアレンジされた。今日、中国料理は華人でない人びとにも広く受容されている。

インド料理の中にも、中国料理はしっかり根づいている。イギリスの植民地であったインドにも華人が移住してきた。コルカタ（旧カルカッタ）をはじめ各地にチャイナタウンが形成され、中国料理店も増加した。中国料理が日常食としてインド庶民にも受容されていったのである。今日、中印国境問題で中国とインドとの関係は良好ではないが、コルカタはインド唯一、チャイナタウンが現存する都市である。

中国料理店でなくとも、インド人経営のレストランのメニューをみると、フライドライス、チョウメン、ハッカヌードルがよく目につく。フライドライスはチャーハン（炒飯）、チョウメンは炒麵（焼きそば）、ハッカヌードルは客家《ハッカ》麵のことである。ハッカヌードルは、チキン、エビ、野菜などの入った客家風の焼きそばで（写真1）、チョウメンは広東風の焼きそばである。隣国ネパールにおいても、中国料理は広く庶民の間で浸透

写真１　ベジタリアン・ハッカヌードル
（インド・デリー）

中国料理専門店でなく、インド人経営のレストランにて。インドのレストランのメニューは、ベジタリアン用とノンベジタリアン用に分けられている場合が多い。

している。

中国から遠く離れた南アメリカ、ペルーでも、中国料理が庶民の味として根づいている。1854年、奴隷制が廃止され、グアノ採掘やサトウキビ栽培の肉体労働者として、多くの華人がペルーへ渡った（第11章参照）。華人によって首都リマにはチャイナタウンが形成された。そこから中国料理をもとにしたチーファ（スペイン語Chifa）と呼ばれる料理が、各地に広がっていった。チーファには中国料理店という意味もある。チャーハン（チャウファ）、ワンタンスープ（ソパ・ワンタン、ソパはスペイン語でスープの意味）、焼きそば（タジャリン・サルタード、タジャリンはスペイン語で麺、サルタードは炒めるの意味）などはペルーの国民食になっている。これらは、日本にあるペルー料理店でも味わうことができる。

戦前からアメリカで知られていた中国料理にチャプスイ（雑碎）がある。モツ、豚肉、鶏肉などをタマネギ、シイタケ、モヤシなどと炒め、片栗粉でとろみをつけて、そのまま食べたり、ご飯や麺類にかけたりしたものである。日本式に言えば、五目うま煮の八宝菜に近い。

アメリカでもっとも観光地化が進んでいるチャイナタウンはサンフランシスコである。チャイナタウンのメインストリートであるグラント街には観光客が多いが、地元の華人に人気の店は、グラント街から横道に入ったところにある。コロナ禍の影響で閉店してしまったが、パシフィック・アベニューの新亜州大酒楼（New Asia）は、飲茶レストランとして華人の間ではよく知られていた。店の入り口付近はあまり目立たないが、内部は非常に広く、ここがアメリカであることを忘れてしまう別世界である（写真2、3）。客のほとんどは華人で、聞こえてくるのは広東語、標準中国語、中国各地の方言だった（現在は食品スーパーになっている）。

写真2　飲茶レストランの内部
サンフランシスコのチャイナタウンの「新亜州大酒楼」にて。

写真3　さまざまな点心（飲茶メニュー）
写真2のレストランにて。点心を載せたワゴンがテーブルの間を回る。

第二次世界大戦後、アメリカの中国料理は料金も大衆的であったため、しだいに華人以外のアメリカ庶民や新来のさまざまな移民の生活に定着してきた。古老肉（sweet and sour pork, 酢豚）、蒙古牛肉（Mongolian beef, 細切れの牛肉とブロッコリーなどの野菜を炒めたもの）、芥藍《カイラン》牛肉（broccoli beef, カイランと牛肉の炒めもの。カイランはアメリカではチャイニーズ・ブロッコリーと呼ばれる）、腰《よう》果《か》鶏丁《けいちょう》（Cashew chicken, カシューナッツと鶏肉の炒めもの）などは、アメリカのポピュラーな中国料理である。小麦粉を練って薄く伸ばして焼いた薄餅《バオピン》で、卵、野菜、豚肉などの炒めものを北京ダックのように包ん

写真４　サンフランシスコのチャイナタウンの中国料理店の木須肉（moo shu pork）
炒めものを薄餅（左側）に包み、好みで甜麺醤（上部の小皿）をつける。

で食べる木須肉（moo shu pork）もアメリカ人には人気があり、これは日本人の口にもよく合う（写真４）。

アメリカの中国料理店のランチセットなどでよく出てくるスープがスアンラータン（酸辣湯、hot and sour soup）である。もともと四川料理の代表的なスープであり、その名のとおり酸っぱくて辛いスープである。しかし、一般のアメリカ人は甘いものは大好きであるが、辛さには強くないので、アメリカのスアンラータンはあまり辛くない。アメリカ風の春巻、エッグロール（egg roll）にはたっぷりケチャップをつけて食べているアメリカ人が多い。食べきれなかった分は、ドギーバッグ（doggy bag、持ち帰って飼い犬に食べさせるという口実から生まれた呼び方）という袋や容器に入れて自宅や職場に持ち帰る人がよくみられる。店員の方から「持ち帰りますか？」と聞くことが、半ば習慣のようになっている。「もったいない」文化を誇る日本も、少し見習った方がよいかもしれない。

アメリカでは、一般の中国料理店以外に、中国料理のテイクアウト（"to go"と表現することが多い）専門店がよくみられる。黒人街や貧しい移民街などの治安があまりよくない地区にもある。そのような店では、看板にもメニューにも、一切漢字が使われていない。ほとんどすべての客は華人ではないからである。資金力が乏しい新来の華人は、まずは少ない資本で開業できる中国料理のテイクアウト専門店から始めるという戦略のようだ。メニューのほとんどは、チャーハンか焼きそばの類で、量が多いのが特徴である。

ヨーロッパでも、新華僑の増加に伴い、中国料理店が増加している。イギリスやオランダのようにチャイナタウンがあるような国では、中国料理はある程度親しまれてきた。イギリスでは広東人が多数を占めていたので、広東料理が主流であった。飲茶専門店や広東式の強火でカリカリに肉を焼いた料理はイギリス人にも好まれた。

オランダの中国料理店では、オランダの旧植民地であったインドネシア式およびスリナム（南アメリカ北東部、ギアナ地方）式の中国料理を看板に掲げる店が少なくない。アムステルダムの老舗中国料理店には、インドネシア式中国料理店（Chinese Indonesian Restaurant）の看板を掲げているものをよく見かける。これらの店では、インドネシア風のチャーハン（ナシ・ゴーレン）、焼きそば（ミー・ゴーレン）、焼き鳥（サテー）、サラダ（ガドガド）なども提供する。スリナム式中国料理店の客の中には、華人だけではなく、スリナム出身と思われる黒人の姿も多くみられる。やや濃いめの味付けが好まれるようである。

フランスでは浙江《せっこう》省の温州《おんしゅう》人が華人社会の多数派であった。温州料理は、肉類のほかに淡水および海水の魚介類を用いたものが多い。中国の改革開放以前、イタリア、スペイン、ポルトガルは華人が少なかったが、フランスと同様、温州周辺の新華僑が増加し、中国料理店が目立つようになってきた。特に外国人観光客が訪れる有名観光地では中国料理店が多い。

コラム13

ヨーロッパの〝wok〟とアメリカの「パンダエクスプレス」

ヨーロッパ各国で華人社会についてフィールドワークをしていると、看板に〝wok〟と書かれた中国料理店を多く目にする。

2010年、ハンガリーの首都ブダペストの中心街を歩いていると、〝ASIA WOK 亜洲飯店〟と書かれた店を見つけたので入ってみた（写真1）。経営者の華人女性は、中国の仕事を辞め、最初にオーストリアに渡り、その後ハンガリーに来て、この店の営業を始めたという。ハンガリー人の客にわかりやすいようにビュッフェスタイル中心の中国料理店である。ハンガリー人の客の中には、昼食用にテイクアウトする者も多い。従業員として1人雇用している若い女性はハンガリー人である。華人女性は理解できるハンガリー語がまだ乏しいようで、二人は互いに少しブロークンな英語で会話していた。

写真1　ハンガリー、ブダペストの中国料理店“ASIA WOK 亜洲飯店”

ヨーロッパ各国で見られる〝wok〟とは、もともと中華鍋のことである。北京語では「鍋《グオ》」の字を用いるが、イギリスやオランダに多い広東人が話す広東語では「鑊」という字を用い、ウォッ（wok、語末のkはほとんど無音）と発音する。これがしだいに、中華鍋を使った料理、さらには中国料理に限定されずに、アジア料理という意味で"wok"が用いられるようになったのである。

wokレストランは料金がリーズナブルな大衆的な店が多く、ヨーロッパ各地に広がっていった。今日では、中国料理だけでなく、タイ料理やすしなどの日本料理を提供する店や、食べ放題の店も増え、wokレストラン＝オリエンタル・フード・レストランという様相を呈している。

ヨーロッパでもっとも有名なwokレストランのチェーン店の一つとして、"WOK《ウォッ》 TO《トゥー》 WALK《ウォーク》"がある（写真2）。このチェーン店は2004年にオランダのアムステルダムで開業した。2006年からヨーロッパ各地に進出し、しだいにアメリカ、メキシコ、コロンビア、モロッコ、そしてアジアなど世界各地に店舗展開していった。

WOK TO WALKで注文する一般的な方法を紹介しよう。第1段階は牛、豚、鶏、魚、エビなどの具材を、第2段階では白飯、麺（いわゆる中華麺、米麺、うどんなど）などの主食を、最後の第3段階ではケチャップ、オイスター、ニンニクなどのソースの種類を、それぞれ選択する。注文が終わると、まさにウォッ＝中華鍋で炒めて、あっという間にでき上がりとなる。

写真2　オランダ、アムステルダムの繁華街、ライツェ通りの"WOK TO WALK"

2015年、丸亀製麺などで知られる飲食店チェーン、トリドールは、〝WOK TOWALK〟の運営会社の60%の株を取得した。2021年には、イギリスに新店舗がオープンし、ヨーロッパ、中東・西アジア、中南米、北アフリカに計106店舗の展開になったという。

アメリカでは、中国料理のファストフードチェーン店「パンダエクスプレス」（略称：パンデックス、中国語名：熊猫快餐）が各地でみられる（写真3）。パンダエクスプレスの創業者は、まさにアメリカンドリームを実現した人物である。

中国の江蘇省揚州出身の程正昌（1947年生まれ）は、1973年、父とアメリカに渡り、ロサンゼルス近郊のパサデナで中国料理店を開業。1983年にパンダエクスプレス1号店を、ロサンゼルス近郊のグレンデールのショッピングセンターで開いた。その後、カリフォルニア州以外、そして海外にも店舗展開し、2016年には、日本国内1号店を川崎市に開いた（2022年4月現在、日本に9店舗）。今日、全世界に1900店舗あまりを持つ世界最大の中国料理チェーン店に成長させた。

写真3　カリフォルニア州サクラメント郊外のショッピングセンター内の「パンダエクスプレス」

48

日本的中国料理としての「中華料理」

★餃子、ラーメン、町中華、ガチ中華★

中国料理のことを中国語では「中国菜」という。日本料理は「日本菜」である。本来、中国語で「料理」は、処理する、切り盛りするという意味であるが、最近の中国では日本語の影響で、日本語の「料理」と同じ意味で用いられることも珍しくなくなった。

「中華料理」と「中国料理」の使い分けにも諸説あるが、私は、「中華料理」という表現を「日本の中国料理」という意味に限定して用いてきた。日本では、「アメリカの中華料理」というような使い方もよくされるが、私はやや違和感を覚える。私流に表現すれば、「アメリカの中国料理」となる。本書では、世界の中国料理について論じるので、「中国料理」という用語で統一している。例外的に韓国では、1910年の併合から1945年の第二次世界大戦終了まで日本に統治されていたため、今日でも「中華料理」という語が用いられている。

日本では「中華料理」という表現が定着してきた。横浜中華街の老舗中国料理店の看板をチェックしてみると、中華街大通り入り口の善隣門横の横浜大飯店は「高級中華料理」で、その近くの萬珍楼は「中華広東料理」となっていた。中華街大通り

写真1　池袋チャイナタウンの新華僑経営の中国料理店
中国語が読めないと看板も理解できないが、店内には日本語が併記されたメニューがある。

から脇道の香港路に入った安記、順海閣、海員閣はすべて「中華料理」であった。関帝廟通りと長安道の角にある華都飯店は「高級中華料理」であった。横浜中華街の老華僑が経営する老舗店でも、「中華料理」が多く用いられている。

一方、ニューチャイナタウンである池袋チャイナタウンで新華僑経営の中国料理店の看板をみると、「中華料理」は少ない。「正宗四川風味」「中国家常菜」「上海味道」など中国の特定地域の料理であることを明示したり、特定の料理名を併記したりして「正統性」を強調している店も多い（写真1）。ただし新華僑経営の中国料理店でも、日本人客を期待している店ほど、看板の文字に「中華料理」を用いる傾向がある。

日本に来ている中国人留学生に「中華料理」について尋ねると、「日本の中華料理は、中国料理とはかなり違います」という答えがほとんどである。よく例にあげられるのが麻婆《マーボー》豆腐である。「全然辛くない。日本の辛さのレベルが弱すぎる。大辛を注文してもたいして辛くない」。

中国人からみて不思議なのは、日本の餃子定食である。日本人は餃子と言えばパリパリの焼き餃子

第48章
日本的中国料理としての「中華料理」

（中国語では「鍋貼《グオティエ》」という）を指すが、中国で餃子と言えば、一般に水餃子を指す。稲作地帯ではない中国北部では、餃子はマントウ（饅頭、中国風蒸しパン）などとともに、南部の米飯に代わる主食である。日本では焼き餃子はおかずであるが、中国での焼き餃子は食べきれずに残った水餃子を翌日に焼いて食べるものというイメージがある。

来日した中国人客を日本人が食事に誘う場合、地元で評判のよい「中華料理店」に行くことが多い。中国人客は「おいしい」と言いながら喜んでくれたように思える。しかし、親しい中国人客に本音を聞くと、「あれは『中国料理』とは別物だ。『中華料理』という名の一種の日本料理だ」という。日本人が外国で日本料理を食べた後、「あれが日本料理だと！」と、同様の感想を述べるのとよく似ている。前述したように、食文化は地域を移動し、異なる食文化と接することにより文化変容するのである。アメリカの巻きずしに海苔が用いられず、アボカドなどが入ったカリフォルニア・ロールも、慣れてくるとおいしく感じられるものである。

一方、日本の「中華料理」に対する高い評価もある。研究交流で日本各地を回ってきた中国人研究者に、「日本でおいしかった料理はないか」と尋ねた。すると、生まれて初めて食べた「ボードゥオ・ラーミエン」との答え。最初、音を聞いただけでは何のことかわからなかったが、福岡で食べた博多《はかた》ラーメンは、ほんとうにおいしかったそうだ（念のため、その中国人は、私の生まれ故郷が福岡市であることは知らなかった）。1980年代半ばのことで、まだ中国国内で「日式拉麺」（日本式ラーメン）が普及する以前のことである。多くの中国人が絶賛するのは、博多ラーメンの豚骨スープであった。

1968年、台湾出身の劉壇祥《りゅうだんしょう》（日本国籍取得後、重光孝治）によって、熊本市で豚骨スープの「味千《あじせん》

写真２　ロサンゼルス郊外の味千ラーメン店
ニューチャイナタウンとして知られるロサンゼルス東郊、モントレーパークの北に位置するサンガブリエルにて。

ラーメン」が開業した。１９９４年に台湾へ進出した後、香港を経由し、１９９０年代後半には中国各地で大人気を博するようになった。２０２２年現在、中国本土だけで７００店舗近く、そのほか世界各地でフランチャイズ店舗網が拡大している（写真２）。その後、福岡の「一風堂」など日本のラーメン店も中国へ進出した。中国に起源をもつラーメンが、日本で文化変容し、生まれ故郷の中国に錦を飾ったようなものである。

日本における中国料理の発展を、ここでは第二次世界大戦後に絞ってみてみたい。

多くの日本人が知っている陳建民（１９１９～90年）の果たした役割は大きい。四川料理の本場、四川省で生まれた陳建民は、台湾、香港で中国料理業に従事した後、１９５２年に来日した。その後、東京・赤坂、六本木に「四川飯店」を開業した。さらに、ＮＨＫのテレビ番組「きょうの料理」をはじめ多くの料理番組に出演する中で、日本人好みの味付けをアレンジしていったことが好評を博した。陳建民が考案した日本風のエビのチリソース、回鍋肉《ホイコーロウ》、担担麺《たんたんめん》、麻婆豆腐などが、日本の「中華料理」として定着していった。

「四川料理の父」と称賛された陳建民の跡を継いだ息子、陳建一も、「四川飯店」のオーナーシェフの傍ら、フジテレビ系列の「料理の鉄人」などに出演し人気を博した。

味の素の調味料ブランド「クックドゥー（Cook Do）」が発売されたのは、１９７８年であった。炒めた肉や野菜にペースト状調味料を加えるだけで、「本格的な」麻婆茄子《マーボーなす》、青椒肉絲《チンジャオロウスー》、酢豚などが簡単に作れるようになった。さらに、棒棒鶏《バンバンジー》、よだれ鶏なども加わり、日本人の「中華料理」のレパートリーも急速に拡大していった。私は、香港のスーパーマーケットで「クックドゥー」が販売されているのを初めて見た時、香港人が「クックドゥー」を使って中国料理を作っている様子を想像し、少し複雑な気持ちになったのを覚えている。

最近、「町中華」と「ガチ中華」という言葉が、ネットやテレビでよく出てくる。「町中華」とは、昔ながらの日本の地域に根ざした大衆的な中華料理店を指す。日本では、中国料理が日本人好みにアレンジされ、ラーメン、焼き餃子、焼きめし（炒飯）、焼きそば、冷やし中華、麻婆豆腐、中華丼、ニラレバなど「和製中華料理」が生まれた。第二次世界大戦後、旧満洲、台湾などからの引き揚げ者も、本場の中国料理を日本に持ち帰り、「和製中華料理」に影響を与えた。日本人経営の「町中華」は、それぞれの店が創意工夫しながら、日本人好みの味のよさだけでなく、大衆的な料金で常連客を獲得し、人気の「町中華」が誕生していったのである。

これに対して、日本流にアレンジされていない、本場の味を提供する中国料理店が「ガチ中華」の店である。池袋チャイナタウンには、ガチ中華が集まる中国式フードコートが２０２２年現在、３つある（写真３）。仕事や留学で中国に住んだことがある日本人などに、まるで中国に戻ったような気分、と人気の場所になっている。また、埼玉県川口市のＪＲ京浜東北線西川口駅周辺には、新華僑経営の中国料理店などが集中し、私は池袋チャイナタウンに次ぐ第二のニューチャイナタウンとして、「西川口チャイナタウン」と呼んでいる。周辺のアパートや団地には多くの新華僑が住んでおり（第49章参照）、新華僑相手の「ガチ中華」は、ほかの地域ではなかなか見られないため、中国通の日本人の間でも人気を集めている（写真４）。

「町中華」と「ガチ中華」、どちらがよいというものではない。文化に上下がないように、食文化においても、どちらが優れているというものではない。特定の地域に芽生えた文化が他の地域に移動すると、文化変容するのは自然の成り行きである。

写真３　池袋チャイナタウンの中国式フードコート「友誼食府」
2019年開業。四川・広東・上海・台湾などの地方料理などが味わえる。

写真４　西川口チャイナタウンの「ガチ中華」店における中国の地方料理の紹介
左から上海料理（上海咸鶏＝上海風骨付き鶏の冷製）、東北料理（醤大骨＝背骨の醤油煮）、福建料理（葱枝肉＝福建風揚げ豚肉の甘酢炒め）、四川料理（水煮魚片＝白身魚の四川風煮込み）。

コラム14

韓国庶民の「中華料理」、チャジャンミョンとチャンポン

ソウル、仁川《インチョン》、釜山《プサン》などにおいて、韓中国交樹立（1992年）以前から韓国に居住する老華僑が経営する中国料理店の看板の表記をみると、「華商　正統中國料理」「華商○○飯店」「中華正統料理」などが目につく（写真1）。これは、近年増加が著しい韓国人経営の中国料理店との差別化を意識し、「本物の中国料理」を提供する華人経営の中国料理店であることをアピールするためである。韓国では、今日においても、日本植民地時代に浸透した「中華料理」という表記が広く用いられている。「中華料理」という語句が、日本語であると認識されていないようである。

　韓国各地で見られる中国料理店は、韓国人経営のものが多く、中国料理は韓国人の食生活の

写真1　「中国正統料理」の看板を掲げる仁川中華街の華人経営の老舗中国料理店

写真2　チャジャンミョン（下）と付け合わせ（上）
チュンジャンと呼ばれるタレと麺を混ぜ合わせて食べる。付け合わせの右がタクアン、左がタマネギ、中央の小皿はチュンジャン。仁川中華街、韓国人経営の「共和春」にて。

中に深く浸透している。韓国の中国料理は、日本の中国料理がそうであるように韓国化しており、ニンニクと唐辛子を多用しているのが特色である。

韓国における中国料理のもっとも代表的なメニューは「チャジャンミョン」である。中国語では炸醤麺《ジャージァンミエン》、日本ではジャージャー麺と呼ぶ場合が多い（写真2）。もともと炸醤麺は中国の北方料理に属するものである。韓国の華人社会では、朝鮮半島と黄海を挟んで対岸に位置する山東省出身の山東人が中核をなしてきたが、彼らが炸醤麺を韓国に持ち込んだものと思われる。アメリカや日本における韓国出身の華人再移民が経営する中国料理店においても、チャジャンミョンは人気メニューとなっている。

韓国のチャジャンミョンは、中国の炸醤麺とやや異なり、甘くて黒い味噌、チュンジャン（春醤。中国料理の甜麺醤《てんめんじゃん》の韓国版）で作ったタレと麺をよくかき混ぜて食べる。韓国の中国料理店でチャジャンミョンを注文すると、必ず副菜として、タクアンと生のタマネギが付いてくる。日本のタクアン（韓国では「タカン」と呼ばれる）は、韓国人の食生活に深く入り込んでいる。洋食にタクアンが付いてくることもある。韓国では、「日帝（日本帝国主義）の持ち込んだものでよかったものは、タクアンだけ」という言い回しがある。

　ソウルの外港である仁川は、チャジャンミョン発祥の地と言われる。１８８２年、清国と朝鮮との間で朝清商民水陸貿易章程が結ばれた。これにより、仁川は、釜山、元山《ウォンサン》（現在、北朝鮮領）とともに開港された。そして、仁川には清国租界が設けられ、チャイナタウンが形成された。仁川のチャイナタウンで、１９０５〜80年頃まで営業していた老舗中国料理店「共和春」が、チャジャンミョンを最初に売り出したと伝えられている。

　第二次世界大戦後、韓国政府による厳しい反華人政策により、華人は台湾、アメリカ、日本などに再移民を余儀なくされ、仁川チャイナタウンも衰退した。２００２年の日韓共催サッカー・ワールドカップの開催を機に、観光地として繁栄する横浜中華街を参考として、元の仁川チャイナタウンに隣接しアクセスがよい仁川駅近くに「仁川中華街」が「建設」されたのである。

　観光開発により「建設」された仁川中華街には、一部残存していた華人経営の中国料理店以外に、韓国人資本による中国料理店、中国みやげ店などが多く参入した。その典型が、仁川中華街の中心に位置する「共和春」である。

　仁川チャイナタウンにあった共和春と同名の中国料理店だが、名義を取得した韓国人が開業した全く別の店である。元の共和春の建物は、閉業後、そのまま残されていたが、２０１２年、仁川特別市がその建物を改築し、チャジャンミョン博物館が開館された。

写真３　チャジャンミョン（左）とチャンポン（右）のハーフ・アンド・ハーフ
ニューヨーク、マンハッタンのコリアタウン（West 32nd Street, Korea Way）の韓国料理店にて。

チャジャンミョンと並んで、韓国における代表的な中国料理の一つがチャンポンである。韓国のチャンポンは、長崎のチャンポンとはやや異なり、スープに多くの唐辛子を用いて辛く、色も赤い。日本のチャンポンが韓国人の好みに合うように文化変容したのが韓国のチャンポンである。

私は、チャジャンミョンも韓国のチャンポンも大好きだ。どちらか一つを選ぶのはかなりつらい。そのような時、ハーフ・アンド・ハーフのメニューがある店もある（写真３）。

49

居住様式

★ショップハウスからゲーテッド・コミュニティまで★

華人が多く居住する東南アジアのチャイナタウンでは、特徴的な居住景観が見られる。ショップハウス（中国語で「店屋」）と呼ばれる店舗兼用住宅である。レンガ造りの2、3階建てで、1階部分は店舗、2階以上は居住用となっている。棟割り長屋形式であり、1軒の店舗の平面形態をみると、間口は比較的狭いのに対して奥行きが深い短冊型になっている。中国料理店の場合、店舗の奥に調理場があり、裏口が設けられているところもある。

シンガポールやマレーシアなどで見られるショップハウスは、中国の伝統的建築様式にヨーロッパのスタイルが加味され、窓や柱に東西文化の融合がみられる（写真1）。華人の出身地である中国南部の伝統的建築様式が、華人の海外移住に伴い、東南アジアなどに移植されたのである。

ショップハウスのファサード（前面）をみると、観音開きの木製のよろい窓や、壁にはヨーロッパ・スタイルの模様を施したものなどが多く、シンガポール観光のキャッチフレーズである「東洋文化と西洋文化の出会う街」が思い起こされる。窓からは、洗濯物を引っかけた竿が、まるで旗竿のように突き出されている光景もよく見られた。

　上階の居住部分は、板壁で区切って細分化され、多くの小部屋が設けられ、複数の世帯が居住する。台所、トイレなどは共通で、衛生状態はよくない（図）。遅れて移住してきた華人がチャイナタウンのショップハウスに集中居住するのに伴い、人口密度は高まりチャイナタウンのスラム化が進んだ。

　1階の店舗の前には、道路に面して歩道が設けられた（写真2）。これは日本の深雪地域で見られる、積雪中でも通行できるようにした雁木《がんぎ》状の長廊と類似している。強い日差しや雨を防ぐもので、標準

写真1　シンガポールのショップハウス（1990年）
4階部分は後に増設したものである。広東人街、牛車水（Kureta Ayer）にて。

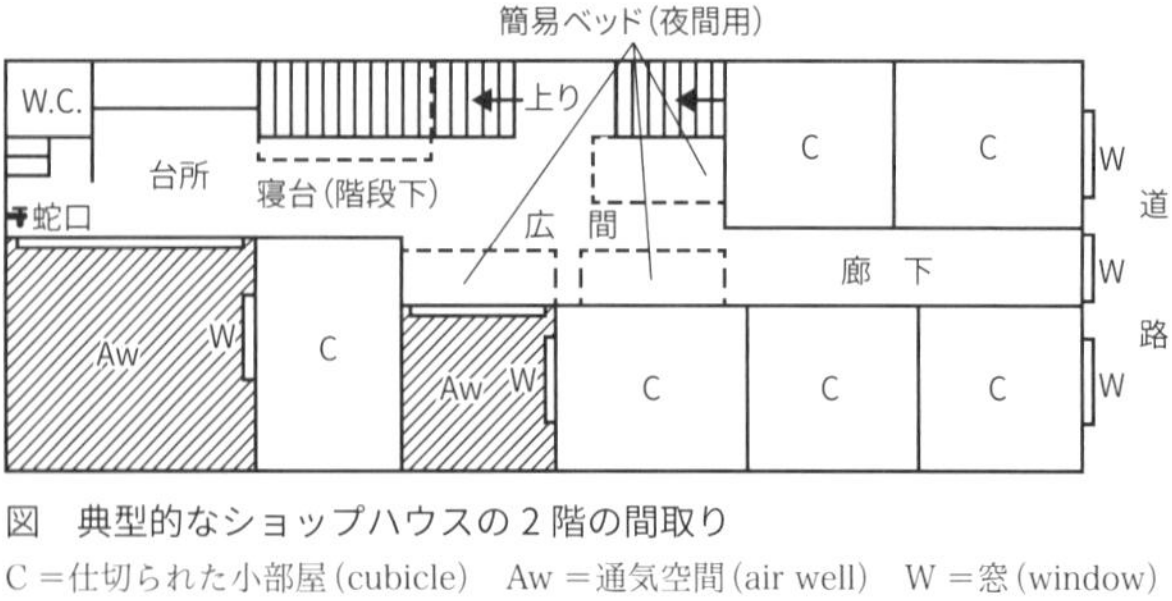

図　典型的なショップハウスの2階の間取り
C＝仕切られた小部屋（cubicle）　Aw＝通気空間（air well）　W＝窓（window）
出所＝山下清海（1987）p. 64の図を基に作成。（原図＝Kaye, B. (1960): *Upper Nankin Street, Singapore: a sociological study of Chinese households living in a densely populated area*. University of Malaya Press, Singapore.）

中国語では騎楼《きろう》と呼ばれ、東南アジア華人の主要な僑郷《きょうきょう》である広東省や福建省でも見られる。台湾では亭仔脚《ていしきゃく》と呼ばれ、日本統治時代、台湾総督府は亭仔脚の設置を推進した。シンガポールやマレーシアの華人は、騎楼のことをゴ・カキ（go kaki, 五脚基）あるいはカキ・リマ（kaki rima）と呼んできた。一方、植民地支配者のイギリス人はfive-foot wayと称したが、それは5フィート（約1・5メートル）幅の通路という意味であった。実際に五脚基の幅を計ってみると2メートル前後のものが多いが、時代とともに拡大していったものと思われる。高温でスコールが多いシンガポールやマレーシアなどの熱帯地域では、五脚基のおかげで、人びとはスコールの際にも、雨に濡れずに移動でき、強い日差しからも守られる。五脚基の通路は、新聞・雑誌やタバコ、お菓子などを売る露店、イスを置いただけの床屋や占い師など、商いの場にもなる。

写真2　クアラルンプールの五脚基
右側は道路、左側は華人の店舗。

マレーシアでは、今日においてもショップハウスが多く残されている。一方、シンガポールでは大規模な都市再開発とともに、ショップハウスの景観は消失しつつある。ショップハウスに住んでいた住民は、住宅開発局（ＨＤＢ）によって再開発で建てられたＨＤＢフラットと呼ばれる公共の高層団地で生活することになった。シンガポール住民の約8割がＨＤＢフラットに居住している。残存しているショップハウスの多くは、観光用に

写真３　トロント北郊、リッチモンド・ヒルのゲーテッド・コミュニティ

改築されたものである。

近年、台湾や香港だけでなく改革開放後の中国からも、裕福な新華僑が海外に進出していった。そのような中、カナダとくにバンクーバーは人気の移住先となった。

1980年代に入り、豊かな新華僑はチャイナタウンでなく郊外の戸建て住宅に移り住んだ。家族が多い新華僑の中には、カナダの伝統的な前庭のある開放的な住宅を、総2階建てに改造する例も増えた。周辺の住宅地の景観と異なるこのような住宅を、カナダ人は「自然を破壊するチャイニーズの成金者」という意味合いを込めて「モンスターハウス」（中国語では怪物之家、怪物房など）と呼び、新華僑に対する偏見が高まった。

カリフォルニア特にロサンゼルスの東郊の住宅地域は、将来的に地価上昇も期待できる地域として、華人にとって人気が高い。豊かになった老華僑は旧来のオールドチャイナタウンを離れ、郊外のモントレーパークにニューチャイナタウンを形成した（第8、37章参照）。さらに裕福な老華僑や中国からの新華僑の富裕層は、より郊外の丘陵地にあるローランドハイツ周辺に第3のニューチャイナタウンを形成した。非常に豊かな華人の中には、住宅地の周囲を高い塀で囲んだゲーテッド・コミュニティに居住している者もいる。ゲーテッド・コミュニティの入り口では、警備員が出入りを24時間監視している。

トロントの北部郊外に位置するリッチモンド・ヒルは、豊かなユダヤ系住民が住む高級住宅地であった。今日では、華人が増加し、華人富裕層が住むゲーテッド・コミュニティもみられる（写真3）。

世界各地で香港人、台湾人を含む中国人や華人による不動産への投資が著しい。オーストラリアでも、シドニーやメルボルンなどの大都市圏には、彼らの投資を期待する華人経営の不動産業者が多くみられる。郊外に形成されたニューチャイナタウンでは、高層マンションの建設が目立ち、購入者として期待されているのは投資目的の中国在住の中国人や華人である（写真4）。

写真４　新築マンションの巨大広告

メルボルン郊外、ボックス・ヒル駅に隣接するショッピングセンター内の天井から吊された新築マンションの広告。英語に併記された中国語には簡体字が用いられており、中国本土出身者あるいは中国からの投資目的の購入者を主な対象にしているようだ。

日本に居住する華人の居住様式についてみてみよう。横浜、神戸、長崎の三大中華街は、本来、生業を営むだけでなく居住の場でもあった。しかし、店舗の増改築などに伴い、しだいに職住分離が進んだ。中国料理店などの店舗を経営する華人は、中華街の外に分散して住み、仕事場である中華街に通ってくるようになった。

1980年代半ば以降、増加した中国人は、留学生（就学生を含む）ビザの在留期間中、家賃の安いアパートに複数人で共同生活を送っていた。そのような貧しい中国人留学生が住むアパートは、東京でいえば、日本語学校やアルバイト先が近い池袋駅、新大久保駅周辺などに多かった。

留学期間を終えて、仕事を見つけて日本に残留する華人は結婚し、子どもを養育するために、より広い居住空間が必要になる。その結果、家賃が高い都心から郊外への移動が多くなった。なかでもUR都市機構（旧日本住宅公団）の団地は、外国人にとって面倒な保証人・礼金・手数料・更新料が不要で、非常に好都合である。また、中国本土出身の華人は持ち家志向が強く、自分の所有物にならないのに高い家賃を払い続けるのには抵抗がある。このため、老朽化していても、ある程度の広さがあり、家賃が安いUR団地への華人の集住化が顕著となった。

その代表的な例が、埼玉県川口市のUR川口芝園団地である。最寄り駅はJR京浜東北線の蕨《わらび》駅（蕨市）で、同団地まで徒歩約6分である。蕨駅から東京都心の上野駅までは約26分、池袋駅までは赤羽駅乗り換えで約24分と交通の便もよい。さらに、同団地の居住世帯のほぼ半数が華人であり、子どもが日本の公立小・中学校に通っていても、中国語の使用機会が多ければ中国語能力の維持にプラスになるのではないかという両親の期待もある。実際は、子どもは日本語中心の生活になっていくため、中国へ帰国して進学校へ入学する計画を断念し、日本へ定着していく華人も少なくない。そのような場合、UR団地を離れ、賃貸でなく分譲マンションへ転居していく例がよくみられる。UR団地は、彼らにとって飛び石的な役割を果たしているのである。

コラム15

チャイナドレス（旗袍）の歴史的背景

中国の経済発展に伴い、中国の文化への関心も高まり、中国国内だけでなく海外の若い華人の間でも伝統的な中国服の人気が高まっている。アメリカの華字紙によれば、カリフォルニア南部の華人社会では、中国風のデザインの服を着て出社する華人が増えているという。

中国の民族衣装というと、体のラインを強調した女性用のワンピースで、横に深いスリットが入ったチャイナドレスを思い浮かべる人が多いだろう。日本では中国を代表する民族衣装と認識されてきたチャイナドレスだが、満洲族や漢民族の伝統服ではなく、近代の中華民国の時代に生まれたものである。

中国の民族衣装は「漢服」と「胡服《こふく》」の2系統に分かれる。漢服は漢民族の伝統的な衣装で、胡服は北方の騎馬民族の衣装である。胡服はチャイナドレスと異なり、乗馬に好都合な上衣とズボンのツーピースで、男女用問わず腰から下は両側に長いスリットが入っていた。このような満洲族の服装を、漢族は「旗袍《チーパオ》」と呼んだ。

明朝が滅び、満洲族が統治する清朝の時代になると、清朝政府は漢族の男性に満洲族の服装や、満洲族の髪形である辮髪《べんぱつ》（頭髪の周囲を剃《そ》り、中央に残った髪を編んで長く後ろに垂らしたもの）を強制した。1848年の金鉱発見によるゴールドラッシュでカリフォルニアに渡った当時の華人を白人が描いた絵には、中国の伝統的な服を着て、辮髪を背中に垂らした華人男性の姿がみられる（第12章参照）。

辛亥《しんがい》革命で清朝が滅び中華民国となり、「旗袍」は洋服の手法を取り入れ、裾が長いワンピース形式のチャイナドレスに変化したのである。今日の旗袍のスタイルが定着したのは1930年代頃だという。

写真　春節パレードでの旗袍隊の行進（横浜中華街）

中華人民共和国の成立後、質素な服装が一般化し、文化大革命期には男女差や社会階級を感じさせない衣服が主流となった。男性は人民服（孫文（孫中山）が愛用したため、中山服とも呼ばれる）の着用が推奨された。改革開放後、人民服姿はしだいに見られなくなり、洋服が流行し、今日に至っている。

改変された女性用の旗袍、いわゆるチャイナドレスは、英語ではMandarin dressなどと呼ばれ、世界の華人社会では、結婚式の衣装やパーティドレスとして定着している。各地のチャイナタウンで催されるイベントでも、チャイナドレス姿の女性が多く見られる（写真）。

中国の民族衣装は、近年、男女を問わず、華人の若者たちの間でブームとなっている。ＳＮＳの普及により、漢民族の伝統的な民族服である漢服姿の写真の投稿が増加している。中国では、２００３年から漢服の本格的な復興活動が始まった。

観光地としてにぎわっている横浜中華街では、最近、チャイナドレスを着た若い日本人女性が、関帝廟や媽祖《まそ》廟などで写真を撮っている光景をよくみかけるようになった。また、チャイナドレスを扱っている店舗の中には、レンタル用の中国服を着て写真撮影できる店もみられる。

50

宗教

★儒教・仏教・道教、三教の混交★

東南アジアの華人はどのような宗教を信じているのだろうか。シンガポールの2020年の人口センサス（国勢調査）で華人の宗教関係のデータをみてみた。信仰する宗教に関しては、華人のうち54・2％が仏教、15・6％が道教、キリスト教が29・0％、その他1・2％となっていた。華人の3割近くがキリスト教を信じ、そのうち32・7％はカトリック、67・3％はその他と答えている。「その他」のほとんどはプロテスタントであろう。

東南アジアに限らず世界の華人社会をみると、彼らがもっとも信仰している宗教は、はたして仏教なのだろうかという疑問が湧いてくる。というのも、現実の華人社会では、仏教と道教の境界が意識されていないからである。上述のような人口センサスの数値は、信仰する宗教について問われると面倒なので仏教と回答してしまう人が多い結果ではないだろうか。

中国を離れて海外に移り住んだ華人は、故郷で信仰していた宗教を現地に持ち込んだ。出身地ごとにさまざまな方言が用いられ、信仰していた神々も多様であった。異なる出身地の華人が互いに交流する中で、信仰する宗教もしだいに変容していっ

写真１　マラッカの青雲亭
1646年に建立されたマレー半島最古の華人廟。

たのである。

世界各地で、さまざまな神々を祀った華人の廟がみられる。一つの廟には、複数の神々が祀られている。中には、三教と呼ばれる儒教・仏教・道教のほかに、移住先の先住民が信仰している神々も加えられたものもある。

マラッカ海峡に面するマレー半島の古都、マラッカは、14世紀末、港市国家マラッカ王国として栄えたが、１５１１年、ポルトガルの占領により滅びた。明朝の時代、鄭和《ていわ》の南海遠征の補給基地にもなったところである（第9章参照）。マラッカの旧市街地に華人の廟、青雲亭がある（写真1）。鄭和のマラッカ寄港を称え、中国から建築材料を運んで建立された青雲亭の開基は１６４６年とされている。観光ガイドブックには、青雲亭は「マレーシア最古の仏教寺院」と書かれているが、確かに主神は仏教の観音菩薩である。しかし、正面に向かって観音菩薩の右には関帝、左には媽祖《まそ》が祀られている。関帝と媽祖は、有名な道教の神々である。

関帝とは三国時代の武将・関羽の敬称で、日本でも関羽については、吉川英治の小説『三国志』や漫画化された横山光輝『三国志』などでよく知られている（写真2）。関羽は神格化され関帝（関聖帝君、協天大帝、山西夫子などさまざまな呼称がある）と呼ばれ、軍神、財神として祀られている。関帝を主神とした廟が関帝廟である。商売繁盛の神様でもある関帝は、世界の華人社会で広く信仰されている。アメリカ、カナダ、オーストリアなどの広東人を中心に形成されたチャイナタウンの廟の中でも、関帝が多く見られる。

写真2　クアラルンプールのチャイナタウンの関帝廟内の関聖帝君（関羽）像

関帝とともに人気が高い道教の神が媽祖である。媽祖は、天后あるいは天上聖母とも呼ばれ、もともと福建省の莆田《プーティエン》地方（第21章参照）の航海・漁業の守護神（女神）であった。媽祖は、しだいに万物に利益がある神として人気を高め、各地に媽祖廟、天后廟が設立されていった。

媽祖には次のような言い伝えがある。宋の時代の960年3月23日、媽祖は、現在の福建省莆田市の湄州島《びしゅうとう》で、ある官吏の七女として生まれた。湄州島には媽祖祖廟（湄洲天后宮とも呼ばれる）があり、台湾を含め世界各地の華人が参拝に訪れる（写真3）。媽祖は、生後1か月経っても泣き声をあげないため、林黙娘《リンモーニャン》と名づけられた。彼女は幼い時から不思議な能力を持ち、人の吉凶や幸不幸を当てたり、病気を治し災難から人を助けたりした。海で遭難した父を助け、兄の遭難を予言し、不思議な能力で人びとを助

写真３　福建省莆田市、湄州島の媽祖祖廟

写真４　湄州島の媽祖祖廟の媽祖像

けたエピソードが多く残されている。28歳の時、黙娘は旅立ち、やがて峨《が》眉《び》山《さん》の山頂で仙人に導かれて神様になったという（写真４）。

媽祖信仰は福建省の沿岸地域や台湾、沖縄、さらには華人の海外進出とともに東南アジアを中心に世界各地に広がっていった。旧暦3月23日には、台湾、東南アジアの華人社会などでは、媽祖生誕祭が盛大に行われる。横浜中華街の媽祖廟の媽祖祭は、毎年３月の春分の日に開催される。東京にも媽祖廟がある。ＪＲ中央線大久保駅南口近くに（新宿区百人町一丁目）、日本在留の台湾人が中心になって東京媽祖廟が２０１３年に開廟した。

華人の宗教生活では、儒教・仏教・道教が明確に区分されているわけではなく、三教が混交した形態となっている。参拝の目的も、生活の平安、現生利益（金儲け）など現実主義的であるといっても過言ではない。各地でみられるさまざまな廟は、前述の通り複数の神々を祀ったものが一般的である。横浜中華街にある関帝廟も、主神は商売繁盛の神であり学問の神でもある関帝であるが、向かって左側には地母《じぼ》娘娘《ニャンニャン》（除災・健康の神）、右側には仏教由来の観音菩薩（縁談や安産の神）が祀られている。また、手前右側には、中国南部や東南アジアの華人社会で祀られている福徳正神（土地公）がみられる。福徳正神は、邪気を払い、災いを避け、幸運を祈るという庶民の願いを叶えてくれる神である。なお、関帝廟の天井には、道教の最高神である玉皇上帝が住んでいると言われている。

写真5　シンガポール、天福宮の側殿の孔子像

1819年のシンガポールの開港以来、シンガポールの華人社会で最大多数を占めてきた福建人によって、1840年に天福宮が福建人街に建立された。正殿の主神は媽祖である。正殿の後ろの後殿や横にある側殿には、儒教の孔子（写真5）や仏教の観音菩薩も祀られ、そのほか道教の南海仏祖《なんかいぶっそ》、月亮娘娘《げつりょうニャンニャン》、太陽公仏祖《たようこうぶっそ》などもみられる。ここでも、儒教・仏教・道教、三教の混交となっている。

写真6　シドニー郊外のニューチャイナタウン、ハーストビルのキリスト教会（聖公会）の案内板

英語のほかに「粵語」（広東語）と「国語」（台湾の標準中国語）でもミサが行われる。

シンガポールやマレーシアでは、徳教会と呼ばれる宗教団体がある。１９５２年にマレーシアの錫《すず》鉱山都市として有名なイポーから各地に広がり、シンガポールには南洋徳教総会が設立された。１９８５年時点で、マレーシアには61、シンガポールには５つの徳教会があったという。徳教会で信仰されているのは、儒教・仏教・道教の三教のみではない。徳教会では、「儒教の忠恕《ちゅうじょ》、道教の敬徳、仏教の慈悲、キリスト教の愛、イスラム教の慈悲という世界の五大宗教の教え」を信奉していると主張している。

　アメリカ、カナダ、オーストリア、フランスなどのチャイナタウンや華人が多く居住する地域では、華人の信者を対象に日曜のミサを中国語で行っているキリスト教会が少なくない（写真6）。広東省や香港出身者が多い地区では、広東語のミサもある。海外で不安を抱えた華人の中には、年齢を問わず、移住先でキリスト教徒になる者もみられる。このようなキリスト教徒の華人が帰郷して、中国国内、特に浙江《せっこう》省でキリスト教徒が増加している。中国当局は、この状況を警戒しているようである（第24章参照）。

51

華人文学

★東南アジア、世界、そして日本★

中国を離れ、世界各地に移り住んだ華人は、居住地の異文化と交流する中で華人特有の文化を形成していった。そのような中に小説や詩などの華人文学も生まれた。

華人文学の中には、作者が生活する地域の華人社会をテーマにするものと、中国文学の影響を強く受けたものとに大きく分類することができよう。

1919年、日本の対華二十一カ条要求撤廃などを要求した五・四運動は、中国のナショナリズムを高揚させた。これは、東南アジアにおける華人文学に大きな影響を与えたという。第二次世界大戦後、植民地の独立は、華人作家に潜んでいた「僑民」(海外に仮住まいする人びと、すなわち華僑)意識をしだいに消失させ、居住国の華人作家による華人文学の発展を促した。

世界で華人がもっとも多い東南アジアは、世界における華人文学の中心地でもある。その根底には、華文教育により華語能力を有する華人が多いこととともに、華字紙の存在が重要である。華字紙には文芸欄が設けられており、華人作家は自分の作品を掲載することができる。華人文学の作品を書籍として出版することは、市場性が乏しいため容易ではない。華人文学の作

写真　シンガポールの中国語書籍専門店「友聯書局」
シンガポールの老舗高級ホテル、ラッフルズ・ホテルに近いブラスバサー・コンプレックス（Bras Basah Complex, 百勝楼）は書店街としても有名である。ここにある中国語書籍専門店は、華人文学の発展において重要な役割を果たしてきた。

家のほとんどは兼業作家で、公務員、教師、会社員などの仕事に従事しながら作家活動を行っている。

東南アジアの華人文学は、国別に名称がある。シンガポールの新華文学、マレーシアの馬華文学、タイの泰華文学、インドネシアの印華文学、フィリピンの菲華文学などである。なかでも華語が普及している国の新華文学と馬華文学が、他の地域と比べて作品数、作家数においてもっとも多い。シンガポールとマレーシアは関係が緊密であり、両地域はイギリス植民地時代にはマラヤ（馬来亜）と呼ばれていた。馬来亜華人文学の略語として「馬華文学」も用いられていた。現在、両国の華人文学をまとめて表現する場合には、「新馬華文学」が使われている。

馬華文学の代表的な作家の一人として、方北方《ファンベイファン》（1919〜2007年）をあげることができる。方北方は潮州人の僑郷《きょうきょう》の一つである広東省の恵来（現在の掲陽市）出身で、1928年、マレーシアのペナンに移住。1937年、勉学のために帰国した後、再びマレーシアに戻った。教師の傍ら多くの小説を発表し、マレーシア作家華文協会の主席を務めた。華人社会の多様な思想意識の克明な分析、民族融和の途を模索して苦悩する諸民族の老若男女の心理描写などが高く評価されている。

シンガポールとマレーシアにおいても、華人文学の市場は限られており、作家たちは自ら文芸団体等を作り、雑誌や単行本を刊行している。中国語書店では、中国本土や香港、台湾などの華語書籍が多数販売されており、地元の華人作家の作品を購入してもらうのは容易ではない（写真）。

世界的にみて、華人作家は執筆する際に、どのような言語を用いているのであろうか。もっとも多いのは華語であり、その次が英語である。また、居住国の言語で執筆する作家もいる。

2000年に中国語作家として、初のノーベル文学賞を受賞したのが高行健《ガオシンジェン》である。1940年、中国の江西省生まれ、北京外国語学院のフランス語科を卒業した後、翻訳家となり、小説などを執筆した。1979年に中国共産党に入党したが、1989年に天安門事件が起こるとフランスに亡命し、1998年にはフランス国籍を取得した。

アメリカの華人作家は、英語で執筆している者が多く、次のように3つに分類することができる。アメリカ生まれの二世、三世などの華人、次に中国の改革開放以降に移住してきた新華僑、そして香港、台湾、東南アジアなどの出身の華人である。アメリカの華人文学にみられるテーマとしては、中国への郷愁や回想、移民としての苦悩・問題、人種差別、アメリカの華人社会などが多い。

アメリカの華人作家として有名なエイミ・タン（Amy Tan，譚恩美）は、1952年にカリフォルニアで生まれた華人二世である。広東省台山籍の父は国共内戦を逃れてアメリカに移住してきた。1989年に発表した『ジョイ・ラック・クラブ』がベストセラーになり、日本語にも翻訳された（小沢瑞穂訳、角川書店、1990年）。本書は、サンフランシスコが舞台で、中国から移住してきた4人の中国人女性が集まり、麻雀をしながら、点心を食べ、「ジョイ・ラック・クラブ」と名づけた会を開き、苦難の人生を語る。また、彼女たちのアメリカ人として生まれ育った4人の娘たちとの世代間相違と心の絆を描いている。1993年には、オリバー・ストーンが制作総指揮を務め映画化された。

最後に日本における華人文学をみてみよう。ここでは、日本語で執筆する華人を取り上げる。

2008年、中国籍で、かつ日本語以外の言語を母語とする作家が、史上初めて芥川賞を受賞したことは、大きなニュースになった。受賞者の楊逸《ヤンイー》は、1964年、ハルビンで生まれた。1987年に来日し、アルバイトしながら日本語学校に通った。当時は日本語学校で学ぶ就学生ビザを取得し、貧しかった中国から大量の「就学生」が来日した時期であった。お茶の水女子大学の文教育学部地理学専攻を卒業後、さまざまな仕事をしながら、日本語で小説を書き始めた。2008年、中国の民主化運動に加わった大学生の苦悩などを描いた『時が滲《にじ》む朝』（文藝春秋、2008年）で芥川賞を受賞した。

楊逸以来2人目の「日本語以外の母語を持つ」芥川賞受賞者となったのは、台湾出身の李琴峰《りことみ》である。1989年、台湾生まれで、15歳頃から日本語を習い始めた。台湾大学を卒業後、2013年に来日し、早稲田大学大学院の日本語教育研究科で学んだ。芥川賞受賞作の『彼岸花が咲く島』（文藝春秋、2021年）は、「ニホンゴ」と「女語《じょご》」という二つの言語が生きる島に流れついた記憶を失った少女の物語である。

直木賞作家としては、台湾生まれ、東京大学経済学部卒業の邱永漢《きゅうえいかん》（1924～2012年）が、1955年、香港での自らの体験をもとに執筆した小説『香港』（近代生活社、1956年）で受賞した。

作家であると同時に、実業家であり、経済評論家であった邱永漢は、投資や金儲けに関する本も多く出版し、「金儲けの神様」と呼ばれた。日本においては「華僑は商売上手」というイメージがあり、金儲けの秘訣などに関する「華僑商法」が注目されたりするが、そこには邱永漢の著作の影響が大きい。邱永漢の食にまつわるエッセイ集『食は広州に在り』（竜星閣、1957年）は、日本における広東料理の知名度をさらに高めた。

1968年には、海産物貿易商の華人を父にもち、神戸で生まれた陳舜臣《ちんしゅんしん》（1924〜2015年）が、書籍、書画骨董、工芸品などの専門店が集まっている北京の瑠璃廠《るりしょう》を舞台にした小説『青玉獅子香炉《せいぎょくししこうろ》』（文藝春秋、1969年）で受賞した。

2015年には、東山彰良《あきら》が、戦争に翻弄される一家を描いた『流』（講談社、2015年）で直木賞を受賞した。本名は王震緒《ワンジェンシー》で、1968年に台湾で生まれた。東山の祖父は中国の山東省出身で元抗日戦士であった。父は1949年、台湾に移り教師となり、1973年、父に連れられて日本に移住した。小学校の時、一時台湾に帰ったが、日本に戻り、以後、福岡で過ごしている。筆名の「東山」は祖父の出身地の山東省から、「彰良」は母の出身地である台湾の彰化に由来しているという。

52

世界の華僑・華人博物館

★華僑・華人をもっと知るために★

世界各地の華人社会を巡り歩いていると、旅行ガイドブックには掲載されていない華僑・華人に関する博物館を「発見」することがある。このような博物館では、それぞれの地域の華人に関する文化遺産が保存され、華人の歴史、中国と華人との交流の記録、今日の華人社会の状況などが展示されている。また、華人に関する研究成果の報告書、書籍なども販売されているところも少なくない。建設費用は、華人からの寄付や、地元の政府、自治体などからの援助による。こうした華僑・華人博物館のほとんどは、チャイナタウンまたはその近隣に設立されている。

中国国内最初の華僑・華人博物館は、1959年、マラヤのゴム王と呼ばれた陳嘉庚《ちんかこう》の援助により設立された、厦門《アモイ》華僑博物院である（コラム7参照）。中国の改革開放政策の進展に伴い、新たに海外に出る新華僑が増加した。経済発展する中国と海外の華人社会との交流が深まるにつれ、海外だけでなく中国国内においても、新たな華僑・華人博物館の設立が目立つようになってきた。2014年には、北京に中国華僑歴史博物館（地上3階、地下2階）が建設された。また、2021年に広州華僑博物館が開館した。

海外においては、華人がもっとも多く居住する東南アジアのほかに、アメリカ、オーストリア、日本などに華僑・華人博物館がある。

東南アジアでは、シンガポールの旧南洋大学（第43章参照）の行政楼（本部棟）に、華裔館《かえいかん》（Chinese Heritage Centre）が1995年に設立された。華裔館はシンガポールのみならず、世界各地の華人に関する研究センターとしての役割も有している。シンガポールのチャイナタウン、牛車水《ニューチャーシュイ》（Kreta Ayer）地区の中には、チャイナタウン・ヘリテージ・センター（Chinatown Heritage Centre）がある。ショップハウスを利用し、規模は小さいが、中国南部からシンガポールに移住した華人のショップハウスでの暮らしぶりが再現されている（第49章参照）。

スハルト政権時代に厳しい対華人政策がとられてきたインドネシアでは、近年の対中国関係の改善を反映して、ジャカルタ南東の郊外にあるテーマパーク、タマン・ミニ・インドネシア・インダに、印尼（インドネシア）客家《ハッカ》博物館が2014年に設立された（第34章参照）。

韓国の仁川《インチョン》中華街には、仁川で誕生したチャジャンミョン（炸醤麺、韓国風ジャージャー麺）博物館がある（コラム14参照）。ここでは、韓国における中国の食文化の受容とともに、仁川の華人社会の歴史を知ることができる。さらに仁川中華街の中には、韓中文化館（Korean-Chinese Cultural Center）もある。

アメリカには、華人社会について研究している大学教員や研究者などが多く、華人博物館の設立・運営などで、重要な役割を果たしてきた。アメリカのことを、中国語では「美国」（美利堅合衆国の略

写真1　サンフランシスコのチャイナタウンにある美国（アメリカ）華人歴史学会博物館

称）と称する。アメリカの初期の華人社会は、ゴールドラッシュで渡米した華人によって形成された。カリフォルニア州の北に隣接するオレゴン州には、かつてゴールドラッシュ時代にチャイナタウンが形成されていたジョンデイに、１９７４年、オレゴン州華人博物館（別名：金華昌博物館）が開設された。同様に、２００７年、カリフォルニア州北部のマリーズビルに設立された北カリフォルニア華人博物館も、ゴールドラッシュ時代の華人に関する博物館である。

アメリカにおける主要なチャイナタウンには華人博物館が設立されており、それらの展示・出版物などは非常に充実している。サンフランシスコには１９６３年、美国華人歴史学会（Chinese Historical Society of America）が設立され、そのオフィスにはアメリカの華人に関する博物館が併設されている。そのアメリカ華人歴史学会博物館は、２００1年、サンフランシスコのチャイナタウンの現在地（Clay Street）に移転した（写真1）。貴重な展示資料が多く、歴史的な内容ばかりでなく、近年、新華僑によって形成された郊外のニューチャイナタウンについても解説されている。このほか、カリフォルニア州のサンディエゴには、サンディエゴ中華歴史博物館がある（1980年設立）。

ニューヨーク・マンハッタンのチャイナタウンには、美国華人博物館（Museum of Chinese in America）が1980年に設立され、2009年に現在地（Center Street）に移転した。また、シカゴのチャイナタウンには、芝加哥《シカゴ》美洲華裔博物館（Chinese American Museum of Chicago）がある。この博物館は、2005年に設立されたが、2008年に火災に遭い、2010年に再建された。

オーストラリア（澳大利亜）では、メルボルンのチャイナタウンに澳華歴史博物館（Museum of Chinese Australian History）がある（1995年設立）。地上3階、地下1階で、メルボルンだけでなくオーストラリア全土の華人社会の今日に至るまでの歴史、現状などを展示している（写真2）。

写真２　メルボルンのチャイナタウンにある澳華（オーストラリア華人）歴史博物館

日本における華僑・華人博物館は、神戸華僑歴史博物館のみである。1979年、南京町の南西の海岸通三丁目にある神戸中華総商会ビルの2階に設立された。初代館長となった陳徳仁（当時、神戸中華総商会会長）の尽力により開館されたもので、神戸華僑の生活に関する美術品から生活用具まで貴重な文物、文献、資料が展示・収集されている。

日本三大中華街で最大の横浜中華街には、現時点で華僑・華人博物館のような施設は、残念ながらまだ見られない。これまで、中華街博物館の建設構想が全くなかったわけではない。善隣門に近い加賀町警察署が老朽化して、建て替えの計画が出てきた際に、その場所に中華街博物館を建設してはどうかという動きもあったようだ。結局、そのような要望は実らず、１９９６年、現在の加賀町警察署の建物が落成した。横浜中華街の中あるいは近隣に、横浜中華街博物館、横浜華僑博物館のような施設が近いうちに開設されることを期待したい。

華僑・華人をもっと知るための参考文献・資料

日本語文献（著者姓の五十音順）、英語文献（同アルファベット順）、中国語文献（同ピンイン順）の順。

華僑・華人について基礎的、総合的に理解するためには、主に「全般、事典」に掲げた文献を参考にされたい。

◉全般、事典

朝日新聞社編『最新華僑地図』朝日新聞社、1994年。

華僑華人の事典編集委員会編『華僑華人の事典』丸善出版、2017年。

可児弘明・斯波義信・游 仲勳編『華僑・華人事典』弘文堂、2002年。

可児弘明・游 仲勳編『華僑華人――ボーダレスの世紀へ』東方書店、1995年。

河部利夫『華僑』潮出版社（潮新書）、1972年。

斯波義信『華僑』岩波書店（岩波新書）、1995年。

須山 卓・日比野丈夫・蔵居良造『華僑 改訂版』日本放送出版協会（NHKブックス）、1974年。

戴 國煇編『もっと知りたい華僑』弘文堂、1991年。

奈倉京子編『中華世界を読む』東方書店、2020年。

パン、リン編、游 仲勲監訳『世界華人エンサイクロペディア』明石書店、2012年。

樋泉克夫『華僑コネクション』新潮社、1993年。

樋泉克夫『華僑の挑戦――金と血の団結が世界を制す』ジャパンタイムズ、1994年。

樋泉克夫『華僑烈々――大中華圏を動かす覇者たち』新潮社、2006年。

山下清海『世界のチャイナタウンの形成と変容――フィールドワークから華人社会を探究する』明石書店、2019年。

山下清海編『華人社会がわかる本――中国から世界へ広がるネットワークの歴史、社会、文化』明石書店、2005年。

游 仲勲『華僑――ネットワークする経済民族』講談社（講談社現代新書）、1990年。

游仲勲先生古希記念論文集編集委員会編『日本における華僑華人研究――游仲勲先生古希記念論文集』風響社、２００３年。

Pan, L. ed. 1998, *The encyclopedia of the Chinese overseas.* Archipelago Press and Landmark Books, Singapore.

Tan, Chee-Beng ed. 2013, *Routledge Handbook of the Chinese Diaspora.* Routledge.

Zhou, Min ed. 2017, *Contemporary Chinese Diaspora.* Springer Singapore.

潘翎主編、崔貴強編訳『海外華人百科全書』三聯書店（香港）、１９９８年〔Pan ed.（1998）の中国語版〕。

《華僑華人百科全書》編輯委員会編『華僑華人百科全書』（全12巻）中国華僑出版社（北京）、１９９８～２００２年。

周南京主編『世界華僑華人詞典』北京大学出版社（北京）、１９９３年。

◉歴史

飯島渉編『華僑・華人史研究の現在』汲古書院、１９９９年。

内田直作『東洋経済史研究 Ⅰ』千倉書房、１９７０年。

内田直作『東洋経済史研究 Ⅱ』千倉書房、１９７６年。

可児弘明『近代中国の苦力と「豬花」』岩波書店、１９７９年。

須山卓『華僑経済史』近藤出版社、１９７２年。

陳來幸『近代中国の総商会制度――繫がる華人の世界』京都大学学術出版会、２０１６年。

濱下武志『華僑・華人と中華網――移民・交易・送金ネットワークの構造と展開』岩波書店、２０１３年。

パン、リン著、片柳和子訳『華人の歴史』みすず書房、１９９５年。

山岸猛『華僑送金――現代中国経済の分析』論創社、２００５年。

◉僑郷・方言集団

飯島典子『近代客家社会の形成――「他称」と「自称」

のはざまで』風響社、2007年。

飯島典子・河合洋尚・小林宏至『客家――歴史・文化・イメージ』現代書館、2019年。

可児弘明編『僑郷　華南――華僑・華人研究の現在』行路社、1996年。

河合洋尚『〈客家空間〉の生産――梅県における「原郷」創出の民族誌』風響社、2020年。

川口幸大・稲澤 努編『僑郷――華僑のふるさとをめぐる表象と実像』行路社、2016年。

志賀市子編『潮州人――華人移民のエスニシティと文化をめぐる歴史人類学』風響社、2018年。

瀬川昌久『客家――華南漢族のエスニシティーとその境界』風響社、1993年。

瀬川昌久・飯島典子編『客家の創生と再創生――歴史と空間からの総合的再検討』風響社、2012年。

奈倉京子『帰国華僑――華南移民の帰還体験と文化的適応』風響社、2012年。

莫 邦富『蛇頭（スネークヘッド）――中国人密航者を追う』草思社、1994年。

森田靖郎『蛇頭と人蛇――中国人密航ビジネスの闇』集英社（集英社新書）、2001年。

山下清海『東南アジア華人社会と中国僑郷――華人・チャイナタウンの人文地理学的考察』古今書院、2002年。

山下清海編『改革開放後の中国僑郷――在日老華僑・新華僑の出身地の変容』明石書店、2014年。

◉社会・文化

岩間一弘『中国料理と近現代日本――食と嗜好の文化交流史』慶應義塾大学出版会、2019年。

岩間一弘『中国料理の世界史――美食のナショナリズムをこえて』慶應義塾大学出版会、2021年。

ウーン、ユエンフォン著、池田年穂訳、吉原和男監修・解説『生寡婦（グラスウィドウ）――広東からカナダへ、家族の絆を求めて』風響社、2003年。

黄 蘊『東南アジアの華人教団と扶鸞信仰――徳教の展開とネットワーク化』風響社、2011年。

佐々木宏幹『スピリチュアル・チャイナ――現代華人社会の庶民宗教』大蔵出版、2019年。

谷垣真理子・塩出浩和・容 應萸編『変容する華南と華人ネットワークの現在』風響社、2014年。

地球の歩き方編集室編『世界の中華料理図鑑』地球の歩き方、学研プラス（販売）、2022年。

陳 天璽『華人ディアスポラ——華商のネットワークとアイデンティティ』明石書店、2001年。
陳 天璽『無国籍』新潮社、2005年（新潮文庫、2011年）。
陳 天璽『無国籍と複数国籍——あなたは「ナニジン」ですか？』光文社（光文社新書）、2022年。
奈倉京子編『中国系新移民の新たな移動と経験——世代差が照射する中国と移民ネットワークの関わり』明石書店、2018年。
帆刈浩之『越境する身体の社会史——華僑ネットワークにおける慈善と医療』風響社、2015年。
安田峰俊『現代中国の秘密結社——マフィア、政党、カルトの興亡史』中央公論新社（中公新書ラクレ）、2021年。

◉経済・政治

朝日新聞社編『奔流中国——21世紀の中華世界』朝日新聞社、1998年。
岩崎育夫『リー・クアンユー——西洋とアジアのはざまで』岩波書店、1996年。
岩崎育夫『華人資本の政治経済学——土着化とボーダレスの間で』東洋経済新報社、1997年。
朱 炎『華人ネットワークの秘密——アジアの新龍』東洋経済新報社、1995年。
朱 炎編『アジア華人企業グループの実力——徹底検証』ダイヤモンド社、2000年。
田中恭子『国家と移民——東南アジア華人世界の変容』名古屋大学出版会、2002年。
中野貴司・鈴木 淳『東南アジア スタートアップ大躍進の秘密』日経BP日本経済新聞出版、2022年。
日本経済新聞社編『華僑——商才民族の素顔と実力』日本経済新聞社、1981年。
邉見伸弘『チャイナ・アセアンの衝撃——日本人だけが知らない巨大経済圏の真実』日経BP、2021年。
游 仲勲『華僑はアジアをどう変えるか——中国系経済圏の挑戦』PHP研究所、1995年。
游 仲勲『華僑・華人経済——日本・アジアにどんな影響を及ぼすか』ダイヤモンド社、1995年。
游 仲勲編『21世紀の華人・華僑——その経済力が世界を動かす』ジャパンタイムズ、2001年。
游 仲勲編『世界のチャイニーズ——膨張する華僑・華

人の経済力』サイマル出版会、1991年。

リー・クアンユー著、小牧利寿訳『リー・クアンユー回顧録――ザ・シンガポール・ストーリー』(上・下) 日本経済新聞社、2000年。

渡辺利夫編『華人経済ネットワーク――中国に向かうアジア・アジアに向かう中国』実業之日本社、1994年。

渡辺利夫・今井理之編『概説　華人経済』有斐閣、1994年。

◉教　育

小木裕文『シンガポール・マレーシアの華人社会と教育変容』光生館、1995年。

杉村美紀『マレーシアの教育政策とマイノリティ――国民統合のなかの華人学校』東京大学出版会、2000年。

西村俊一編『現代中国と華僑教育――新世紀に向かう東アジアの胎動』多賀出版、1991年。

山本須美子『文化境界とアイデンティティ――ロンドンの中国系第二世代』九州大学出版会、2002年。

山本須美子『EUにおける中国系移民の教育エスノグラフィ』東信堂、2014年。

山本須美子編『ヨーロッパにおける移民第二世代の学校適応――スーパー・ダイバーシティへの教育人類学的アプローチ』明石書店、2017年。

◉日　本

伊藤泉美『横浜華僑社会の形成と発展――幕末開港期から関東大震災復興期まで』山川出版社、2018年。

王維『日本華僑における伝統の再編とエスニシティ――祭祀と芸能を中心に』風響社、2001年。

王維『素顔の中華街』洋泉社（新書y）、2003年。

大類善啓『ある華僑の戦後日中関係史――日中交流のはざまに生きた韓慶愈』明石書店、2014年。

小笠原謙三『孫文を支えた横浜華僑　温炳臣・恵臣兄弟』八坂書房、2009年。

過放『在日華僑のアイデンティティの変容――華僑の多元的共生』東信堂、1999年。

呉宏明・髙橋晋一編『南京町と神戸華僑』松籟社、2015年。

神戸華僑華人研究会編『神戸と華僑――この150年の

歩み』神戸新聞総合出版センター、2004年。

朱慧玲著、段躍中監修、高橋庸子訳『日本華僑華人社会の変遷――日中国交正常化以後を中心に』(第2版)、日本僑報社、2013年。

徐翠珍『華僑二世徐翠珍的在日――その抵抗の軌跡から見える日本の姿』東方出版、2020年。

鍾家新『在日華僑華人の現代社会学――越境者たちのライフ・ヒストリー』ミネルヴァ書房、2017年。

須山卓『華僑社会――勢力と生態』国際日本協会、1955年。

曽士才・王維編『日本華僑社会の歴史と文化――地域の視点から』明石書店、2020年。

譚璐美・劉傑『新華僑 老華僑――変容する日本の中国人社会』文藝春秋(文春新書)、2008年。

中華会館編『落地生根――神戸華僑と神阪中華会館の百年』研文出版、2000年。

陳焜旺主編、日本華僑華人研究会編『日本華僑・留学生運動史』日本僑報社(発行:中華書店)、2004年。

陳徳仁・安井三吉『孫文と神戸――辛亥革命から90年』(補訂版)、神戸新聞出版センター、2002年。

陳優継『ちゃんぽんと長崎華僑――美味しい日中文化交流史』長崎新聞社(長崎新聞新書)、2009年。

西川武臣・伊藤泉美『開国日本と横浜中華街』大修館書店、2002年。

野村進『島国チャイニーズ』講談社、2011年。

久末亮一『評伝 王増祥――台湾・日本・香港を生きた、ある華人実業家の近現代史』勉誠出版、2008年。

安井三吉『帝国日本と華僑――日本・台湾・朝鮮』青木書店、2005年。

山下清海『池袋チャイナタウン――都内最大の新華僑街の実像に迫る』洋泉社、2010年。

山下清海『横浜中華街――世界に誇るチャイナタウンの地理・歴史』筑摩書房(筑摩選書)、2021年。

「横浜中華街 生業と文化」編纂委員会編『横浜中華街生業と文化――横浜中華街発展会協同組合設立50周年記念』横浜中華街発展会協同組合、2022年。

林同春『二つの故郷――在日華僑を生きて』エピック、2007年。

◉海外

〈海外全般〉


カルデナル、フアン・パブロおよびアラウホ、エリベルト著、窪田恭子訳『進撃の華人――中国「静かな世界侵略」の脅威』講談社、２０１４年。

莫邦富『新華僑――世界経済を席捲するチャイナ・ドラゴン』河出書房新社、１９９３年。

山下清海『チャイナタウン――世界に広がる華人ネットワーク』丸善（丸善ブックス）、２０００年。

山下清海『新・中華街――世界各地で〈華人社会〉は変貌する』講談社（選書メチエ）、２０１６年。

山下清海『世界のチャイナタウンの形成と変容――フィールドワークから華人社会を探究する』明石書店、２０１９年。

游仲勲『世界のチャイニーズ――膨張する華僑・華人の経済力』サイマル出版会、１９９１年。

Wong, Bernard P. and Tan Chee-Beng eds. 2013, *Chinatowns around the world: Gilled ghetto, ethnopolis, and cultural diaspora.* Brill
李原、陳大璋編『海外華人及其居住地概況』中国華僑出版公司（北京）、１９９１年。

梅彬主編『世界唐人街』広東人民出版社（広州）、２０１５年。

沈立新『世界各国唐人街紀実』四川人民出版社（成都）、１９９２年。

呉景明編『世界著名華人街区――唐人街』吉林人民出版社（長春）、２００９年。


〈中国〉


山下清海『東南アジア華人社会と中国僑郷――華人・チャイナタウンの人文地理学的考察』古今書院、２００２年。

任貴祥主編『海外華僑華人与中国改革開放』中共党史出版社（北京）、２００９年。

張応龍主編『華僑華人与新中国』暨南大学出版社（広州）、２００９年。


〈アジア〉

石井由香『エスニック関係と人の国際移動――現代マレーシアの華人の選択』国際書院、１９９９年。

泉田英雄『海域アジアの華人街（チャイナタウン）――移民と植民による都市形成』学芸出版社、2006年。

内田直作『東南アジア華僑の社会と経済』千倉書房、1982年。

王 恩美『東アジア現代史のなかの韓国華僑――冷戦体制と「祖国」意識』三元社、2008年。

太田 勇著、寄藤 昂・熊谷圭知・堀江俊一・太田陽子編『華人社会研究の視点――マレーシア・シンガポールの社会地理』古今書院、1998年。

太田泰彦『プラナカン――東南アジアを動かす謎の民』日本経済新聞出版、2018年。

北村由美『インドネシア　創られゆく華人文化――民主化以降の表象をめぐって』明石書店、2014年。

桑野淳一『タイ　謎解き町めぐり――華人廟から都市の出自を知る』彩流社、2017年。

桑野淳一『バンコク　謎解き華人廟めぐり』彩流社、2019年。

酒井忠夫『東南アジアの華人文化と文化摩擦』巌南堂書店、1983年。

坂出祥伸『道教と東南アジア華人社会――その信仰と親族的結合』東方書店、2013年。

貞好康志『華人のインドネシア現代史――はるかな国民統合への道』木犀社、2016年。

篠崎香織『プラナカンの誕生――海峡植民地ペナンの華人と政治参加』九州大学出版会、2017年。

清水 純・潘 宏立・庄 国土編『現代アジアにおける華僑・華人ネットワークの新展開』風響社、2014年。

スキナー、ジョージ・ウィリアム、山本 一訳『東南アジアの華僑社会――タイにおける進出・適応の歴史』(2版)、東洋書店、1988年。

田村慶子編『シンガポールを知るための65章【第5版】』明石書店、2021年。

津田浩司『「華人性」の民族誌――体制転換期インドネシアの地方都市のフィールドから』世界思想社、2011年。

津田浩司・櫻田涼子・伏木香織編『「華人」という描線――行為実践の場からの人類学的アプローチ』風響社、2016年。

二階堂善弘『東南アジアの華人廟と文化交渉』関西大学出版部、2020年。

松村智雄『インドネシア国家と西カリマンタン華人――「辺境」からのナショナリズム形成』慶應義塾大学

出版会、2017年。

山下清海『東南アジアのチャイナタウン』古今書院、1987年。

山下清海『シンガポールの華人社会』大明堂、1988年。

山下清海『東南アジア華人社会と中国僑郷――華人・チャイナタウンの人文地理学的考察』古今書院、2002年。

山下清海「アジアのチャイナタウンを巡る」（全8回）『Think Asia』（季刊誌）、2021年4月～2023年3月。〔ヤンゴン、コルカタ、クアラルンプール、仁川、ジャカルタ、ドバイ、バンコク、シンガポールのチャイナタウンを取り上げる〕

吉野文雄編『東南アジアと中国・華僑』成文堂、2012年。

〈**アメリカ・カナダ**〉

貴堂嘉之『アメリカ合衆国と中国人移民――歴史のなかの「移民国家」アメリカ』名古屋大学出版会、2012年。

キンキード、グウェン著、沢田 博・橋本 恵訳『チャイナタウン』時事通信社、1994年。

クォン、ピーター著、芳賀健一・矢野裕子訳『チャイナタウン・イン・ニューヨーク――現代アメリカと移民コミュニティ』筑摩書房、1990年。

胡 垣坤・曾 露凌・譚 雅倫編、村田雄二郎・貴堂嘉之訳『カミング・マン――19世紀アメリカの政治諷刺漫画のなかの中国人』平凡社、1997年。

園田節子『南北アメリカ華民と近代中国――19世紀トランスナショナル・マイグレーション』東京大学出版会、2009年。

森田靖郎『チャイナ・コネクション――ニューヨーク・福建・日本を結ぶ地下ルート』日本評論社、1992年。

〈**その他**〉

バージェス、トム著、山田美明訳『喰い尽くされるアフリカ――欧米の資源略奪システムを中国が乗っ取る日』集英社、2016年。

ミッシェル、セルジュ・ブーレ、ミッシェル著、中平信也訳『アフリカを食い荒らす中国』河出書房新社、2009年。

◉ウェブサイト

神戸華僑歴史博物館　http://www.kochm.org/
神戸南京町（南京町商店街振興組合）
https://www.nankinmachi.or.jp/
清海（チンハイ）老師の研究室（著者のホームページ）
http://qing-hai.org/
東京華僑総会　https://www.tokyo-chinese.com/
長崎新地中華街（長崎新地中華街商店街組合）
http://www.nagasaki-chinatown.com/
日本華僑華人学会　https://www.jssco.org/
日本華僑華人聯合総会　https://japan-chinese.org/
横浜中華街（横浜中華街発展会協同組合）
https://www.chinatown.or.jp/

Chinese American Museum, Los Angels（華美博物館）
https://camla.org/
Chinese Heritage Centre, NTU Singapore（南洋理工大学・華裔館）　https://www.ntu.edu.sg/chc/
International Society for the Study of Chinese Overseas（世界海外華人研究学会〈ＩＳＳＣＯ〉）
https://issco.site/
Museum of Chinese Australian History（澳華歴史博物館）　https://www.chinesemuseum.com.au/

華僑博物院　http://www.hqbwy.org.cn/
国務院僑務弁公室　http://www.gqb.gov.cn/
中国華僑歴史博物館
https://www.ocmuseum.cn/index.html
中華民国僑務委員会　https://www.ocac.gov.tw/ocac/

おわりに

本書をお読みいただき、華僑・華人を専門的に研究されている方々の中には、もっと多くの専門的な知識や情報を期待したのに……と思われた方もいらっしゃるかもしれない。一方、華僑・華人については高校の世界史や地理の授業で少し勉強しただけなので、知らないことばかりだったと思われた方も多かったのではないだろうか。本書の著者としては、後者の方々にウェイトを置いて執筆したつもりである。

本書を読まれた方々が、以前と違い、自分の近くにいる中国や東南アジアからの留学生に少しでも親近感をおぼえるようになっていただけたらありがたい。また、ビジネス上で華人と接触の機会がある方々は、これまでと違い、「えっ、あなた、そんなことまで知ってるの」と相手の華人にびっくりされることを、私は期待している。

これまでよく利用している華人経営の中国料理店に行ったとき、ここで働いている華人はどのような思いで日本に来たのだろうか、日本に来てどのように感じているのだろうか、子どもの教育はどのようにしているのだろうかなどと、今まではなんとも思わなかったことを想像するようになり、少しでも会話するようになってくれたら、うれしいかぎりである。

本書が出版できたのは、研究、調査に協力していただいた方々をはじめ、大勢の人たちの協力があったおかげである。

山下清海編『華人社会がわかる本——中国から世界へ広がるネットワークの歴史、社会、文化』が明石書店から刊行されたのは2005年であった。それからしばらくたって、私は研究代表者としてメンバーを組織し、日本学術振興会の科学研究費で、いくつかの共同研究に取り組んできた。それらの研究成果を学術書として出版するために日本学術振興会や日本地理学会に出版助成を申請した。その際、採択された際の出版を快く引き受けていただいたのが明石書店であった。おかげさまで、次のような書籍を明石書店から出版することができた。

2014年　山下清海編『改革開放後の中国僑郷――在日老華僑・新華僑の出身地の変容』

2016年　山下清海編『世界と日本の移民エスニック集団とホスト社会――日本社会の多文化化に向けたエスニック・コンフリクト研究』

2019年　山下清海『世界のチャイナタウンの形成と変容――フィールドワークから華人社会を探究する』

出版助成への協力をお願いする際に、次は「エリア・スタディーズ」から華僑・華人に関する本を出しましょうと、明石書店の大江道雅社長が声をかけてくださった。結果的に、その約束が延び延びになり、やっと今回の出版になってしまった。大江社長には、これまで辛抱強く待っていただき、しかも今回は単著で執筆したいとの私の希望をお許しくださった。また編集担当の長島遥氏には、2019年の前著同様、今回も原稿だけでなく、図、表、写真など細部まで非常にていねいにチェックしていただいた。心より感謝申し上げる次第である。

2023年2月

山下清海

〈著者紹介〉

山下清海（やました・きよみ）

1951年、福岡市生まれ。筑波大学大学院地球科学研究科博士課程修了。理学博士。秋田大学教育学部教授、東洋大学国際地域学部教授、筑波大学生命環境系教授、立正大学地球環境科学部教授等を経て、現在筑波大学名誉教授。

1978～80年、文部省アジア諸国等派遣留学生としてシンガポールの南洋大学地理系留学。1994～95年、カリフォルニア大学バークリー校 Asian American Studies 客員研究員。専門は、人文地理学、華僑・華人研究。元日本華僑華人学会会長。

著書に、『横浜中華街──世界に誇るチャイナタウンの地理・歴史』（筑摩書房、2021年）、『世界のチャイナタウンの形成と変容──フィールドワークから華人社会を探究する』（明石書店、2019年）、『新・中華街──世界各地で〈華人社会〉は変貌する』（講談社、2016年）、『世界と日本の移民エスニック集団とホスト社会──日本社会の多文化化に向けたエスニック・コンフリクト研究』（編著、明石書店、2016年）、『池袋チャイナタウン──都内最大の新華僑街の実像に迫る』（洋泉社、2010年）、『華人社会がわかる本──中国から世界へ広がるネットワークの歴史、社会、文化』（編著、明石書店、2005年）などがある。

ウェブサイト「清海（チンハイ）老師の研究室」 http://qing-hai.org

エリア・スタディーズ　196

華僑・華人を知るための52章

2023年　4月　5日　初版第1刷発行

著　者　山下清海
発行者　大江道雅
発行所　株式会社 明石書店
〒101-0021 東京都千代田区外神田6-9-5
電　話　03-5818-1171
FAX　03-5818-1174
振　替　00100-7-24505
https://www.akashi.co.jp/

装　幀　明石書店デザイン室
印刷／製本　日経印刷株式会社

（定価はカバーに表示してあります）　ISBN978-4-7503-5561-0

エリア・スタディーズ

1 現代アメリカ社会を知るための60章
明石紀雄、川島浩平 編著

2 イタリアを知るための62章【第2版】
村上義和 編著

3 イギリスを旅する35章
辻野功 編著

4 モンゴルを知るための65章【第2版】
金岡秀郎 著

5 パリ・フランスを知るための44章
梅本洋一、大里俊晴、木下長宏 編著

6 現代韓国を知るための60章【第2版】
石坂浩一、福島みのり 編著

7 オーストラリアを知るための58章【第3版】
越智道雄 著

8 現代中国を知るための52章【第6版】
藤野彰 編著

9 ネパールを知るための60章
日本ネパール協会 編

10 アメリカの歴史を知るための65章【第4版】
富田虎男、鵜月裕典、佐藤円 編著

11 現代フィリピンを知るための61章【第2版】
大野拓司、寺田勇文 編著

12 ポルトガルを知るための55章【第2版】
村上義和、池俊介 編著

13 北欧を知るための43章
武田龍夫 著

14 ブラジルを知るための56章【第2版】
アンジェロ・イシ 著

15 ドイツを知るための60章
早川東三、工藤幹巳 編著

16 ポーランドを知るための60章
渡辺克義 編著

17 シンガポールを知るための65章【第5版】
田村慶子 編著

18 現代ドイツを知るための67章【第3版】
浜本隆志、髙橋憲 編著

19 ウィーン・オーストリアを知るための57章【第2版】
広瀬佳一、今井顕 編著

20 ハンガリーを知るための60章【第2版】 ドナウの宝石
羽場久美子 編著

21 現代ロシアを知るための60章【第2版】
下斗米伸夫、島田博 編著

22 21世紀アメリカ社会を知るための67章
明石紀雄 監修　赤尾千波、大類久恵、小塩和人、落合明子、川島浩平、高野泰 編

23 スペインを知るための60章
野々山真輝帆 著

24 キューバを知るための52章
後藤政子、樋口聡 編著

25 カナダを知るための60章
綾部恒雄、飯野正子 編著

26 中央アジアを知るための60章【第2版】
宇山智彦 編著

27 チェコとスロヴァキアを知るための56章【第2版】
薩摩秀登 編著

28 現代ドイツの社会・文化を知るための48章
田村光彰、村上和光、岩淵正明 編著

29 インドを知るための50章
重松伸司、三田昌彦 編著

30 タイを知るための72章【第2版】
綾部真雄 編著

31 パキスタンを知るための60章
広瀬崇子、山根聡、小田尚也 編著

32 バングラデシュを知るための66章【第3版】
大橋正明、村山真弓、日下部尚徳、安達淳哉 編著

33 イギリスを知るための65章【第2版】
近藤久雄、細川祐子、阿部美春 編著

34 現代台湾を知るための60章【第2版】
亜洲奈みづほ 著

35 ペルーを知るための66章【第2版】
細谷広美 編著

36 マラウィを知るための45章【第2版】
栗田和明 著

37 コスタリカを知るための60章【第2版】
国本伊代 編著

38 チベットを知るための50章
石濱裕美子 編著

39 現代ベトナムを知るための63章【第3版】
岩井美佐紀 編著

40 インドネシアを知るための50章
村井吉敬、佐伯奈津子 編著

41 エルサルバドル、ホンジュラス、ニカラグアを知るための45章
田中高 編著

エリア・スタディーズ

エリア・スタディーズ

84 現代フランス社会を知るための62章
三浦信孝、西山教行 編著

85 ラオスを知るための60章
菊池陽子、鈴木玲子、阿部健一 編著

86 パラグアイを知るための50章
田島久歳、武田和久 編著

87 中国の歴史を知るための60章
並木頼壽、杉山文彦 編著

88 スペインのガリシアを知るための50章
坂東省次、桑原真夫、浅香武和 編著

89 アラブ首長国連邦（UAE）を知るための60章
細井長 編著

90 コロンビアを知るための60章
二村久則 編著

91 現代メキシコを知るための70章【第2版】
国本伊代 編著

92 ガーナを知るための47章
高根務、山田肖子 編著

93 ウガンダを知るための53章
吉田昌夫、白石壮一郎 編著

94 ケルトを旅する52章　イギリス・アイルランド
永田喜文 著

95 トルコを知るための53章
大村幸弘、永田雄三、内藤正典 編著

96 イタリアを旅する24章
内田俊秀 編著

97 大統領選からアメリカを知るための57章
越智道雄 著

98 現代バスクを知るための50章
萩尾生、吉田浩美 編著

99 ボツワナを知るための52章
池谷和信 編著

100 ロンドンを旅する60章
川成洋、石原孝哉 編著

101 ケニアを知るための55章
松田素二、津田みわ 編著

102 ニューヨークからアメリカを知るための76章
越智道雄 著

103 カリフォルニアからアメリカを知るための54章
越智道雄 著

104 イスラエルを知るための62章【第2版】
立山良司 編著

105 グアム・サイパン・マリアナ諸島を知るための54章
中山京子 編著

106 中国のムスリムを知るための60章
中国ムスリム研究会 編

107 現代エジプトを知るための60章
鈴木恵美 編著

108 カーストから現代インドを知るための30章
金基淑 編著

109 カナダを旅する37章
飯野正子、竹中豊 編著

110 アンダルシアを知るための53章
立石博高、塩見千加子 編著

111 エストニアを知るための59章
小森宏美 編著

112 韓国の暮らしと文化を知るための70章
舘野晳 編著

113 現代インドネシアを知るための60章
村井吉敬、佐伯奈津子、間瀬朋子 編著

114 ハワイを知るための60章
山本真鳥、山田亨 編著

115 現代イラクを知るための60章
酒井啓子、吉岡明子、山尾大 編著

116 現代スペインを知るための60章
坂東省次 編著

117 スリランカを知るための58章
杉本良男、高桑史子、鈴木晋介 編著

118 マダガスカルを知るための62章
飯田卓、深澤秀夫、森山工 編著

119 新時代アメリカ社会を知るための60章
明石紀雄 監修　大類久恵、落合明子、赤尾千波 編著

120 現代アラブを知るための56章
松本弘 編著

121 クロアチアを知るための60章
柴宜弘、石田信一 編著

122 ドミニカ共和国を知るための60章
国本伊代 編著

エリア・スタディーズ

123 シリア・レバノンを知るための64章
黒木英充 編著

124 EU(欧州連合)を知るための63章
羽場久美子 編著

125 ミャンマーを知るための60章
田村克己、松田正彦 編著

126 カタルーニャを知るための50章
立石博高、奥野良知 編著

127 ホンジュラスを知るための60章
桜井三枝子、中原篤史 編著

128 スイスを知るための60章
スイス文学研究会 編

129 東南アジアを知るための50章
今井昭夫 編集代表 東京外国語大学東南アジア課程 編

130 メソアメリカを知るための58章
井上幸孝 編著

131 マドリードとカスティーリャを知るための60章
川成洋、下山静香 編著

132 ノルウェーを知るための60章
大島美穂、岡本健志 編著

133 現代モンゴルを知るための50章
小長谷有紀、前川愛 編著

134 カザフスタンを知るための60章
宇山智彦、藤本透子 編著

135 内モンゴルを知るための60章
ボルジギン・ブレンサイン 編著 赤坂恒明 編集協力

136 スコットランドを知るための65章
木村正俊 編著

137 セルビアを知るための60章
柴宜弘、山崎信一 編著

138 マリを知るための58章
竹沢尚一郎 編著

139 ASEANを知るための50章
黒柳米司、金子芳樹、吉野文雄 編著

140 アイスランド・グリーンランド・北極を知るための65章
小澤実、中丸禎子、高橋美野梨 編著

141 ナミビアを知るための53章
水野一晴、永原陽子 編著

142 香港を知るための60章
吉川雅之、倉田徹 編著

143 タスマニアを旅する60章
宮本忠 著

144 パレスチナを知るための60章
臼杵陽、鈴木啓之 編著

145 ラトヴィアを知るための47章
志摩園子 編著

146 ニカラグアを知るための55章
田中高 編著

147 台湾を知るための72章【第2版】
赤松美和子、若松大祐 編著

148 テュルクを知るための61章
小松久男 編著

149 アメリカ先住民を知るための62章
阿部珠理 編著

150 イギリスの歴史を知るための50章
川成洋 編著

151 ドイツの歴史を知るための50章
森井裕一 編著

152 ロシアの歴史を知るための50章
下斗米伸夫 編著

153 スペインの歴史を知るための50章
立石博高、内村俊太 編著

154 フィリピンを知るための64章
大野拓司、鈴木伸隆、日下渉 編著

155 バルト海を旅する40章 7つの島の物語
小柏葉子 著

156 カナダの歴史を知るための50章
細川道久 編著

157 カリブ海世界を知るための70章
国本伊代 編著

158 ベラルーシを知るための50章
服部倫卓、越野剛 編著

159 スロヴェニアを知るための60章
柴宜弘、アンドレイ・ベケシュ、山崎信一 編著

160 北京を知るための52章
櫻井澄夫、人見豊、森田憲司 編著

161 イタリアの歴史を知るための50章
高橋進、村上義和 編著

エリア・スタディーズ

162 **ケルトを知るための65章** 木村正俊 編著
163 **オマーンを知るための55章** 松尾昌樹 編著
164 **ウズベキスタンを知るための60章** 帯谷知可 編著
165 **アゼルバイジャンを知るための67章** 廣瀬陽子 編著
166 **済州島を知るための55章** 梁聖宗、金良淑、伊地知紀子 編著
167 **イギリス文学を旅する60章** 石原孝哉、市川仁 編著
168 **フランス文学を旅する60章** 野崎歓 編著
169 **ウクライナを知るための65章** 服部倫卓、原田義也 編著
170 **クルド人を知るための55章** 山口昭彦 編著
171 **ルクセンブルクを知るための50章** 田原憲和、木戸紗織 編著
172 **地中海を旅する62章** 歴史と文化の都市探訪 松原康介 編著
173 **ボスニア・ヘルツェゴヴィナを知るための60章** 柴宜弘、山崎信一 編著
174 **チリを知るための60章** 細野昭雄、工藤章、桑山幹夫 編著

175 **ウェールズを知るための60章** 吉賀憲夫 編著
176 **太平洋諸島の歴史を知るための60章** 日本とのかかわり 石森大知、丹羽典生 編著
177 **リトアニアを知るための60章** 櫻井映子 編著
178 **現代ネパールを知るための60章** 公益社団法人 日本ネパール協会 編
179 **フランスの歴史を知るための50章** 中野隆生、加藤玄 編著
180 **ザンビアを知るための55章** 島田周平、大山修一 編著
181 **ポーランドの歴史を知るための55章** 渡辺克義 編著
182 **韓国文学を旅する60章** 波田野節子、斎藤真理子、きむ ふな 編著
183 **インドを旅する55章** 宮本久義、小西公大 編著
184 **現代アメリカ社会を知るための63章［2020年代］** 明石紀雄 監修 大類久恵、落合明子、赤尾千波 編著
185 **アフガニスタンを知るための70章** 前田耕作、山内和也 編著
186 **モルディブを知るための35章** 荒井悦代、今泉慎也 編著
187 **ブラジルの歴史を知るための50章** 伊藤秋仁、岸和田仁 編著

188 **現代ホンジュラスを知るための55章** 中原篤史 編著
189 **ウルグアイを知るための60章** 山口恵美子 編著
190 **ベルギーの歴史を知るための50章** 松尾秀哉 編著
191 **食文化からイギリスを知るための55章** 石原孝哉、市川仁、宇野毅 編著
192 **東南アジアのイスラームを知るための64章** 久志本裕子、野中葉 編著
193 **宗教からアメリカ社会を知るための48章** 上坂昇 著
194 **ベルリンを知るための52章** 浜本隆志、希代真理子 著
195 **NATO（北大西洋条約機構）を知るための71章** 広瀬佳一 編著
196 **華僑・華人を知るための52章** 山下清海 著

——以下続刊

◎各巻2000円（一部1800円）

〈価格は本体価格です〉